21세기 체험경제시대의 신성장동력산업

최신호텔경영실무

김미경 · 신정하 · 서정모 · 장각현 공저

Hotel Management Practice

백산출판사

머리말

오늘날 세계 각국은 관광산업을 국가전략산업으로 육성하면서 경쟁적 우위를 선점하기 위해 치열한 경쟁을 벌이고 있다. 이러한 국제적 경쟁양상은 오히려 국가 간의 교류를 증진시키고, 서로 다른 문화에 대한 이해와 관심을 증대시키는 등 국제관계에 긍정적 영향을 미치고 있기도 하다.

관광전문가들은 최근 몇 년간의 관광시장환경이 점점 더 복잡해지고 있음을 지적하며, 이제 관광은 더 이상 선택적 소비가 아니라 현대인의 필수적 생활양식으로 자리잡았다고 평가하고 있다. 실제로 인간의 삶의 가치가 여가 · 문화 · 관광 등 체험 및 감성소비를 중요시하는 페러다임으로 변화함에 따라 관광산업은 21세기 체험경제시대의 신성장동력산업으로 발돋움하고 있으며, 전 세계가 경제불황 속에서 허덕일 때에도 관광산업은 지속적인 성장세를 보여주며 글로벌시대의 무한성장산업으로 주목받고 있는 것이다.

이와 같이 현대사회에 있어서 관광산업의 중요성이 날로 높아지고 있는 가운데, 관광산업에서 중요한 위치를 점하고 있는 호텔산업에 대한 관심 또한 더욱더 높아지고 있다. 뿐만 아니라 호텔산업은 지구촌 구석구석의 어느 작은 나라라도 세계화가 진전되면서 정부 간의 국제교류를 비롯하여 민간업체 및 민간학회 간의 세계적 규모의 대형 세미나, 학술심포지엄 또는 컨벤션 등의 개최로 인해 더욱더 그 위상이 높아져 가고 있는 것이 오늘날의 추세다.

이러한 시대상황 속에서 관광환경과 호텔 관련 법제도에 적지 않은 발전적 변동이 있었다. 이 책을 집필하고자 하였으며 관련 법적 · 제도적 변화된 내용들을 빠짐없이 다루고자 많은 노력을 기울여 보았다.

하지만, 언제나 그랬듯이 출판의 기쁨보다는 출판 후 평가에 대한 두려움이 앞선다. 물론 저자들로서는 최선의 노력을 기울였다고 자위하지만, 그 평가는 별개의 문제이기 때문이다. 어떻든 평가 부분에 대하여는 겸허히 받아들이고, 앞으로 관심있는 분들의 조언을 받아 끊임없이 수정 · 보완해 나가겠음을 약속드린다.

그리고 이 책은 결코 저자들의 독창물이 아니고, 여러 저명한 학자들의 저서와 논문 및 정부간행물들을 참조하여 만들어졌음을 밝혀둔다. 또한 이 책이 완성되기까지에는 많은 분들의 도움이 있었으며, 특히 관련 자료수집과 관광법규 관련 문제해설 등에 있어서 조진호(백산출판사 전무 역임)님의 도움이 컸음을 밝히고 이 자리를 빌려 감사드린다.

끝으로 경제적 여건이 어려운 이때 부족한 이 책의 출판을 기꺼이 승낙해 주신 백산출판사 진욱상 회장님께 감사의 말씀을 드린다.

2019년 8월

공저자 일동 씀

차 례

제7장 메뉴관리 / 245

제8장 연회관리 / 287

CHAPTER

1

호텔의 개요

제1절 호텔의 어원과 개념

I 호텔의 어원

호텔이라는 단어의 어원은 라틴어의 hospes(손님 또는 나그네라는 뜻)에서 비롯되었다는 것이 정설이다. 그리고 이 단어로부터 'hospitality(정성스런 접대)'라는 단어가 파생되었고, 다시 hospitale라는 '순례 또는 참배자를 위한 숙소'라는 의미의 단어가 나왔으며, 이후 '여행자의 숙소 또는 휴식장소, 병자를 치료하고 고아나 노인을 쉬게 하는 병원'이란 뜻의 호스피털(hospital)과 호스텔(hostel)을 거쳐 18세기 중엽 이후에 지금의 숙박시설을 뜻하는 'hotel'로 발전하였다고 한다.

'호텔'의 어원 중 하나인 hospital은 지금은 일반적으로 '병원'이라는 뜻으로 널리 사용되고 있지만, 처음에는 여행자의 숙소 또는 휴식장소라는 뜻과, 또 하나는 환자 및 병자를 치료하고 간호하는 시설이라는 두 가지의 의미로 사용되었다. 이것이 각각 hotel과 hospital로 발전하여 오늘에 이른 것이다.

II 호텔의 개념

1. 고전적 개념

과거의 고전적인 호텔의 기능은 가정을 떠나 이동하는 사람들에게 가장 기본적으로 필요한 잠자고 쉴 수 있는 곳(숙박기능), 음식을 먹는 곳(취사 서비스기능), 언제 발생할지도 모르는 외부의 적으로부터 피할 수 있는 곳(보호기능) 등 주로 장소제공 기능이 가장 핵심을 이루고 있었다. 따라서 호텔의 의미도 '객실과 식음료를 제공하는 곳' 이상의 의미를 찾기는 어렵다.

2. 현대적 개념

산업혁명을 거치고 후기 산업사회로 발전하면서 소득이 증가하고 가치관이 변화함에 따라 여행의 목적 또한 이동 자체가 목적이 아니라 이동과정에서의 안락함도 추구하게 되면서 이에 맞추어 호텔의 개념도 변화하고 있다. 즉 객실과 식음료를 제공하는 단순한 기능에 부가하여 숙박과정에서 오락 및 여가 그리고 보다 편안하게 휴식을 취할 수 있는 휴게 및 문화시설을 갖추게 된 것이다. 그리고 호텔의 목표시장(target market) 또한 여행자(traveler)에서 지역주민들(local resident)에게까지 확대함으로써 시설 및 내부 프로그램이 더욱 다양하게 발전하였다.

즉 오늘날의 호텔 고객들은 자신의 집을 떠나 이동하거나 사업을 진행하는 과정에서도 '자신의 집처럼 안락함을 누릴 수 있는 곳'을 찾게 되었고, 그에 더하여 집에서는 느낄 수 없는 새로운 것을 추구하게 되었다. 그에 따라 호텔은 이러한 이용객들의 다양한 욕구를 충족시킬 수 있는 내 · 외장 시설 등의 하드웨어(hard ware)와 인적 서비스 및 다양한 프로그램 등의 소프트웨어(soft ware)를 보강하게 되었고, 이렇게 새로이 확장된 호텔의 기능은 소득수준이 높아진 지역주민들의 휴식 및 문화에 대한 다양하고도 높아진 욕구까지도 수용할 수 있게 된 것이다.

3. 법규적 정의

호텔에 대한 법규적 개념은 우리나라 「관광진흥법」에 명기되어 있다. 현행 「관광진흥법」(2018.12.24. 일부개정)에서 호텔업이라 함은 관광객의 숙박에 적합한 시설을 갖추어 이를 관광객에게 제공하거나, 숙박에 딸리는 음식 · 운동 · 오락 · 휴양 · 공연 또는 연수에 적합한 시설 등을 함께 갖추어 이를 이용하게 하는 업을 말한다(법 제3조 제1항 제2호 가목).

여기서 관광객의 숙박에 적합한 시설이란 주로 관광객이 수면을 취하면서 체재할 수 있는 객실에 관련되는 시설을 말한다. 따라서 호텔업은 객실에 관련되는 숙박시설을 갖추어 숙박기능만을 운영하는 호텔업과 숙박시설과 숙박에 부수되는 시설(음식 · 운동 · 오락 · 휴양 · 공연 또는 연수)을 함께 갖추어 운영하는 호텔업으로 구분하고 있다.

개정 전 「관광진흥법」(일부개정 1997.12.13. 법률 제5454호)에서는 호텔업이란 관광객의 숙박과 체재에 적합한 시설을 갖추어 이를 이용하게 하고 음식을 제공하는 업을 말한다(동법 제3조 제1항 제2호)고 하여 숙박기능과 음식제공기능을 함께 갖추도록 규정하고 있었다. 이 경우 호텔업은 일률적으로 숙박과 음식제공기능을 함께 갖추어야 하기 때문에 호텔마다의 특성이 배제되고 있었을 뿐만 아니라 호텔은 숙박·음식·운동·오락·휴양 등 다양한 기능을 제공하고 있는데도 불구하고 숙박과 음식제공기능만을 규정하고 있어 현실에도 부합하지 않았기 때문에, 1999년 1월 21일 「관광진흥법」을 전면 개정하여 호텔업의 기능을 현실에 맞게 한 것이다. 2018년 12월 말 현재 「관광진흥법」에 규정된 호텔업의 종류는 관광호텔업, 수상관광호텔업, 한국전통호텔업, 가족호텔업, 호스텔업, 소형호텔업, 의료관광호텔업 등으로 세분하고 있다(동법 시행령 제2조 제2호).

호텔의 정의

일정한 지급능력이 있는 사람에게 객실과 식사를 제공할 수 있는 시설 및 위락시설을 갖추고 잘 훈련된 예절 바른 종사원이 조직적으로 봉사하여 그 대가를 받는 기업

- 전통적 기능(기본적 기능)
  - 개인의 숙식, 집합의 장
- 현대적 기능(부수적 기능)
  - 문화서비스 기능 : 교양, 지식, 수공예 등 향상 욕구
  - 레저스포츠(레크리에이션) : 놀이, 위락, 기분전환 등
  - 쇼핑서비스 : 쇼핑, 상품 정보 등
  - 비즈니스서비스 기능 : MICE, 비즈니스 정보 교환
  - 공공서비스 보조 기능 : 공공장소로서의 기능

제2절 호텔의 발전사

I 고대의 숙박시설

호텔이라는 단어가 등장한 지는 불과 200여 년밖에 되지 않지만, 호텔의 가장 기본적인 기능인 숙박기능을 기초로 하여 그 기원을 찾는다면 기원전까지 거슬러 올라간다. 숙박시설은 인간의 이동 및 여행과 동시에 발생하였기 때문이다. 고대 바빌로니아의 함무라비법전(Code of Hamurabi)[1]에는 여인숙의 운영에 관한 입법내용이 남아 있으며, 폼페이의 유적 가운데에도 아치형의 여인숙으로 추정되는 건물형태가 남아 있다.

고대 이집트인들은 종교적 목적으로 여행을 하였으며, 중앙정부와 식민지 간의 교류를 위하여 공무로 방문하는 내방객을 맞이한 출영소가 주로 도로 및 도시에 설립되기도 하였다. 그러나 여행이 본격적으로 시작된 것은 그리스시대인데, 이때의 여행은 주로 신전참배를 위한 종교적 목적과 올림피아에서 개최된 고대 올림픽에 참가하기 위해서였으며, 에게해(the Aegean Sea)[2]에 산재하는 여러 섬들에 요양이나 즐거움을 추구하기 위하여 여행을 하였던 것이다.

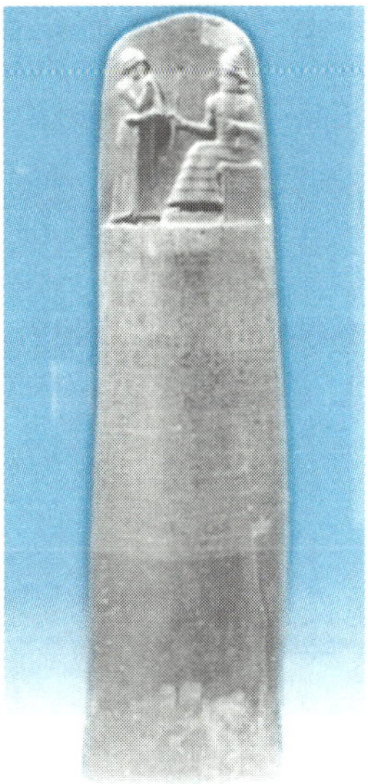
함무라비 법전비

이 시기에는 여행자들이 이용할 만한 상업적인 숙박시설이 발달하지 못하여 주로 민박이나 성지(聖地)의 신전(神殿)을 이용하였던 것이나, 로마시대에 들어와서는 도로망이나 교통수단의 발달과 화폐경제의 진전으로 인해 여행이 더욱 활발해졌으며, 이에 따라 숙박시설도 또한 번창하게 되었다. 또 로마제국의 사

1) 고대 바빌로니아 제1왕조의 제6대 왕인 함무라비왕(재위 BC 1792~BC 1750)이 그의 만년인 BC 1750년경에 만든 성문법.

2) 그리스 본토, 소아시아 반도의 서해안 및 크레타섬에 둘러싸인 동지중해의 해역.

자(使者)3)가 숙박하기 위한 여관(hospitum)이 도로변에 위치하고 있었으며, 지중해 연안을 중심으로 한 무역의 성행은 대상(隊商)들의 이동을 촉진시켰으며, 이들을 위한 여관(caravanserai)이 캐러밴(caravan) 루트를 따라 지어졌다.

Ⅱ 중세의 숙박시설

로마제국 멸망 후 도래한 약 1000년 간의 암흑시대(the Dark Age)는 교역이나 물물교환을 위한 지역 간의 이동마저도 극히 제한된 시기로서 이 기간 동안에는 많은 도로와 숙박시설이 황폐화되었다. 이 시대에는 종교가 모든 일반사람들의 가치관이나 생활양식 전반에 영향력을 미쳤으므로 세속적인 향락은 금기시되었고, 근검절약과 조물주에 대한 기도와 봉사만이 강조되어 경제활동이 쇠퇴하였으며, 따라서 군인이나 종교순례자 및 상인 등의 부득이한 여행에 있어서도 안락함과 편리함의 추구는 사라지게 되었다.

이러한 여행의 침체기에도 불구하고 이동이 가능했던 사람들은 군인, 종교순례자 그리고 모험심과 호기심이 많은 소수의 일반인이나 상인들이었다. 특히 여행을 통해서 신앙심을 고취시키려 했던 순례여행자들은 성지(聖地)를 중심으로 하여 종교여행을 떠났는데, 이들의 숙박장소는 주로 도로변의 간이숙박시설이나 수도원 및 교회였다. 당시의 수도원은 성지순례자뿐만 아니라 일반 여행자에게도 시설을 개방함으로써 숙박시설로서의 역할을 대신하였다. 이 과정에서 비교적 재정이 넉넉한 수도원(또는 교회)은 보다 많은 순례자·환자 및 여행자들을 수용하기 위해서 별도의 건물(숙박시설)을 지었는데, 이것을 '제너더카이엄(xenodochium)'이라고 하였다.

제너더카이엄

그러나 종교적 봉사정신으로 제공되던 수도원의 숙박시설도 12세기 무렵부터는 종교세력의 쇠퇴와 더불어 그 수가 줄어들었으며, 십자군의 원정, 대상(隊商)들의 대규모 이동, 식민지

3) 지방에서 조세(租稅)·공물(貢物) 등을 거두는 일을 담당한 관직이었다.

개척을 위한 해상여행의 증가 등으로 여행자들의 수가 늘어남에 따라 수도원 가운데 일부는 영리를 목적으로 하는 기업으로서의 숙박시설(inn)로 전환 · 발전하게 되었다.

Ⅲ 근대의 숙박시설

1. 유 럽

14세기경부터 이탈리아를 중심으로 일어난 문예부흥(renaissance)4)과 대항해5), 그리고 지리상의(신대륙의) 발견은 유럽중심의 세계관을 변화시켰으며, 지중해 중심의 무역을 신대륙에까지 확대시킴으로써 상업적 여행을 증가시켰다. 또한 16세기 초에 나타나기 시작한 그랜드 투어(grand tour)는 17세기에 들어와 귀족들에게까지 일반화됨에 따라 유럽지역에 장기간 순회여행을 확산시켰다.

이 시대에는 이미 중세기 말에 생긴 여관인 인 길드(inn guild)가 더욱 발전하였고 그 숫자도 많은 편이었기 때문에 여행하기 쉬워짐으로써 여행자에게 큰 기여를 하였다. 그럼에도 인(inn)은 현대적인 호텔에 비하면 시설이 매우 빈약하였으며, 다만 여행에 필요한 최소한의 필요조건인 수면과 음식 및 생명 · 재산 등의 보호에 관련된 사항만을 제공하였다.

페더호텔

17세기 영국에 페더호텔(Feathers Hotel)이 생겨난 후 호텔이라는 용어가 소개되기 시작하였고, 18세기에 들어 여행의 증가에 따라 데비드 로(David Low)에 의하여 1774년에 코벤트 가든에 있는 아처(Lord Archer)경(卿)의 농가에 'First Family Hotel'을 개관함으로써 현대적 호텔 모형이 나타났다.

그러나 오늘날 기업형태로서의 호텔의 출현은 18세기

4) 14C에 시작하여 16C 말 유럽에서 일어난 문화·예술 전반에 걸친 고대 그리스(고대 그리스 문화사)와 로마 문명(고대 로마사)의 재인식과 재수용을 의미한다.

5) 15C 초부터 17C 초까지 유럽의 배들이 세계를 돌아다니며 항로를 개척하고 탐험과 무역을 하던 시기를 말한다.

이후 영국의 산업혁명을 계기로 한 시대적 요청의 산물이라고 하겠다. 이는 산업혁명이 진행되는 동안 농촌인구의 도시로의 이동과 국내외 시장유통과 원료공급을 위한 상인들의 교류 및 상거래가 활발해지자 이를 뒷받침할 기차 · 기선 등의 교통기관이 혁신적으로 발전하여 여행을 쉽게 할 수 있게 됨에 따라 종래와 다른 새로운 형태의 숙박시설이 요청되었던 것이다.

특히 19세기에 들어와 유럽에서는 새로운 사상이 태동하면서 정치적으로 많은 변혁이 일어났다. 그로 인해 왕정(王政)은 공화정(共和政)으로 바뀌고 귀족세력의 점진적인 붕괴현상이 일어나게 되었다. 따라서 그들의 사교모임의 장소가 궁정에서 밖으로 옮겨지게 되고 새로운 사교장으로 등장한 곳이 바로 호텔이었다. 여기서 호텔은 이들의 감성에 맞추기 위하여 자연히 사회성과 호화성을 강조하게 되었고, 건물의 외관이나 내장, 가구, 요리, 직원의 복장, 서비스방법 등이 궁전의 그것과 같이 호화로울 수밖에 없었던 것이다.

1) 독일의 호텔

독일에서의 근대적 호텔의 등장은 1807년 온천휴양도시인 바덴바덴(Baden Baden)에 건립된 바디셰 호프(Der Badische Hof)로부터 찾을 수 있다. 이 호텔은 초기의 여관(inn)과는 달리 건축구조도 호화스러운 양식을 취하고 건물의 규모 또한 비교가 되지 않을 정도로 컸으며, 내부시설은 대소의 응접실, 발코니, 식당, 침실 및 욕실 등이 잘 정비되어 있었고, 냉수와 온수 또한 공급되고 정원이 마련되어 있어 현대호텔의 초기적 모습을 띠고 있었다. 그래서 이 호프(Hof)는 여관(Inn)에서 호텔로 넘어가는 가교로 평가받기도 했으며, 1874년에는 베를린에 카이저호프(Der Kaiser Hof)가, 1876년에는 프랑크푸르터 호프(Frankfurter Hof)가 개관되기도 했다.

바디셰 호프

2) 프랑스의 호텔

프랑스에서는 왕족과 귀족을 대상으로 특권계급 전용의 사교장으로서 호화스러운 시설과 서비스를 갖춘 호화호텔이 생겨나기 시작하였는데, 이러한 호화호텔에서는 숙박과 음식이 잘 훈련된 종업원에 의해 제공되었다. 그 대표적인 예가 1850년 파리에 건립된 르그랑 호텔(Le Grand Hotel)이다. 이 호텔은 회사조직체에 의한 호텔경영의 시초였으며, 이 호텔의 명칭은 지금도 고급호텔의 대명사로 인용되고 있다.

리츠 호텔

또한 1870년에는 당시 세계에서 가장 호화롭다는 평가를 받은 Hotel Grand Nation이 건립되어 유럽 상류사회의 인기를 독차지하였으며, 1875년에는 루브르 호텔(Hotel de Louvre)이 건립되고, 또 1880년에는 리츠 호텔(Ritz Hotel)이 건립되기에 이른다. 특히 이 리츠 호텔은 무엇보다도 "고객은 항상 옳다(Guest is always right)"라는 슬로건을 내걸고 서비스의 초점을 고객에게 맞춤으로써 오늘날 "고객은 왕이다(Guest is my King)"라는 고객중시의 금과옥조를 탄생시켰다고 할 수 있다. 이 리츠 호텔을 건립한 스위스 태생의 리츠(Cesar Ritz : 1850~1918)는 이후 호텔경영사에 고급호텔의 창시자로, 그리고 프랜차이즈(Franchise)에 의한 체인화를 추진한 최초의 선구적 호텔경영자로서 근대의 호텔산업 발전에 큰 공헌을 하였다.

2. 미국의 호텔

세계 최초의 호텔인 동시에 미국 최초의 호텔은 1794년 뉴욕에 세워진 시티 호텔(City Hotel)이라 전해지고 있다. 당시 인구 3만의 뉴욕에 객실을 73개나 보유한 시티 호텔은 사교의 중심지로 급부상하면서 주목을 끌었다.

그러나 미국 최초의 현대식 호텔은 1829년 보스턴에 건립된 트레몬트 하우스(Tremont House)라고 할 수 있다. 이 호텔은 170개의 객실을 보유하고 오늘날의 호텔처럼 로비를 설치하였으며, 각 객실마다 충분한 프라이버시를 보장받을 수 있는 Single Room 및 Double Room을 확보하였고, 각 객실마다 세면용기와 물주전자 및 비누를 제공하고, 모든 객실에 열쇠(Lock)를 부착하였다. 그리고 교육을 받은 종사자로 하여금 각 객실의 손님들을 접대하게 하는 등 호텔의 시설과 서비스 면에서 획기적인 모델을 제시하였다.

1893년에는 뉴욕 중심가에 월도프 호텔(Waldorf Hotel)이 건립되었으며, 이 호텔은 다시

1897년에 월도프 아스토리아 호텔(Waldorf Astoria Hotel)이라는 이름으로 증축되어 드디어 객실 1,000개의 당시로는 세계 제일의 규모와 시설을 자랑하는 호텔로 등장하였다.

20세기에 들어서면서 늘어나는 여행자의 수요에 따라 상용고객들이 원하는 숙박시설의 형태, 서비스의 개발, 중상층 고객들에 맞는 숙박시설이 필요하게 되었다. 이러한 시기에 근대호텔의 혁명왕으로 불리는 스타틀러(E. M. Startler)가 1908년에 버펄로(Buffalo)에 스타틀러 호텔을 건립하였다. 이 호텔은 '1달러 반으로 욕실 딸린 객실을(a room and a bath for a dollar and a half)'이라는 선전문구로 당시로는 파격적인 저렴한 가격으로 객실을 판매함으로써 현대적 의미의 상용호텔을 등장시켰다. 이 호텔은 비상 방화문의 설치, 열쇠 및 현관 스위치의 설비, 개인욕실, 객실마다 얼음물 제공, 전신(全身) 크기의 거울 설치 같은 서비스뿐만 아니라 시설 면에서도 중상층의 욕구를 꿰뚫음으로써 대단한 성공을 거두었다.

스타틀러 호텔

스타틀러 호텔은 1930년 초 대공황으로 인해 미국 전체 호텔의 85%가 도산하였음에도 불구하고 한 곳도 도산하지 않고 건재하였으나, 1954년에 힐튼(Conrad N. Hilton)에게 전 체인호텔이 인도됨으로써 스타틀러의 시대는 막을 내리게 되고 힐튼 호텔의 시대가 등장하게 되었다.

미국 호텔이 유럽 호텔보다 발달한 이유

- 이용대상이 대중화 : 유럽 호텔은 귀족이나 부호의 전유물인 데 비하여, 미국 호텔은 지급능력만 있으면 누구나 평등하게 모든 혜택을 받을 수 있었음
- 간소한 의례 : 서구에서는 의례에 있어 거추장스러울 정도로 번잡했으나 미국 호텔은 극히 평민적
- 저렴한 요금 : 미국 호텔은 요금이 대중적이어서 이용자가 많았으며, 특히 호텔을 주거지로 삼아 반영구적으로 거주하는 사람이 많았음
- 여가 형태 : 미국인들은 자주 그리고 오래 여행을 함으로써 호텔산업 발전에 기여함

Ⅳ 현대의 숙박시설

힐튼

현대호텔의 역사는 미국 호텔의 역사라 해도 과언이 아닐 정도로 미국을 중심으로 발전하여 왔으며, 대부분의 나라가 미국 호텔의 발전형태를 모델 삼아 자국의 호텔을 발전시켜 왔다.

미국은 대공황[6]을 겪은 후 제2차 세계대전 시 군인들의 이동과 전후 복구활동을 통해 인해 호황기를 맞게 된다. 특히 전후(戰後) 고속도로 확장사업에 힘을 기울인 미국정부가 계속해서 새로운 고속도로를 건설하였고, 자동차의 보급과 다른 교통수단의 발전은 여행자들의 급격한 증가를 낳았다. 이러한 교통설비 및 교통수단의 발달은 여행자의 수를 증가시키면서 아울러 여행기간을 줄이는 새로운 형태의 여행을 낳게 되어 호텔업계에서는 이에 발맞추어 프랜차이즈 시스템에 의한 호텔 및 모텔이 본격적으로 등장하게 되었다. 이러한 추세에 따라 체인호텔 시스템을 도입한 대규모의 호텔체인이 등장하게 되는데 셰라톤(Sheraton), 힐튼(Hilton) 등이 그 대표적인 예이다. 이들 체인호텔들은 기존 호텔들을 매입하는가 하면, 새로운 신규호텔을 건축하면서 아울러 리스, 프랜차이징, 경영대리계약 등의 다양한 방식으로 호텔의 체인화를 확대하였다.

현대의 호텔경영에 있어서 가장 중요하게 대두되는 체인화에는 여러 가지 방법이 있으나, 일반적으로 경영대리계약(management contract)방식과 프랜차이즈(franchaise)방식으로 분류하고 있다. 힐튼 호텔의 창시자인 힐튼(Conrad N. Hilton)은 경영대리계약방식으로 체인화를 추진하였으며, 홀리데이 인(Holiday Inn)의 창업자이면서 전후 숙박산업 관련 최대의 기업가인 윌슨(Kemmons Wilson)은 프랜차이즈 방식으로 체인화를 추진한 대표적 인물이다.

이 두 사람은 그들 나름의 주관을 가지고 각각 호텔산업을 발전시켜왔는데, 이 두 호텔의 발전사를 비교해 보는 것도 미래의 호텔산업을 예측하는 데 큰 의미가 있다고 하겠다.

힐튼은 대부분 기존 호텔의 매입을 통하여 거대한 체인화를 시도하였으며, 그의 독특

6) 1928년부터 일부 국가에서 일어나기 시작한 경제공황이 1929년 10월 24일, 뉴욕 주식시장의 대폭락, 즉 검은 목요일에 의해 촉발되어 전 세계로 확대된 경제공황을 의미한다.

한 경영방식은 호텔업계 전반에 지대한 영향을 미쳤는데, 먼저 경영대리계약방식을 완성시켰다. 그는 당시 푸에르토리코 정부와 호텔의 건설 및 운영 전반에 관한 계약을 체결하면서 호텔건립에 필요한 토지와 호텔의 건설비용을 푸에르토리코 정부 측에 부담시키면서 경영과 관련한 내용은 힐튼 호텔 측에서 담당한다고 명시함으로써 전혀 새로운 방식의 호텔경영기법을 마련하였다. 호텔의 건립과 관련한 기초비용, 즉 토지의 수용과 건물의 건설에 따르는 막대한 비용을 전혀 지급하지 않으면서도 자신들의 전문적인 경영능력만으로 새로운 호텔을 인수하는 방식으로 체인호텔을 넓혀감으로써 업계에 그 위상을 공고하게 구축한 것이다.

또한 힐튼은 푸에르토리코에서의 성공에 자신을 얻어 본격적으로 해외로 눈을 돌리면서 호텔산업 자체를 다국적 산업으로 변모시켰다. 즉 1964년도에는 힐튼 인터내셔널(Hilton International Co.)을 설립하여 해외호텔만을 전담하도록 함으로써 전 세계적으로 거대한 호텔체인망을 구축하는 거점을 마련하면서 호텔산업을 국제적인 산업으로 끌어올리는 업적을 이룩한 것이다.

한편, 내부적으로는 호텔의 건축면적 가운데 불필요한 공간을 없애고 각 시설물들의 단위면적당 이익을 고려하여 배치함으로써 호텔의 유휴 공간(space)을 최대한 유용하게 이용할 수 있도록 하였다. 그리고 전 호텔의 가동률과 수지상황에 관한 데이터를 전송받아 미리 설정해 놓은 예측치와 비교 · 검토하여 영업실적을 파악하는 등 철저한 재무관리(financial management)에 입각한 호텔경영을 하였으며, 또한 직원에 대한 동작 · 시간연구 성과에 따른 철저한 능률주의에 입각한 경영을 함으로써 수익구조를 개선시켰다.

월슨

이와는 달리 Holiday Inns의 창업자인 윌슨(Kemmons Wilson)은 프랜차이즈를 통한 호텔의 체인화를 구축하면서 호텔산업을 발전시켜 최고의 숙박산업가로 등장하였는데, 일부 호텔전문가들은 "힐튼의 시대는 가고 홀리데이 인(Holiday Inns)의 시대가 왔다"고 할 정도였다. 힐튼이 스타틀러 호텔을 인수하면서도 스타틀러의 경영정책과는 다른 독자적인 경영방식을 고수한 반면에, 윌슨은 스타틀러의 저가정책을 경영이념으로 채택하여 계승하였다. 힐튼은 대규모의 객실을 갖춘 고가격의 호텔에 고품질의 서비스를 제공한 것에 반해, 윌슨의 홀리데이 인은 중저가 가격에 적절한 품질의 서비스를 제공함으로써 수요계층의 저변을 확대시켰다.

그리고 힐튼이 대규모 호텔에 경영대리계약방식으로 호텔의 체인망을 확장한 것에 반해, 윌슨은 중소규모 호텔을 프랜차이즈 방식으로 확장하였다. 그래서 힐튼은 대규모의 객실을 갖추고 비교적 디럭스(deluxe)한 호텔을 인수 또는 건축하였기 때문에 많은 투자비가 소요되었으나, 윌슨은 적은 투자비로 다수의 이용객들을 통한 높은 수익을 올릴 수 있었다.

〈표 1-1〉 호텔의 발전사

구 분	Inn	Grand Hotel (19C 후반~)	Commercial Hotel (20C 초반~)	Modern Hotel (20C 후반~)
시대배경	필수적 여행시대	중상주의정책 절대왕권의 부 축적	중산층 증가 교통의 발달	경영합리화 필요성 대두 경제적 환경 변화
시설수준	간이숙박시설	호화 · 고급	표준화 · 단순화	다양화
주이용자	종교, 무역 목적 이동자	귀족 특권계층	상용여행자 주민	상용 · 관광객 지역주민
경영목적	자선 생계유지	명예 획득	이윤추구 저가격 실현	이윤추구 안정된 자금 확보 국민복지 증대의 장
경영형태	소규모 독립경영	중 · 소규모 독립경영	체인화 도입 대규모화	체인화 이론 다양화
대 표	-	Cesar Ritz	Statler, Hilton	전문경영인

그러나 윌슨의 성공배경에는 자동차의 소유 및 보급의 확대와 아울러 고속도로 등 교통시설의 확충과 함께 자동차 여행자의 증가로 인하여 새로운 숙박시설의 수요가 증가하였다. 윌슨은 다수의 여행자들이 짧은 시간 머무르다 갈 수 있는 저렴한 가격의 숙박시설에 대한 경영노하우를 가지고 있었는데, 그는 인건비를 절약하기 위하여 셀프서비스 방식을 연구 · 채택함으로써 이를 달성할 수 있었던 것이다.

V 우리나라 호텔업의 발전

1. 우리나라 호텔업의 시작

우리나라 호텔업의 발전은 최초의 서양식 호텔로부터 살펴볼 수 있다. 우리나라 최초의 서양식 호텔은 일본인 호리 리기타로(堀力太郞)가 1888년(고종 25년) 인천 서린동에 세운 대불(大佛)호텔이었다. 우리나라 호텔의 효시(嚆矢)로 일컬어지는 이 호텔은 3층 건물에 객실 11개를 갖춘 당시로서는 고급으로 지어진 건물로 우리나라를 찾는 외국인을 위한 서양식 호텔이었다. 이후 대불호텔의 호황에 힘입어 청나라의 이태(怡泰)라는 사람이 대불호텔 맞은편에 객실 8개의 2층짜리 스튜어드 호텔(Steward Hotel)을 개관하였는데, 1층에서는 양잡화상(洋雜貨商)을 운영하면서 2층은 객실로 영업을 하였다.

주막 풍경

대불호텔(최초의 근대식 호텔)

정동에 위치한 손탁호텔

하남호텔

그러나 1899년 9월에 경인선(京仁線)이 개통되면서 서울과 인천 간의 여행시간이 단축됨으로써 외국인들은 굳이 인천에서만 숙박할 필요가 없게 되자 인천의 대불호텔 등은 사양길을 걷게 되었고, 반면 서울에서는 1902년 프랑스계 독일 여인 앙트와네트 손탁(Antoinette Sontag: 孫鐸)이 지금의 정동에 손탁호텔(Sontag Hotel)을 건립하였는데, 이 호텔은 러시아풍 2층 양옥에 25개의 욕실이 딸린 객실을 갖추고 있었다. 1층에는 보통 객실과 주방 · 연회장 · 식당 · 커피숍 등이 있었고, 2층은 황실의 귀빈을 모시는 객실로 꾸며져 우리나라 숙박시설에 일대 전환기를 가져왔다. 호텔 내 식당에서는 처음으로 프랑스요리를 선보였으며, 객실의 가구를 비롯한 장식품, 악기, 의류 및 요리 등이 서양식으로 제공되었다. 1909년에는 역시 정동에 프랑스인이 하남(何南)호텔을, 1911년에는 일본인이 남산입구에 소복(笑福)호텔을 개업하기도 하였다.

2. 철도호텔의 발전기

일본이 중국대륙의 침략을 위해 한반도를 교두보로 삼아 남북을 종단하는 철도를 부설하고 이에 따른 부대사업으로 철도이용객의 편의를 위해 철도역에 역사(驛舍)를 건축하는 것이 필요불가결하였던 것이다.

조선 철도호텔

1899년 경인선, 1905년 경부선, 1906년 경의선이 개통되면서 여행자들의 편의를 위해 철도호텔들이 탄생하게 되었다. 1912년 8월 신의주에 가장 먼저 철도호텔이 개관되었고, 동년 12월에는 부산역에 벽돌 2층의 역사(驛舍)를 세우면서 1층은 대합실로, 2층은 호텔객실로 활용하게 되었는데, 이것이 우리나라 국영호텔의 시초이다.

이러한 국영호텔은 1914년 조선호텔, 1915년 금강산호텔, 1918년 장안사호텔, 1920년 온양온천호텔, 1925년 평양호텔 등이 계속해서 건립되었다. 그리고 이어서 경성호텔, 광화문호텔, 목포호텔, 부산의 동래호텔, 신촌 부근의 온천호텔, 월미도호텔 등이 영업을 시작하였고, 1936년에는 미국 스타틀러(Statler) 호텔의 경영방식을 도입한 반도호텔이 일본인 노구찌(野口)에 의해 우리나라 최초의 상용(商用)호텔시대의 문을 열었다. 이 반도호텔은 111개의 객실을 갖춘 당시 최대의 시설규모를 자랑하면서 우리나라 호텔산업에 일대 전환기를 가져왔다.

3. 현대적 호텔의 발전

해방 이후 1949년에는 교통부에서 빅토리 호텔을 인수·경영하였고, 1950년에는 온양, 대구, 설악산, 무등산, 화진포에 호텔이 개관되었으며, 1952년에는 대원호텔이 문을 열었다. 이후 1954년 2월 교통부 육운국에 관광과가 개설되면서 호텔은 새로운 국면을 맞게 되는데, 1955년에는 금수장호텔(현 앰배서더 호텔의 전신), 1957년에는 대구 관광호텔과 UN Center Hotel이, 1960년에는 설악산 관광호텔과 Astoria Hotel 및 Metro Hotel이 건립되었고, 뒤이어 사보이호텔, 뉴코리아호텔, 그랜드호텔 등이 등장하였다.

1961년 8월 22일에는 우리나라 최초의 관광법규인 「관광사업진흥법」이 제정·공포되었는데, 이로써 관광호텔은 획기적인 발전의 기틀을 마련하게 되었다. 또 1962년에는 「국제관광공사법」이 제정되고 이 법에 의하여 국제관광공사(현 한국관광공사)가 설립되면서 기존의 반도호텔, 조선호텔을 비롯한 지방호텔의 호텔경영권을 인수받아 새로이 영업에 들어갔다. 그리고 1963년에는 워커힐 호텔이 개관하여 영업을 시작하였고, 1966년에는 순 민간자본으로 건립된 세종호텔이 문을 열었다.

서울 시청 근처에 위치한 반도호텔

1970년대에는 정부가 제3차 경제개발5개년계획[7]에 따라 관광사업을 국가전략사업으

7) 1961년 5·16 군사정변 이후 1962년 1월 13일 제1차 경제개발5개년계획을 발표했으며 1962년에 시작되어 1994년 폐지될 때까지 5차의 경제개발5개년계획이 단행되었다.

로 인식하면서 관광호텔의 수가 더욱 증가하였는데, 정부주도하에 운영되던 호텔들이 하나둘씩 민영화하면서 경영방식에 있어서도 일대 전환점을 가져왔으며, 전국적인 관광호텔의 등급화제도가 시행되면서 민간자본으로 이루어진 국제수준의 대규모 호텔들의 신축도 줄을 이었다. 또 외국인뿐만 아니라 내국인의 호텔이용에 대한 수요가 증가함에 따라 세계 유명호텔과의 체인화를 유치하여 서양식 대규모 관광호텔의 건설이 활기를 띠었다.

1980년대에는 국민관광과 국제관광의 조화발전 및 서비스수준의 향상, 국제회의의 국내유치, 86아시안게임과 88서울올림픽[8] 개최 등을 통하여 우리나라 호텔산업도 일대 도약기를 맞이하게 되었다. 특히 이 시기에는 국내 유수의 대기업들의 호텔사업 진출이 본격적으로 시작되었고, 아울러 한국 고유의 멋을 살린 관광호텔이 건설되는 등 호텔기업의 다양화 · 고급화 경향으로 각종 편의시설을 비롯한 판매시설에 더해 '관광의 꽃'이라 불리는 각종 컨벤션산업의 무대로도 호텔이 큰 역할을 하게 되었다. 서울의 르네상스호텔, 그랜드 힐튼호텔, 서울 인터컨티넨탈호텔, 호텔 롯데월드가 각각 개관되어 현대적 시설을 갖춘 국제수준의 특급호텔들이 확충되었다.

워커힐 호텔

88서울올림픽

특히 1997년 1월 13일 제정 · 공포된 「관광숙박시설지원 등에 관한 특별법」은 2000년 ASEM회의, 2002년의 아시안게임 및 월드컵축구대회 등 대규모 국제행사에 대비하여 관광호텔시설의 건설과 확충을 촉진하여 관광호텔시설의 부족을 해소하고 관광호텔업 기타 숙박업의 서비스 개선을 위하여 각종 지원을 함으로써 국제행사의 성공적 개최와 관광산업의 발전에 크게 이바지하였다.

이와 같이 20세기 후반부터 우리나라는 국제화의 물결과 경제적 고도성장으로 세계 굴지의 호텔체인들이 상륙하는 시대에 놓이게 되었으며, 호텔의 시설과 인적 서비스도

8) 1988년 9월 17일~10월 2일(16일)까지 서울에서 개최된 대회로, 12년 만에 IOC 회원국 대부분인 160개국이 참가한 역대 최대 규모의 올림픽이었다.

세계적인 수준에 진입하는 시기를 맞게 되었다.

우리나라 호텔업의 발전

- 대불호텔 : 1888년, 우리나라 최초의 서양식 호텔, 인천 3층 건물
- 손탁호텔 : 1920년, 프랑스계 독일 태생 손탁이 건립
- 신의주호텔, 부산철도호텔 : 1912년 철도 역사에 호텔을 건립
- 조선호텔 : 1914년 서양식과 한국식을 겸한 4층, 65실
  1979년 신축. 현재 471실의 새로운 모습
- 반도호텔 : 1936년, 서양식 건물. 객실 111실. 당시 국내 최대 규모

제3절 호텔의 분류(유형)

호텔은 입지조건, 시설의 규모나 운영방식 및 위치나 고객의 성격에 따라 다양하게 분류되어서 복합기업으로서 하나의 산업군을 이루고 있다. 호텔의 분류도 이와 같은 호텔업의 다양성과 복잡성 때문에 호텔경영학자들 간에 그 분류에 있어 상당한 차이를 나타내고 있다. 따라서 현대사회가 요구하는 호텔을 100% 만족하게 규정지을 수는 없지만, 대체로 다음과 같이 분류할 수 있다.

〈표 1-2〉 호텔의 분류

관광법규에 따른 분류	관광호텔업
	수상관광호텔업
	한국전통호텔업
	가족호텔업
	호스텔업
	소형호텔업
	의료관광호텔업
입지조건에 따른 분류	메트로폴리탄 호텔(Metropolitan hotel)
	시티 호텔(City hotel)
	서버반(교외) 호텔(Suburban hotel)
	컨트리 호텔(Country hotel)
	에어포트(공항) 호텔(Airport hotel)
	시포트(항구) 호텔(Seaport hotel)
	터미널 호텔(Terminal hotel)
숙박기간에 따른 분류	트랜전트 호텔(Transient hotel)
	레지덴셜 호텔(Residential hotel)
	퍼머넌트 호텔(Permanent hotel)

숙박목적에 따른 분류	컨벤셔널 호텔(Conventional hotel)
	커머셜 호텔(Commercial hotel)
	리조트 호텔(Resort hotel)
	아파트먼트 호텔(Apartment hotel)
	카지노 호텔(Casino hotel)
숙박시설형태에 따른 분류	모텔(Motel)과 모터 호텔(Motor hotel)
	유스호스텔(Youth hostel)
	보텔(Boatel)
	요텔(Yachtel)
	로텔(Rotel)
	플로텔(Floatel)
요금지급방식에 따른 분류	미국식 요금지급방식(American plan) 호텔
	유럽식 요금지급방식(European plan) 호텔
	혼합식 요금지급방식(Dual plan) 호텔
규모에 따른 분류	소형 호텔(Small hotel)
	중형 호텔(Average hotel)
	중대형 호텔(Above average hotel)
	대형 호텔(Large hotel)

I 관광법규에 따른 분류[9)]

과거에는 관광숙박업을 관광호텔업, 국민호텔업, 휴양콘도미니엄업, 해상관광호텔업, 가족호텔업, 한국전통호텔업으로 분류한 적도 있었으나, 현행 「관광진흥법」은 관광숙박업을 호텔업과 휴양콘도미니엄업으로 분류하고(제3조 제1항 2호), 다시 호텔업을 관광호텔업, 수상관광호텔업, 한국전통호텔업, 가족호텔업, 호스텔업, 소형호텔업, 의료관광호텔업 등으로 세분하고 있다(동법 시행령 제2조 제1항 2호).

9) 조진호 · 우상철 공저, 최신관광법규론(서울: 백산출판사, 2019), pp.123~129.

1. 관광호텔업

관광호텔업이란 관광객의 숙박에 적합한 시설을 갖추어 관광객에게 이용하게 하고 숙박에 딸린 음식 · 운동 · 오락 · 휴양 · 공연 또는 연수에 적합한 시설 등(이하 "부대시설"이라 한다)을 함께 갖추어 관광객에게 이용하게 하는 업(業)을 말한다.

한때는 관광호텔업을 종합관광호텔업과 일반관광호텔업으로 세분한 적도 있었으나, 2003년 8월 「관광진흥법 시행령」을 개정하면서 이를 통합하여 관광호텔업으로 단일화한 것이다.

2. 수상관광호텔업

수상관광호텔업은 수상에 구조물 또는 선박을 고정하거나 매어 놓고 관광객의 숙박에 적합한 시설을 갖추거나 부대시설을 함께 갖추어 이를 관광객에게 이용하게 하는 업으로서, 수려한 해상경관을 볼 수 있도록 해상에 구조물 또는 선박을 개조하여 설치한 숙박시설을 말한다.

그런데 노후선박을 숙박시설로 개조할 경우 반드시 이를 해상의 일정장소에 고정시키거나 계류시키도록 한 것은 관광객들의 이용에 편리하도록 하기 위함이며, 만일 숙박에 적합한 시설을 갖추고 있더라도 동력을 이용하여 선박이 이동할 경우 이는 관광호텔이 아니라 선박이 되기 때문이다.

우리나라에는 2000년 7월 20일 최초로 부산 해운대구에 객실수 53실의 수상관광호텔이 등록된 바 있다. 그러나 2003년에 "동남 페리스 플로텔"이라는 이름으로 수상관광호텔 영업을 위해 선박 내부구조를 변경하는 작업이 진행되던 중 태풍 "매미"의 영향으로 배가 난파돼 멸실됨으로써 현재는 전국에 하나도 존재하지 않고 있다.

부산에 위치했던 최초의 해상 호텔 페리스 플로텔

3. 한국전통호텔업

한국전통호텔업은 한국전통의 건축물에 관광객의 숙박에 적합한 시설을 갖추거나 부대시설을 함께 갖추어 이를 관광객에게 이용하게 하는 업을 말한다.

현재 우리나라에서 운영되고 있는 관광호텔은 대부분 서양식 구조와 설비를 갖추고 있어 외국 관광객이 한국 고유의 전통적 숙박시설을 이용할 수 없는 것이 현실이다. 따라서 외국인관광객의 수요에 대처하기 위하여 한국 고유의 전통건축양식에 한국적 분위기를 풍길 수 있는 객실과 정원을 갖추고 한국전통요리를 제공하도록 한 것이 한국전통호텔업이다.

우리나라에는 1991년 7월 26일 최초로 제주도 중문관광단지 내에 객실수 26실의 한국전통호텔(씨에스호텔앤리조트)이 등록된 이래 2003년 10월 전남 구례에 지리산가족호텔(124실), 2004년 5월에는 인천에 을왕관광호텔(44실)이 등록되었고, 2010년 7월 5일에는 경북 경주시에 (주)신라밀레니엄 라(羅)궁 16실, 2011년 10월에는 전남 영광에 한옥호텔 영산재 21실이 등록된 바 있어, 2018년 12월 말 현재 전국 8개소에 202실이 운영되고 있다.

제주 중문에 위치한 한국전통 호텔(씨에스호텔앤리조트)

4. 가족호텔업

가족호텔업은 가족단위 관광객의 숙박에 적합한 시설 및 취사도구를 갖추어 관광객에게 이용하게 하거나 숙박에 딸린 음식 · 운동 · 휴양 또는 연수에 적합한 시설을 함께 갖추어 이를 관광객에게 이용하게 하는 업을 말한다.

경제성장으로 인한 국민소득수준의 향상은 다수 국민으로 하여금 여가활동을 향유케

함으로써 가족단위 관광의 증가를 가져왔는데, 이에 따라 가족호텔도 급격히 증가하게 되었다. 이에 정부는 증가된 가족단위의 관광수요에 부응하여 국민복지 차원에서 저렴한 비용으로 가족관광을 영위할 수 있게 하기 위하여 가족호텔 내에는 취사장, 운동 · 오락시설 및 위생시설을 겸비토록 하고 있다.

5. 호스텔업

호스텔업은 배낭여행객 등 개별 관광객의 숙박에 적합한 시서로서 샤워장, 취사장 등의 편의시설과 외국인 및 내국인 관광객을 위한 문화 · 정보 교류시설 등을 함께 갖추어 이용하게 하는 업을 말한다. 이는 2009년 10월 7일 「관광진흥법 시행령」 개정 때 호텔업의 한 종류로 신설되었는데, 2010년 12월 21일 최초로 제주도에 객실수 36실의 호스텔이 등록되었으며, 2011년도에는 제주도 4개소 81실, 인천광역시에 1개소 15실이 등록되는 등 2018년 12월 말 기준으로 전국 411개소에 8,787실이 운영되고 있다.

6. 소형호텔업

관광객의 숙박에 적합한 시설을 소규모로 갖추고 숙박에 딸린 음식 · 운동 · 휴양 또는 연수에 적합한 시설을 함께 갖추어 관광객에게 이용하게 하는 업을 말한다. 이는 외국인 관광객을 맞이함에 있어 관광숙박서비스의 다양성을 제고하고 부가가치가 높은 고품격의 융 · 복합형 관광산업을 집중적으로 육성하기 위하여 2013년 11월 「관광진흥법 시행령」 개정 때 호텔업의 한 종류로 신설된 것으로, 소형호텔업에 대한 투자를 활성화시켜 관광숙박서비스의 다양성을 제고하고 관광숙박시설을 확충하는 데 기여할 것으로 기대되고 있다. 2018년 12월 말 기준으로 전국 26개소에 649실이 운영되고 있다.

7. 의료관광호텔업

의료관광객의 숙박에 적합한 시설 및 취사도구를 갖추거나 숙박에 딸린 음식 · 운동 또는 휴양에 적합한 시설을 갖추어 관광객에게 이용하게 하는 업을 말한다. 이는 외국인 관광객을 맞이함에 있어 관광숙박서비스의 다양성을 제고하고 부가가치가 높은 고품격의 융 · 복합형 관광사업을 집중적으로 육성하기 위하여 2013년 11월 「관광진흥법 시행령」 개정 때 호텔업의 한 종류로 신설된 것으로, 의료관광객의 편의를 도모함은 물론 의료관광 활성화에 기여할 것으로 기대되고 있다.

Ⅱ 입지조건에 따른 분류

메트로폴리탄 호텔	대도시에 위치하고 수천 개의 객실을 보유하고 있는 매머드 호텔
시티 호텔	주로 도시의 중심부에 위치한 도심호텔
서버반(교외)호	도시를 벗어난 한가한 교외에 세워진 호텔
컨트리 호텔	교외라기보다는 산간(山間)에 세워져 등산, 스키, 골프 등의 레크리에이션 기능을 모두 할 수 있는 용도의 호텔
에어포트(공항) 호텔	공항 근처에 위치하면서 공항을 이용하기 편리한 호텔
시포트(항구) 호텔	항구 근처에 위치하여 항구를 이용하기에 편리한 호텔
터미널 호텔	철도역이나 버스터미널, 공항터미널 또는 항구 등의 근처에 위치하는 호텔

1. 메트로폴리탄 호텔(Metropolitan hotel)

대도시에 위치하고 수천 개의 객실을 보유하고 있는 매머드 호텔을 말한다. 이러한 호텔은 많은 숙박객을 동시에 수용할 수 있고 대연회장, 전시장, 주차장 등을 완비한 컨벤셔널 호텔이라고 할 수 있다. 그러므로 이 호텔은 회의와 비즈니스상에 필요한 설비와 시설 그리고 서비스가 철처하게 완비되어 있다.

미국 뉴욕에 위치하고 2,150개 객실에 5,000명을 동시에 수용할 수 있는 회의실을 보유한 뉴욕 힐튼 호텔, 그리고 시카고에 위치한 3,300개의 객실을 자랑하는 콘라드 힐튼은 메트로폴리탄 호텔의 전형이라고 할 수 있다.

뉴욕에 위치한 힐튼 호텔

시카고에 위치한 콘라드 힐튼 호텔

2. 시티 호텔(City hotel)

휴양지 또는 관광지 호텔과 대조적으로 불리는 호텔로서 주로 도시의 중심부에 위치하기 때문에 도심호텔(down town)이라고도 불린다.

도심지의 쇼핑센터, 비즈니스센터 등이 모여 있는 곳에 주로 위치하고 있다. 교통에 불편함이 없어야 하겠지만, 오늘날에는 도시중심의 교통혼잡과 공해, 지가의 상승과 주차난 등이 이런 호텔들의 발전에 많은 영향을 주고 있다.

그러나 여러 가지 제한에도 불구하고 도시의 사교중심지로서 각종 집회, 전시장, 발표장 및 쇼핑 등으로 많이 이용되고 있다. 서울의 조선, 롯데, 플라자 등이 이에 속한다.

서울에 위치한 조선호텔

서울에 위치한 롯데호텔

3. 서버반(교외)호텔(Suburban hotel)

이 호텔은 도시를 벗어난 한가한 교외에 세워진 호텔이다. 위에서 설명한 바 있는 시티호텔은 자동차 공해와 주차난 등으로 많은 난점들이 있지만, 자가용 여행자들이 급격히 증가하고 있는 오늘날에는 공기 좋고 주차가 편리한 교외호텔의 이용도가 날로 높아지고 있다. 또한 이와 같은 호텔은 도심지보다 지가가 저렴해서 건축비가 적게 들고 주차가 무료일 뿐만 아니라 전원(田園)의 분위기도 만끽할 수 있어서 좋은 평을 받고 있다.

4. 컨트리 호텔(Country hotel)

이 호텔은 교외라기보다는 산간(山間)에 세워진 호텔로 마운틴호텔(moun- tain hotel)이라고도 부른다. 특히 등산, 스키, 골프 등의 레크리에이션 기능을 모두 할 수 있는 용도의 호텔을 말하는데, 다만 해안에 있는 호텔은 이에 해당하지 않는다고 하겠다. 우리나라의 지리산, 속리산, 설악산에 있는 호텔 등이 이에 속한다고 할 수 있다.

강원도 속초 설악산국립공원 길목에 위치한 설악 켄싱턴스타 호텔

5. 에어포트(공항) 호텔(Airport hotel)

공항 근처에 위치하면서 비행기 사정으로 출발 및 도착이 지연되어 탑승을 기다리는 손님과 승무원들이 이용하기에 편리한 호텔을 말한다. 최근에는 이를 에어텔(Airtel)이란 약칭으로 부르기도 한다.

인천공항 근처에 위치한 하얏트 리젠시 호텔, 베스트웨스턴 호텔

6. 시포트(항구) 호텔(Seaport hotel)

에어포트 호텔과 같이 크게 성행하고 있지는 않지만, 항구 근처에 위치하고 있으면서 여객선의 출입에 따라 여객과 선원들이 이용하기에 편리한 호텔이다. 이러한 호텔들은 철도업무와 서비스를 일원화하기 위해 대개의 경우 철도회사에서 직접 경영하는 방식이 늘어나고 있다.

7. 터미널 호텔(Terminal hotel)

철도역이나 버스터미널, 공항터미널 또는 항구 등의 근처에 위치하는 호텔을 말한다.

주로 이러한 호텔을 이용하는 고객은 교통기관의 종류별로 기차, 비행기, 버스, 여객선 등의 이용승객과 승무원들이다.

유럽에서는 국제철도(Eurail Pass)10)가 운행되고 있어 각국의 주요 도시역마다 이 호텔들이 널리 애용되고 있음을 볼 수 있다.

시포트 호텔(네덜란드)

공항터미널 호텔(두바이)

Ⅲ 숙박기간에 따른 분류

트랜전트 호텔	1~2일의 단기 체류객들이 이용하는 호텔로서 상용으로 출입하는 비즈니스 호텔
레지덴셜 호텔	주택형식의 호텔로서 적어도 1주일 이상의 체재객을 대상으로 운영하는 호텔
퍼머넌트 호텔	아파트식의 장기체재객을 대상으로 하는 호텔

1. 트랜전트 호텔(Transient hotel)

대체로 1~2일의 단기 체류객들이 이용하는 호텔로서 상용으로 출입하는 비즈니스 호텔이라고 말할 수 있다. 이 호텔은 숙박객은 물론 숙박객 외의 고객들의 왕래가 빈번하기 때문에 고객들에게 식음료 제공을 편리하게 하기 위하여 식당과 커피숍, 카페테리아11) 등의 부대시설이 있으며, 다른 호텔보다 비교적 싸고 성황을 이루고 있다.

10) 유럽 철도 균일주유권(均一周遊券)으로서 일정한 기간 동안 22개국의 국유철도를 횟수에 관계없이 무제한 이용할 수 있다.

11) 손님이 여러 가지 요리들을 골라서 가져다 먹는 식당을 말한다. 최초의 카페테리아는 1891년 미국 미주리주의 캔자스시티에 있는 기독교여자청년회(YWCA)가 운영했다.

따라서 이러한 종류의 호텔은 교통의 편의가 이루어지는 입지조건이 매우 중요하다고 하겠다.

2. 레지던셜 호텔(Residential hotel)

주택형식의 호텔로서 적어도 1주일 이상의 체재객을 대상으로 한다. 아파트와 다른 점은 호텔식의 메이드 서비스(maid service)가 있고, 또한 최소한의 식사와 음료서비스가 제공되는 식당과 주장(酒場)의 시설도 갖추고 있다.

이러한 호텔을 이용하는 대부분의 고객은 주로 신흥 산업도시에 파견되는 기술자 가족 등의 일시적 주거용으로 이용되거나 신임 외교관 등이 관사가 마련될 때까지 임시 주거용으로 이용되는 것이 일반적이다.

3. 퍼머넌트 호텔(Permanent hotel)

레지던셜 호텔과 같은 부류에 속하지만, 이것과는 약간 다르게 아파트식의 장기체재객을 대상으로 하는 호텔로서 메이드 서비스가 제공되는 것이 특징이다.

Ⅳ 숙박목적에 따른 분류

컨벤셔널 호텔	국제회의를 유치하기 위한 대규모 호텔
커머셜 호텔	전형적인 상용(商用)호텔로 비즈니스호텔(business hotel)이라고도 함
리조트 호텔	휴양이나 레크리에이션의 목적으로 이용되는 호텔
아파트먼트 호텔	장기체재 이용객들을 위한 호텔로서 주로 퇴직한 노년층들이 사회복지제도의 일환으로 이용하는 호텔
카지노 호텔	주로 도박을 즐기는 사람들, 즉 갬블러(gambler)들이 주로 찾는 호텔
퍼머넌트 호텔	아파트식의 장기체재객을 대상으로 하는 호텔

1. 컨벤셔널 호텔(Conventional hotel)

이는 회의를 유치하기 위한 대규모 호텔로서 객실의 대형화는 물론, 대회의장 및 주차장의 설비를 완비하고, 회의를 위해 필요한 통역시설과 원격 화상회의 시설, 컴퓨터를 통한 회의시스템 등을 확보하고 있어야 한다.

컨벤셔널 호텔에서 국제적인 대형행사를 성공적으로 치러낼 경우, 국가이미지 제고와 함께 회의유치 호텔의 인지도와 명성은 저절로 높아지게 된다. 또한 국제회의를 유치할 경우 객실 수입 외에도 식음료판매, 회의실 임대 및 기타 쇼핑으로 인한 수입이 동반 상승하여 호텔의 총매출수익에 상당한 흑자요인으로 작용한다.

컨벤션 호텔

행사장 내부

2. 커머셜 호텔(Commercial hotel)

전형적인 상용(商用)호텔을 일컫는 말이며, 일명 비즈니스호텔(business hotel)이라고도 한다. 이 호텔의 이용객들은 대부분 세일즈맨, 엔지니어, 각 회사의 지점원, 연락사무원들이 주류를 이루고 있으므로 주로 도심지에 위치하는 것이 일반적이다. 앞에서 설명한 컨벤셔널 호텔이나 뒤에 설명할 리조트 호텔, 그리고 아파트먼트 호텔에 비해 입지면에서 특히 도심지에 위치할 필요성이 높다. 이용객들의 이용목적에 맞추어 호텔에서 업무를 보는 데 불편함이 없도록 팩스 및 복사기, 컴퓨터, 프린터기 등의 사무기기를 갖춘 비즈니스센터를 운영하고 있으며, 각종 소규모 회의를 개최할 수 있는 회의시설과 업무와 관련한 상담도 할 수 있는 시설을 갖추고 있는 것이 특징이다. 또한 호텔 속의 호텔이라고 불리는 특별층 즉 이그제큐티브 플로어(executive floor)[12]를 운영하고 있다.

12) 호텔 내에 특별히 마련된 층으로 빠르고 복잡한 업무에 시달리는 상용고객들을 위하여 보다 편리하고 안락한 객실과 부대시설 및 식음료 서비스를 제공하여 일반객실의 고객과 차별화된 최고의 서비스를 제공한다.

3. 리조트 호텔(Resort hotel)

상용호텔과는 달리 휴양이나 레크리에이션의 목적으로 이용되는 호텔을 말한다. 주로 관광지, 피서지 및 피한지, 해변, 산간 등의 휴양지와 온천지에 건축되는 호텔로서 일명 vacational hotel이라고도 부른다. 따라서 겨울에는 스키와 스케이팅, 빙벽 등반 등의 설경을 찾는 윈터 리조트(winter resort)와 피서객들을 위해 수영, 윈드서핑, 수상스키, 요팅, 스킨 스쿠버다이빙, 패러글라이딩, 트래킹, 골프 등을 할 수 있는 섬머 리조트(summer resort)로 대별된다. 주로 신혼 여행객이나 가족단위의 여행객들이 많이 이용하는 경향이 있다. 우리나라의 경주, 해운대, 제주도, 설악산 등의 호텔들이 리조트 호텔로서 성황을 이루고 있으며, 점차 각종 회의시설 등을 갖추고 중소규모의 회의장소로도 이용되고 있으나, 아직까지는 도심지의 호텔에 비해 시설이나 경영 면에서 뒤처지고 있다.

4. 아파트먼트 호텔(Apartment hotel)

우리나라에서는 보기 힘든 장기체제 이용객들을 위한 호텔로서 주로 퇴직한 노년층들이 사회복지제도의 일환으로 이용하는 호텔이다. 객실마다 주방설비가 되어 있어 일반 아파트와 같은 인상을 주는 것이 특징이다. 이용객들에게 음식을 제공하지 않는 것이 원칙이나 선진국에서는 정년퇴직한 노인들을 전문적으로 수용함으로써 리타이어먼트 호텔(retirement hotel)이라고도 불린다.

우리나라에는 정년퇴직한 고소득 유료양로원이 이와 같은 기능을 수행한다고 하겠다. 유료양로원은 각 개인들이 일정한 금액을 지급하면서 각자의 프라이버시를 침해당하지 않으면서도 비슷한 연령층의 또래가 함께 생활한다는 면에서 아파트먼트 호텔과 비슷하다고 하겠으나, 한편으로는 각자가 취사를 할 필요도 없고, 운동시설 및 의료시설 등을 자유롭게 이용할 수 있다는 면에서 이와는 또 다른 형태라 하겠다.

5. 카지노 호텔(Casino hotel)

카지노 호텔은 주로 도박을 즐기는 사람들, 즉 갬블러(gambler)들이 주로 찾는 호텔로서 객실규모가 1,000실 이상에서 수천 실에 이르기까지 다양한 매머드급의 호텔이다. 호텔마다 나름대로 독특한 건축양식이나 각종 이벤트 혹은 상징물을 갖고 있는 것이 특징인데, 이러한 호텔군을 형성하는 대표적인 도시가 미국의 라스베이거스(Las Vegas)이다. 오늘날 카지노 호텔들은 대규모 국제회의장과 각종 식당들을 갖추어 국제회의를 유치하거나 각종 박람회 및 이벤트 등을 개최하면서 이미지 개선에 힘쓰고 있다.

우리나라의 카지노는 현행 「관광진흥법」에 의할 때 내국인 출입을 허용하지 않는 것을 원칙으로 하고 있으며, 예외적으로 "폐광지역법"13) 에 의거 강원랜드 카지노만은 내국인 출입을 허용하고 있다.

카지노 호텔

외국인전용 카지노는 1967년 인천 올림포스 호텔 카지노 개설을 시작으로 2005년 신규허가 3개소를 포함하여 2018년 12월 말 기준으로 전국에 16개 업체가 운영 중에 있으며, 지역별로는 서울 3개소, 부산 2개소, 인천 1개소, 강원 1개소, 대구 1개소, 제주 8개소이다. 내국인 출입 카지노는 강원랜드 카지노 1개소가 운영 중에 있다.

V 숙박시설형태에 따른 분류

모텔, 모터 호텔	상용이나 휴양을 목적으로 여행하는 고객을 대상으로 하고 있으며, 다른 점이 있다면 자동차와 함께 쉬고 숙박할 수 있다는 점
유스호스텔	청소년들의 심신 수련과 보건휴양여행을 장려하기 위해 만들어진 숙박시설
보 텔	보트로 여행하는 사람들이 이용하는 호텔
요 텔	해안, 호반 및 강변에 위치하여 요트를 이용하는 여행자들이 숙박하는 데 편리하도록 꾸며진 호텔
로 텔	움직이는 호텔로서 지금의 캠핑카(camping car)
플로텔	플로텔은 해상 및 수상의 호화호텔

1. 모텔(Motel)과 모터 호텔(Motor hotel)

모텔이나 모터호텔도 일반호텔과 마찬가지로 상용이나 휴양을 목적으로 여행하는 고객을 대상으로 하고 있으며, 다른 점이 있다면 자동차와 함께 쉬고 숙박할 수 있다는 점

13) 「폐광지역개발 지원에 관한 특별법」(제정 1995.12.29., 최종개정 2014.1.1.)의 약칭이다.

이다. 다만, 이들이 제공하는 상품과 서비스는 일반호텔이 제공하는 것과 거의 비슷하다.

오늘날 여행의 다양화에서 오는 도로의 발달과 자동차여행의 급격한 증가로 자동차와 함께 쉬고 숙박할 수 있는 모텔이 미국을 비롯하여 세계적으로 호텔 못지않게 등장하고 있다. 모텔(motel)이란 글자 그대로 자동차 여행자를 위한 모터호텔(motor hotel)인 것이다. 그러나 요즘에는 모텔과 모터 호텔의 개념을 달리 인식하는 경향이 있으며, 그 구별의 범주 또한 정확하지는 않다.

모텔의 특수성을 요약하여 말한다면 첫째, 숙박비가 저렴하고, 둘째, 주차가 편리하고, 셋째, 풀, 테니스, 볼링 등의 부대시설이 좋고, 넷째, 객실예약이 불필요하고, 다섯째, 노팁(no-tips)제도이고, 여섯째, 객실료는 미리 지급하고 체크아웃할 때에는 언제든 자유롭게 나갈 수 있고, 짐은 스스로 운반하여 객실 키를 갖고 객실로 들어가는 등 이용과 행동이 자유롭다는 점이다.

2. 유스호스텔(Youth hostel)

청소년들의 심신 수련과 보건휴양여행을 장려하기 위한 매스 투어리즘(mass tourism)[14]의 일환으로 만들어진 숙박시설이다. 일반적인 숙박시설이 영리를 목적으로 하는 데 반해 유스호스텔은 영리적인 목적보다는 청소년들이 여행을 통해 봉사와 우애의 정신, 그리고 애국심을 함양할 수 있도록 숙박요금을 저렴하게 책정한 일종의 사회복지시설의 성격을 띠고 있다.

1909년 독일에서 처음 시작된 유스호스텔 운동은 1932년 국제 유스호스텔연맹이 창설됨에 따라 회원인 청소년은 연맹에 가입된 어느 나라의 유스호스텔이든 이용할 수 있어 국제적인 교류가 확립되었다. 유스호스텔 내에서는 빈부 · 인종 · 종교의 차별이 없는 절대적인 평등관계를 유지하면서 다양한 나라의 다양한 사람들과의 교류를 통해 견문을 넓히고 국제 간의 이해와 친선을 도모하는 것이다. 유스호스텔의 특징은 다음과 같다. 첫째, self service이다. 자신의 식사뿐만 아니라 객실의 정리(침대의 정돈 및 객실의 청소까지 포함)는 자신이 알아서 해야 한다. 둘째, 회원증이 있어야 한다. 셋째, 그 나라가 연맹에 가입되어 있어야 한다. 넷째, 청소년들을 위한 시설인 만큼 요금이 싸다.

우리나라에서 청소년들이 이용하는 숙박시설인 '유스호스텔'은 「관광진흥법」상의 '호

14) 대중관광 또는 관광의 대중화라는 의미로 일정자산과 시간적 여유를 가진 특권계급만이 가능했던 여행을 여행의 상품화를 통해 싼값으로 대중에게 보급된 것을 말한다.

스텔'과 「청소년활동진흥법」15)에서 규정하고 있는 '청소년수련시설'의 일종인 '유스호스텔'로 구분되고 있다.

3. 보텔(Boatel)

보트로 여행하는 사람들이 이용하는 호텔로서 항해 중 해변에서 보트를 정박시켜 두고 투숙할 수 있는 시설이다. 이는 육지의 모텔(motel)과 그 성격이 같다.

4. 요텔(Yachtel)

이는 해안, 호반 및 강변에 위치하여 요트를 이용하는 여행자들이 숙박하는 데 편리하도록 꾸며진 호텔을 말한다. 해안이나 호반에 요트를 계류(繫留)시킬 수 있는 설비를 갖출 것을 요한다.

5. 로텔(Rotel)

1966년 독일의 스투트가르트에 처음 출현한 로텔은 움직이는 호텔로서 사랑을 받았다. 즉 26인승 2층 버스로 1층은 TV 및 Bar를 설치하여 이동하면서 즐길 수 있고, 2층에는 주방이 달린 침실이 있었다. 처음에는 대중들의 눈길을 끌었지만 많은 사람들이 움직이는 버스에서 숙식을 함께하기란 쉬운 일이 아니므로 그 수요는 급감할 수밖에 없었다.

이에 따라 로텔(rotel)의 변형된 형태로 나타난 것이 지금의 캠핑카(camping car)라고 할 수 있다. 캠핑카는 기존의 승용차에 숙식할 수 있는 트레일러(trailer)를 이어서 가족단위의 여행객들이 함께 취사도 하면서 여행할 수 있는 설비이다. 소득수준의 향상과 넓은 도로망, 그리고 자동차 여행객들을 위한 충분한 주차공간 등이 이러한 새로운 형태의 여행문화를 낳았다고 할 수 있다.

캠핑카

15) 「청소년활동진흥법」은 「청소년기본법」 제47조 제2항에 따라 다양한 청소년활동을 적극적으로 진흥하기 위하여 필요한 사항을 정함을 목적으로 2004년 2월 9일 제정된 법률이다.

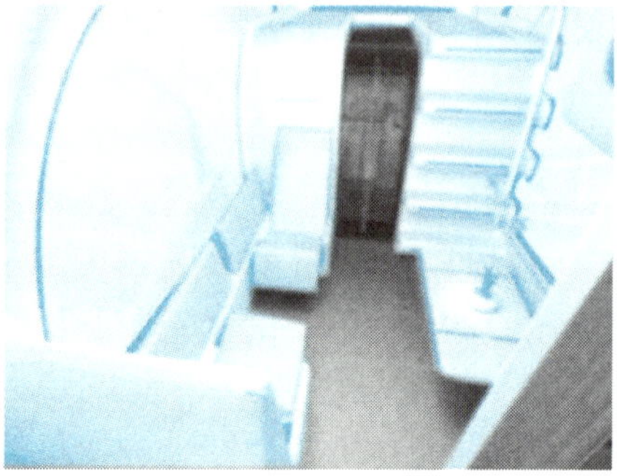

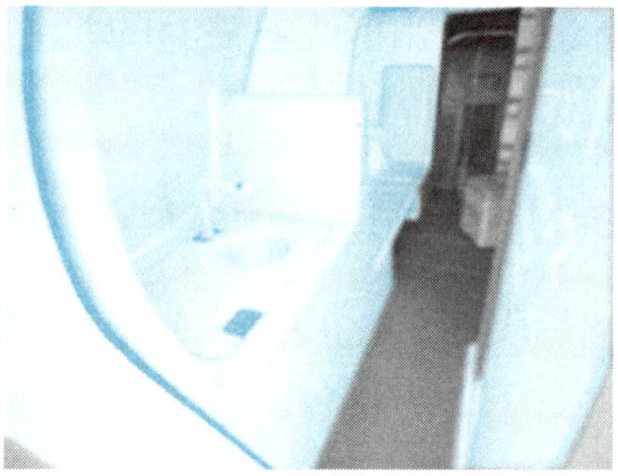

캠핑카 내부

6. 플로텔(Floatel)

플로텔은 해상 및 수상의 호화호텔이라 할 수 있는데, 주로 펜션을 개조하여 숙박시설로 이용하는 것이 일반적이다. 우리나라 「관광진흥법시행령」 제2조 제1항 2호에 명기되어 있는 호텔업의 일종인 수상관광호텔업에 해당한다고 할 수 있다. 요텔(yachtel)이나 모텔(motel)은 요트와 자동차를 이용하여 여행하며, 숙박은 주차장 및 계류설비를 갖춘 숙박시설에서 하게 되는 데 반해, 플로텔은 숙박 자체를 수상의 공간에서 하는 것이 다른 점이다. 플로텔은 그 위치에 따라 바다에 떠 있을 경우에는 시텔(seatel), 강변의 경우 리버텔(rivertel) 그리고 호수의 경우에는 레이크텔(laketel) 등으로 구분하고 있으나, 수면 위에 떠 있다는 점에서 플로텔이 이 모든 경우를 아우르는 적절한 표현이라 하겠다.

플로텔

Ⅵ 요금지급방식에 따른 분류

1. 유럽식 요금제도(European Plan: EP)

유럽식 요금제도는 객실요금과 식사요금이 별도로 계산되는 요금제도이다. 이 제도는 호텔객실요금을 싸게 제공한다는 이미지 제고의 효과가 있다. 또한 고객은 고객이 원하는 음식을 자유롭게 선택할 수 있다. 일반적으로 상용호텔들은 유럽식 요금제도를 많이 채택하고 있다. 특히 상용여행객들은 시간제한에 의하여 식사시간을 놓치기 쉽고, 단체손님들과 식사하는 번거로움을 피하기 위하여 유럽식 요금제도를 선호한다.

2. 미국식 요금제도(American Plan: AP)

미국식 요금제도는 객실요금에 아침(breakfast), 점심(lunch), 저녁(dinner) 식사요금이 모두 포함되어 있는 요금제도이다. 유럽에서는 이 제도와 유사한 Full Plan 혹은 Full Pension이 있다. 주로 휴양지호텔 혹은 산간지역호텔에서 사용하는 방법으로, 호텔 주변에 식당이나 상가가 거의 없고 전적으로 호텔에서 식사를 해결할 경우에 많이 사용한다.

3. 대륙식 요금제도(Continental Plan: CP)

대륙식 요금제도는 객실요금에 아침식사가 포함되어 있는 요금제도이다. 식사는 커피 · 초콜릿 · 롤빵과 약간의 치즈를 제공하는 대륙식 아침식사(continental breakfast)를 제공한다. 유럽 대도시의 사업여행고객을 위한 호텔에서 자주 볼 수 있는 형태이다.

4. 버뮤다 요금제도(Bermuda Plan)

버뮤다 요금제도는 객실요금에 아침식사가 포함되어 있는 요금제도이다. 식사는 계란요리와 빵 그리고 햄 등을 제공하는 미국식 아침식사(American plan)를 제공한다.

5. 수정 미국식 요금제도(Modified American Plan: MAP)

객실요금에 2식이 포함된 요금제도이다. 수정 미국식 제도는 고객으로 하여금 요금부담에서 일부 덜어 줄 수 있다. 일반적으로 고객은 아침식사와 저녁식사만 호텔에서 하고, 점심식사는 하지 않는다.

6. 혼합식 요금제도(Dual Plan)

고객의 선택에 따라 미국식 혹은 유럽식 요금선택을 할 수 있도록 하는 호텔을 뜻한다. 혼합식 제도는 고객에게 선택의 폭을 넓혀 주기 위함이다.

Ⅶ 규모에 따른 분류

1. 소형 호텔(Small hotel)

객실 수가 25실 이하인 소형 호텔을 말한다. 지금은 우리나라에도 이런 소규모의 호텔은 존재하지 않지만, 여관 같은 숙박시설들은 25실 이하의 객실을 갖추고 있는 곳이 많다.

2. 중형 호텔(Average hotel)

우리나라에서는 「관광진흥법」상 2등급(2성급) 이하의 부류에 속하는 호텔로 객실 수가 25실에서 100실까지 보유한 호텔을 말한다.

3. 중대형 호텔(Above average hotel)

객실을 100실에서 300실까지 확보하고 있는 호텔을 말한다. 우리나라의 「관광진흥법」상 1등급(3성급) 관광호텔들이 이에 해당한다고 본다.

4. 대형 호텔(Large hotel)

호텔의 객실 수가 300실 이상을 보유하고 있는 대규모 호텔을 말한다. 우리나라의 「관광진흥법」상 특등급(5성급 · 4성급) 관광호텔들이 이에 속한다고 말할 수 있지만, 요즘에는 수백에서 수천의 객실을 보유하는 대규모 호텔이 속속 등장하고 있기 때문에, 위에서와 같은 객실 수에 의한 호텔의 분류는 전근대적인 분류방식이라고 볼 수 있다.

Ⅷ 기타 숙박시설

팡숑(pension)	전형적인 하숙식 여인숙으로 장기체재형의 저렴한 숙박시설
인(inn)	인(inn)은 우리말로는 여관에 해당하지만, 근대적 호텔시설이 갖추어지기 이전의 숙박시설 형태
로지(lodge)	독특하고 아름다운 이미지를 갖는 숙박시설
유로텔(eurotel)	분양식 리조트 맨션의 한 형태
국민숙사	일본에서 흔히 볼 수 있는 숙소로서 휴가촌숙사라고도 함
샤 토	프랑스에서는 귀족이나 대지주의 큰 저택(mansion)을 일컫는 말로 빌라보다 좀더 큰 규모에 100실 내외의 객실을 갖춘 소규모 숙박시설
휴양콘도미니엄	휴양콘도미니엄업은 가족단위의 취사, 체재 및 숙박에 필요한 설비를 갖춘 숙박시설

1. 팡 숑

팡숑(pension : 펜션)[16]은 유럽에서 발생한 전형적인 하숙식 여인숙으로 장기체재형의 저렴한 숙박시설을 말한다. 주변에 레스토랑 및 음식점이 많은 곳에 위치하므로 아침식사는 제공되지만 저녁식사는 제공되지 않는 것이 통례이다. 소규모의 객실을 보유하고 손님의 접대도 극히 제한된 서비스 이외에는 하지 않는다. 비교적 저렴한 숙박비가 매력적이다.

팡숑의 요금제도는 흔히 팡숑 플랑(pension plan)이니 더미 팡숑(demi pension)이니 하는 것이 있는데, 전자는 숙박에 3식이 포함된 객실요금이고, 후자는 숙박에 1식이 포함된 요금제도를 말한다.

본래의 팡숑은 가족적인 분위기의 따뜻한 접대와 비교적 저렴한 요금에 그 매력이 있으나, 한편으로는 노후한 시설로 인하여 체재 중 상당한 불편을 아울러 감수해야 하는 경우도 있다. 하지만 요즘에는 팡숑의 명칭으로 호텔과 다름없는 시설로 영업하는 곳도 있다.

2. 인

인(inn)은 우리말로는 여관에 해당하지만, 근대적 호텔시설이 갖추어지기 이전의 숙박시설 형태를 말한다.

유럽에서는 보통의 호텔보다 시설 및 규모 면에서 비교적 작은 호텔을 말하여 왔지만, 최근 미국에서는 홀리데이 인(holiday inn)을 비롯하여 Inn이라는 명칭을 사용하는 고급호텔들이 많이 설립되어서 호텔과 시설이나 규모 면에서 차이가 나지 않는 것이 많다.

그럼에도 최근에 특히 미국 등지에서 호텔을 인(inn)이라고 부르는 이유 중의 하나는 호텔경영상의 인건비가 상승하고 서비스가 저하되기 때문에 고객에게 환대(歡待)에 대한 복고적인 이미지를 창조하기 위한 전략의 일종으로 보인다.

3. 로 지

로지(lodge)는 팡숑과는 큰 차이가 없으나, 명칭에서 풍기듯 독특하고 아름다운 이미지를 갖는 숙박시설이다. 로지는 프랑스의 전원다운 숙박시설로 국가의 보호와 지도 아래

16) 우리나라에서 요즘 유행하는 펜션(pension)은 팡숑(pension)과는 달리 숙박시설로 기능하기는 하지만 가족단위의 여행자들이 자체적으로 취사를 해결하면서 쉬어갈 수 있는 공간을 뜻하는데, 주로 경관이 좋은 교외에 위치하여 개인의 프라이버시를 침해하지 않도록 각각의 건물들이 일정한 거리를 두고 위치한 것이 특징이다.

전국적인 조직으로 통일된 상호를 갖고 발전하고 있다. 보통 30~50실의 규모를 가지고 맛있는 요리와 아름다운 꽃과 멋진 장식을 가지면서도 순박한 멋을 풍긴다.

4. 유로텔

유로텔(eurotel)은 유럽호텔의 약어로 분양식 리조트 맨션의 한 형태이다. 운영조직이 국제적으로 체인화되어 있는 특징을 가진 유로텔은 호텔의 객실과 기기, 비품 등 소유자 자신이 이용하지 않는 동안 타인에게 임대할 수 있는 시스템을 갖춘 호텔을 말한다. 부대시설로는 각종 레크리에이션 시설과 스포츠 시설을 겸비하고 있으며, 시설은 수탁관리가 가능하다.

5. 국민숙사

일본에서 흔히 볼 수 있는 숙소로서 휴가촌숙사라고도 하며, 가족단위의 여행객들이 휴가를 함께 즐길 수 있도록 만든 저렴한 공공숙박시설이다. 정부나 공공단체에 의해 운영되며 국민관광의 일환으로 장려되고 있는데, 우리나라 「관광진흥법」상의 가족호텔업과 비슷하다고 볼 수 있다.

6. 샤 토

샤토(château)는 프랑스어로 영어의 성(castle)에 해당되는 단어이다. 프랑스에서는 귀족이나 대지주의 큰 저택(mansion)을 일컫는 말로 사용되는데, 빌라보다 좀더 큰 규모에 100실 내외의 객실을 갖춘 소규모 숙박시설을 말한다. 성(城)을 나타내는 이름에서도 알 수 있듯이 주로 복고적인 중세풍의 뾰족한 지붕양식을 띠고 있으며, 주변에는 승마장과 골프장 시설을 갖춘 관광지에 위치한 숙박시설이다.

7. 휴양콘도미니엄

현행 「관광진흥법」에서는 관광숙박업을 호텔업과 휴양콘도미엄업으로 나누고 호텔업을 다시 관광호텔업, 수상관광호텔업, 한국전통호텔업, 가족호텔업, 호스텔업, 소형호텔업, 의료관광호텔업 등으로 세분하고 있다 함은 앞에서 언급한 바 있다.

휴양콘도미니엄업이란 관광객의 숙박과 취사에 적합한 시설을 갖추어 이를 그 시설의 회원이나 공유자[17], 그 밖의 관광객에게 이를 제공하거나 숙박에 딸리는 음식 · 운동 · 오락 · 휴양 · 공연 또는 연수에 적합한 시설 등을 함께 갖추어 이를 이용하게 하는 업을 말한다(관광진흥법 제3조 제1항 2호).

경주 한국콘도

휴양콘도미니엄업은 가족단위의 취사, 체재 및 숙박에 필요한 설비를 갖추고 있는데, 공유자와 회원이 연중 일정기간을 우선적으로 이용하고 잔여기간에 일반대중이 이용할 수 있다는 것이 다른 숙박업에 비해 특이한 점이라 하겠다.

본래 콘도미니엄(condominium)이란 관광숙박시설의 일종으로 호텔 또는 각종 휴양숙박시설의 장점을 골고루 발췌하여 가족단위의 레저시설을 즐길 수 있도록 특급호텔 수준의 시설을 갖춘 숙박시설을 말한다.

콘도미니엄은 1957년 스페인에서 기존호텔에 개인의 소유개념을 도입하여 개발한 것이 그 시초이며, 1950년대 이탈리아에서 중소기업들이 종업원 후생복지를 위해 회사가 공동투자를 하여 연립주택이나 호텔형태로 지은 별장식 가옥을 10여 명이 소유하는 공공휴양시설로 개발한 것이 그 효시이다.

우리나라는 1981년 4월 (주)한국콘도에서 경주보문단지 내에 있는 25평형 103실을 분양한 것이 콘도미니엄의 시초인데, 1982년 12월 31일에는 휴양콘도미니엄업을 「관광진흥법」상의 관광숙박업종으로 신설한 후 오늘에 이르고 있다.

우리나라 휴양콘도미니엄업의 현황을 살펴보면 2018년 12월 말 현재 전국적으로 227개 콘도에 46,141실이 운영되고 있다.[18]

---

17) 여기서 회원(會員)이란 관광사업의 시설을 일반이용자보다 우선적으로 이용하거나 유리한 조건으로 이용하기로 당해 관광사업자(사업계획의 승인을 얻은 자를 포함)와 약정한 자를 말하며, 공유자(共有者)란 단독소유 또는 공유의 형식으로 관광사업의 일부시설을 관광사업자(관광사업의 승인을 받은 자를 포함)로부터 분양받은 자를 말한다(「관광진흥법」 제2조 4·5호). 또 공유(共有)란 소유권의 한 유형으로서 어떤 물건이 지분(持分)에 의하여 수인이 소유하고 있는 것을 말한다. 공유에서는 하나의 소유권이 분량적으로 분할하여 수인에게 속하는데, 여기서 공유자가 가지는 권리를 지분(持分)이라 한다.

18) 문화체육관광부, 2018년기준 관광동향에 관한 연차보고서, pp. 258~259.

제4절 호텔업의 등록[19)]

I 등록의 의의 및 성질

「관광진흥법」상의 등록은 행정법상의 허가(許可)와 유사하나, 허가보다는 재량의 여지가 거의 없고 등록요건에 맞으면 특별한 사정이 없는 한 등록을 해주어야 하는 기속행위이며, 상대방에게 이익을 주는 수익적 행정행위(授益的 行政行爲)로 이해되고 있다. 따라서 관광사업의 등록기준에 적합한 시설을 갖추고 등록신청을 하였음에도 불구하고 등록을 받아주지 않는 행위는 위법행위가 된다.

II 호텔업의 등록관청

관광숙박업(호텔업)을 경영하려는 자는 특별자치도지사 · 특별자치시장 · 시장 · 군수 · 구청장(자치구의 구청장을 말한다)에게 등록하여야 한다(관광진흥법 제4조 제1항, 세종시법 제8조). 따라서 호텔업의 등록관청은 특별자치도지사 · 특별자치시장 · 시장 · 군수 · 구청장이다.

그런데 관광사업의 등록(登錄)은 관광사업의 허가(許可)나 지정(指定)과는 달리 등록에 앞서 선행행정절차를 거쳐야 하는 업종이 많다. 즉 관광숙박업(호텔업 및 휴양콘도미니엄업)을 경영하려는 자는 관광숙박업의 등록을 하기 전에 그 사업에 대한 사업계획을 작성하여 특별자치도지사 · 특별자치시장 · 시장 · 군수 · 구청장의 승인을 받아야 하고(동법 제15조 1항; 사업계획의 사전승인제도), 또 관광숙박업 및 관광객이용시설업 등록심의위원회(이하 "등록심의위원회"라 한다)의 심의를 거쳐야 등록을 할 수가 있다(동법 제17조 1항).

19) 조진호 · 우상철 공저, 전게서, pp.126~129, pp.142~146.

Ⅲ 호텔업의 등록기준 〈개정 2016.6.30.〉

「관광진흥법」은 관광사업의 등록이나 변경등록의 기준 · 절차 등에 필요한 사항은 대통령령으로 정하도록 하고 있다(제4조 제3항, 동법 시행령 제5조 관련 〈별표 1〉). 따라서 현행 「관광진흥법」은 관광호텔업의 획기적인 개선을 위하여 등록기준을 대폭 완화하여 일반 호텔이나 여관 등이 관광호텔업으로 용이하게 전환할 수 있도록 하였다.

1. 관광호텔업의 등록기준

① 욕실이나 샤워시설을 갖춘 객실을 30실 이상 갖추고 있을 것
② 외국인에게 서비스를 제공할 수 있는 체제를 갖추고 있을 것
③ 대지 및 건물의 소유권 또는 사용권을 확보하고 있을 것. 다만, 회원을 모집하는 경우에는 소유권을 확보하여야 한다.

2. 수상관광호텔업의 등록기준

① 수상관광호텔이 위치하는 수면은 「공유수면 관리 및 매립에 관한 법률」 또는 「하천법」에 따라 관리청으로부터 점용허가를 받을 것
② 욕실이나 샤워시설을 갖춘 객실이 30실 이상일 것
③ 외국인에게 서비스를 제공할 수 있는 체제를 갖추고 있을 것
④ 수상오염을 방지하기 위한 오수 저장 · 처리시설과 폐기물처리시설을 갖추고 있을 것
⑤ 구조물 및 선박의 소유권 또는 사용권을 확보하고 있을 것. 다만, 회원을 모집하는 경우에는 소유권을 확보하여야 한다.

3. 한국전통호텔업의 등록기준

① 건축물의 외관은 전통가옥의 형태를 갖추고 있을 것
② 이용자의 불편이 없도록 욕실이나 샤워시설을 갖추고 있을 것
③ 외국인에게 서비스를 제공할 수 있는 체제를 갖추고 있을 것
④ 대지 및 건물의 소유권 또는 사용권을 확보하고 있을 것. 다만, 회원을 모집하는 경우에는 소유권을 확보하여야 한다.

4. 가족호텔업의 등록기준

① 가족단위 관광객이 이용할 수 있는 취사시설이 객실별로 설치되어 있거나 층별로 공동취사장이 설치되어 있을 것
② 욕실이나 샤워시설을 갖춘 객실이 30실 이상일 것
③ 객실별 면적이 19제곱미터 이상일 것
④ 외국인에게 서비스를 제공할 수 있는 체제를 갖추고 있을 것
⑤ 대지 및 건물의 소유권 또는 사용권을 확보하고 있을 것. 다만, 회원을 모집하는 경우에는 소유권을 확보하여야 한다.

5. 호스텔업의 등록기준

① 배낭여행객 등 개별 관광객의 숙박에 적합한 객실을 갖추고 있을 것
② 이용자의 불편이 없도록 화장실, 샤워장, 취사장 등의 편의시설을 갖추고 있을 것. 다만, 이러한 편의시설은 공동으로 이용하게 할 수 있다.
③ 외국인 및 내국인 관광객에게 서비스를 제공할 수 있는 문화 · 정보 교류시설을 갖추고 있을 것
④ 대지 및 건물의 소유권 또는 사용권을 확보하고 있을 것

6. 소형호텔업의 등록기준

① 욕실이나 샤워시설을 갖춘 객실을 20실 이상 30실 미만으로 갖추고 있을 것
② 부대시설의 면적 합계가 건축 연면적의 50퍼센트 이하일 것
③ 두 종류 이상의 부대시설을 갖출 것. 다만, 「식품위생법 시행령」 제21조 제8호다목에 따른 단란주점영업, 같은 호 라목에 따른 유흥주점영업 및 「사행행위 등 규제 및 처벌 특례법」 제2조 제1호에 따른 사행행위를 위한 시설은 둘 수 없다.
④ 조식 제공, 외국어 구사인력 고용 등 외국인에게 서비스를 제공할 수 있는 체제를 갖추고 있을 것
⑤ 대지 및 건물의 소유권 또는 사용권을 확보하고 있을 것. 다만, 회원을 모집하는 경우에는 소유권을 확보하여야 한다.

7. 의료관광호텔업의 등록기준

① 의료관광객이 이용할 수 있는 취사시설이 객실별로 설치되어 있거나 층별로 공동취사장이 설치되어 있을 것
② 욕실이나 샤워시설을 갖춘 객실이 20실 이상일 것
③ 객실별 면적이 19제곱미터 이상일 것
④ 「학교보건법」 제6조 제1항 제12호, 제15호, 제19호 및 같은 법 시행령 제6조 제1호에 따른 영업이 이루어지는 시설을 부대시설로 두지 아니할 것
⑤ 의료관광객의 출입이 편리한 체계를 갖추고 있을 것
⑥ 외국어 구사인력 고용 등 외국인에게 서비스를 제공할 수 있는 체계를 갖추고 있을 것
⑦ 의료관광호텔 시설(의료관광호텔의 부대시설로 「의료법」 제3조 제1항에 따른 의료기관을 설치할 경우에는 그 의료기관을 제외한 시설을 말한다)은 의료기관 시설과 분리될 것. 이 경우 분리에 관하여 필요한 사항은 문화체육관광부장관이 정하여 고시한다.
⑧ 대지 및 건물의 소유권 또는 사용권을 확보하고 있을 것
⑨ 의료관광호텔업을 등록하려는 자가 다음의 구분에 따른 요건을 충족하는 외국인환자 유치 의료기관의 개설자 또는 유치업자일 것

Ⅳ 사업계획의 승인

관광사업 중에서 관광숙박업 등은 막대한 시설투자비가 소요되고, 성격상 여러 행정기관으로부터 수많은 인·허가 등을 받아야 하는 어려움이 있다. 그러므로 사업계획의 승인 없이 사업자가 임의로 시설투자를 한 후 관광사업의 등록을 신청한 경우에 등록관청이 등록을 거부한다면, 등록을 신청한 자는 막대한 재산상의 손실을 당할 우려가 있다. 이러한 위험성을 사전에 방지하기 위하여 사업계획의 승인을 받은 후에 관광사업의 등록을 하도록 함으로써 사업시행의 원활을 기하고자 함에 사업계획승인제도의 목적이 있다.

이에 따라 「관광진흥법」은 "관광숙박업(호텔업 및 휴양콘도미니엄업)을 경영하려는 자는 등록을 하기 전에 그 사업에 대한 사업계획을 작성하여 특별자치도지사·특별자치시장·시장·군수·구청장(이하 "등록관청"이라 한다)의 승인을 받아야 한다(제15조 제1항)"고

규정하여 '사업계획의 사전승인제도'를 도입하였다.

V '등록심의위원회'의 심의

관광사업 중 관광숙박업(호텔업 및 휴양콘도미니엄업)의 등록(등록사항의 변경을 포함한다)에 관한 사항을 심의하기 위하여 특별자치도지사 · 특별자치시장 · 시장 · 군수 · 구청장(권한이 위임된 경우에는 그 위임을 받은 기관을 말함) 소속으로 관광숙박업 등 등록심의위원회(이하 "등록심의위원회"라 한다)를 두는데(관광진흥법 제17조 제1항), 이들 관광숙박업 등은 다른 사업에 비하여 규모나 시설이 크고 의제(擬制)되는 법률도 많기 때문에, 등록을 하기 전에 미리 '등록심의위원회'의 심의를 거치도록 한 것이다. 다만, 대통령령으로 정하는 경미한 사항의 변경에 관하여는 "등록심의위원회"의 심의를 거치지 아니할 수 있다(동법 제17조 제4항).

제5절 관광숙박업 등의 등급[20)]

I 개 요

문화체육관광부장관(제주특별자치도는 도지사)은 관광숙박시설 및 야영장 이용자의 편의를 돕고, 관광숙박시설 · 야영장 및 서비스의 수준을 효율적으로 유지 · 관리하기 위하여 관광숙박업자 및 야영장업자의 신청을 받아 관광숙박업 및 야영장업에 대한 등급을 정할 수 있다. 다만, 호텔업 등록을 한 자 중 대통령령으로 정하는 자는 등급결정을 신청하여야 한다.〈개정 2015.2.3.〉 또 문화체육관광부장관은 등급결정을 위하여 필요한 경우에는 관계 전문가에게 관광숙박업 및 야영장업의 시설 및 운영 실태에 관한 조사를 의뢰할 수 있다.〈개정 2015.2.3.〉 이러한 등급결정권은 일정한 요건을 갖춘 법인으로서 문화체육관광부장관이 정하여 고시하는 법인에 위탁한다.

한편, 관광숙박업 등의 등급결정에 관하여 제주자치도에서는 문화체육관광부장관의 권한은 제주자치도지사의 권한으로 하고, 「관광진흥법 시행령」이나 「관광진흥법 시행규칙」에서 정하도록 되어 있는 것은 제주자치도 '도조례'로 정할 수 있게 하였다(제주특별법 제240조 제2항).

II 등급결정대상 관광숙박업 및 등급구분

관광숙박업의 시설 및 서비스수준을 높이고 이용자의 편의를 돕기 위하여 의무적으로 등급결정을 신청하여야 하는 호텔업은 관광호텔업, 수상관광호텔업, 한국전통호텔업, 소형호텔업 및 의료관광호텔업에 한하고, 가족호텔업과 호스텔업은 제외된다. 그리고 호텔업의 등급은 5성급, 4성급, 3성급, 2성급 및 1성급으로 구분한다.

20) 조진호 · 우상철 공저, 전게서, pp.176~181.

종전의 특1등급, 특2등급, 1등급, 2등급 및 3등급으로 구분해 왔던 호텔업의 등급을 국제적으로 통용되는 별(星) 등급 체계로 정비함으로써 외국인 관광객들이 호텔을 선택함에 있어서의 편의를 도모하고자 한 것이다.

Ⅲ 호텔업의 등급결정 권한의 위탁

1) 문화체육관광부장관은 호텔업의 등급결정권을 다음 각 호의 요건을 모두 갖춘 법인으로서 문화체육관광부장관이 정하여 고시하는 법인에 위탁한다. 이때 등급결정권을 위탁받은 법인(이하 "등급결정 수탁기관"이라 한다)은 기존의 한국관광호텔업협회 및 한국관광협회중앙회의 이원화 체계에서 객관성과 신뢰성을 높일 수 있는 한국관광공사로 일원화하였다.

1. 문화체육관광부장관의 허가를 받아 설립된 비영리법인이거나 「공공기관의 운영에 관한 법률」에 따른 공공기관일 것
2. 관광숙박업의 육성과 서비스 개선 등에 관한 연구 및 계몽활동 등을 하는 법인일 것
3. 문화체육관광부령으로 정하는 기준에 맞는 자격을 가진 평가요원을 50명 이상 확보하고 있을 것

2) 문화체육관광부장관은 위탁업무 수행에 필요한 경비의 전부 또는 일부를 호텔업 등급결정권을 위탁받은 법인("등급결정 수탁기관")에 지원할 수 있다.

3) 호텔업 등급결정권 위탁기준 등 호텔업 등급결정권의 위탁에 필요한 사항은 문화체육관광부장관이 정하여 고시한다.

Ⅳ 호텔업의 등급결정 절차

1) 등급결정 신청

관광호텔업, 수상관광호텔업, 한국전통호텔업, 소형호텔업 및 의료관광호텔업의 등록을

한 자는 다음 각 호의 사유가 발생한 날부터 60일 이내에 문화체육관광부장관으로부터 등급결정권을 위탁받은 법인(이하 "등급결정 수탁기관"이라 한다)에 호텔업의 등급 중 희망하는 등급을 정하여 등급결정을 신청하여야 한다.

1. 호텔을 신규 등록한 경우: 호텔업 등록을 한 날부터 60일
2. 호텔업 등급결정의 유효기간이 만료되는 경우: 유효기간 만료 전 150일부터 90일까지
3. 시설의 증·개축 또는 서비스 및 운영실태 등의 변경에 따른 등급 조정사유가 발생한 경우: 등급 조정사유가 발생한 날부터 60일

2) 등급평가기준

「관광진흥법 시행규칙」 제25조 제3항의 규정에 의한 호텔업 세부등급평가기준(이하 "등급평가기준"이라 한다)은 별표와 같다(등급결정요령 제7조).

■ 등급결정기준표

	구분	5성	4성	3성	2성	1성
등급 평가 기준	현장평가	700점	585점	500점	400점	400점
	암행평가/불시평가	300점	265점	200점	200점	200점
	총배점	1,000점	850점	700점	600점	600점
결정 기준	공통기준	1. 등급별 등급평가기준 상의 필수항목을 충족할 것 2. 제11조 제1항에 따른 점검 또는 검사가 유효할 것				
	등급별 기준	평가점수가 총 배점의 90% 이상	평가점수가 총 배점의 80% 이상	평가점수가 총 배점의 70% 이상	평가점수가 총 배점의 60% 이상	평가점수가 총 배점의 50% 이상

3) 등급결정을 위한 평가요소

등급결정 수탁기관이 등급결정을 하는 경우에는 다음 각 호의 요소를 평가하여야 하며, 그 세부적인 기준 및 절차는 문화체육관광부장관이 정하여 고시한다.

1. 서비스 상태
2. 객실 및 부대시설의 상태
3. 안전관리 등에 관한 법령 준수 여부

4) 등급결정

(1) 등급결정 수탁기관은 등급결정 신청을 받은 경우에는 문화체육관광부장관이 정하

여 고시하는 호텔업 등급결정의 기준에 따라 신청일부터 90일 이내에 해당 호텔의 등급을 결정하여 신청인에게 통지하여야 한다. 다만, 부득이한 경우에는 60일의 범위에서 그 기간을 연장할 수 있다.

(2) 등급결정 수탁기관은 평가의 공정성을 위하여 필요하다고 인정하는 경우에는 평가를 마칠 때까지 평가의 일정 등을 신청인에게 알리지 아니할 수 있다.

(3) 등급결정 수탁기관은 평가한 결과 등급결정 기준에 미달하는 경우에는 해당 호텔의 등급결정을 보류하여야 한다. 이 경우 보류사실을 신청인에게 통지하여야 한다.

5) 등급결정의 재신청 등

(1) 등급결정 보류의 통지를 받은 신청인은 그 보류의 통지를 받은 날부터 60일 이내에 신청한 등급과 동일한 등급 또는 낮은 등급으로 호텔업 등급결정의 재신청을 하여야 한다. 이때 재신청을 받은 '등급결정 수탁기관'은 해당 호텔의 등급을 결정하거나 해당 호텔의 등급결정을 보류한 후 그 사실을 신청인에게 통지하여야 한다.

(2) 등급결정이 보류되어 당초 신청한 등급과 동일한 등급으로 호텔업 등급결정을 재신청하였으나 다시 등급결정이 보류된 경우에는 등급결정 보류의 통지를 받은 날부터 60일 이내에 신청한 등급보다 낮은 등급으로 등급결정을 신청하거나 '등급결정 수탁기관'에 등급결정의 보류에 대한 이의를 신청하여야 한다.

(3) 호텔의 등급결정이 두 차례나 보류되어 이의신청을 한 경우에 이의신청을 받은 '등급결정 수탁기관'은 문화체육관광부장관이 정하여 고시하는 절차에 따라 신청일부터 90일 이내에 이의신청에 이유가 있는지 여부를 판단하여 처리하여야 한다. 다만, 부득이한 사유가 있는 경우에는 60일의 범위에서 그 기간을 연장할 수 있다.

(4) 2차 보류에 대한 불복으로 이의신청을 거친 자가 다시 등급결정을 신청하는 경우에는 당초 신청한 등급보다 낮은 등급으로만 할 수 있다.

(5) 등급결정보류의 통지를 받은 신청인이 직전에 신청한 등급보다 낮은 등급으로 호텔업 등급결정을 재신청하였으나 다시 등급결정이 보류된 경우에는 최초로 등급결정 보류의 통지를 받은 신청인이 재신청을 하는 경우와 같은 절차에 따라 처리하게 된다.

6) 등급결정의 유효기간 등

(1) 문화체육관광부장관은 등급결정을 하는 경우 유효기간을 정하여 등급을 정할 수 있는데, 호텔업 등급결정의 유효기간은 등급결정을 받은 날부터 3년으로 한다.

(2) 문화체육관광부장관은 등급결정 결과를 분기별로 문화체육관광부의 인터넷 홈페이지에 공표하여야 하고, 필요한 경우에는 그 밖의 효과적인 방법으로 공표할 수 있다.

(3) 이 규칙에서 규정한 사항 외에 호텔업의 등급결정에 필요한 사항은 문화체육관광부장관이 정하여 고시한다.

V 호텔업의 등급결정권 수탁기관의 임 · 직원을 공무원으로 간주

문화체육관광부장관(제주자치도에서는 도지사)으로부터 호텔업의 등급결정권을 위탁받아 등급결정업무를 수행하는 등급결정업무 수행기관의 임 · 직원은 부정이나 위법행위로 인하여 「형법」 제129조부터 제132조까지의 규정을 적용하는 경우 공무원으로 본다(관광진흥법 제80조 4항).

CHAPTER 2

호텔사업의 특성과 경영조직 및 관리

제1절 호텔사업의 특성

집을 떠난 고객에게 집처럼 안락하고 편안한 휴식처를 제공하는 것은 호텔의 기본개념인 동시에 의무라 할 수 있다. 호텔사업의 출발점은 갈수록 다양해지는 고객들의 욕구에 능동적으로 대처할 방안을 제시하며, 이는 종업원들의 교육훈련을 통한 서비스의 제고로 이어져 경영성과로 연결된다. 오늘날 호텔이 환대산업(hospitality business)의 주체로 자리잡을 수 있었던 것도 이러한 기본정신의 실천에서 비롯된 것이라 하겠다.

구분	내용
시설상의 특성	초기투자의 과다
	비생산적 공공장소의 과다
	기계화의 한계
	시설의 조기노후화
상품상의 특성	이동 불가능성(고정성)
	저장 불가능성(非탄력성)
영업상의 특성	인적 서비스에 대한 의존성
	연중무휴의 영업활동
경영상의 특성	고정자산의 구성비 과다
	고정경비 지출의 과다
	과중한 인건비 지출
	낮은 자본회전율

I 시설상의 특성

1. 초기투자의 과다

호텔은 건물의 내 · 외부시설 자체가 하나의 상품이 된다. 따라서 토지, 건물, 시설설비 및 기타 등으로 구성되는 초기의 투자내역 전체가 같이 결집되어야 호텔로서 영업을 할 수 있는 기반을 갖추게 되므로 호텔의 개관을 위해서는 초기에 거액의 투자비가 필요하다. 특히 입지적인 측면도 호텔의 가격경쟁력에 지대한 영향을 미치므로 주로 관광지나 위락지에 건립되는 호텔들의 특성에서 살펴볼 때 토지수용을 위한 투자비의 부담도 무시할 수 없다.

〈표 2-1〉 한라호텔 시설투자 계획안 (단위: 억 원)

구 분		금 액	비 율	비 고
직접공사비	설계 및 감리비	10	1.0	예술품차량 포함
	건축 공사비	500	49.0	
	기계 설비비	200	19.6	
	전기 설비	100	9.8	
	인테리어	100	9.8	
소 계			89.2	
간접공사비	집기비품	20	2.0	
	제세공과	40	3.9	
	건설제비	30	2.9	
소 계			8.8	
건설자금이자			2.0	
합 계			100.0	

* 300실 기준	* 순수건설비	1,000 억
* 연면적 20,000평	* 총 건설비	1,020 억
* 객실당 평균 건설비	1,000억 / 300 =	333,333,333
* 평당 건설비	1,000억 / 20,000평 =	5,000,000

총 건설비에서

2. 비생산적 공공장소의 과다

호텔은 고객들이 이용하는 객실과 식당, 그리고 부수적으로 이용할 수 있는 오락·휴게시설로 스포츠센터 및 카지노, 바(bar)와 커피숍 등으로 구성된다. 하지만 이외에도 라운지와 로비, 주차장 및 입구를 비롯한 주변의 환경시설 등은 그 자체로는 수익을 올릴 수 없는 비생산적인 요소이지만 호텔의 특성상 넓은 공간을 차지하고 있다.

〈표 2-2〉 한라호텔 자금조달 계획안

구 분		금 액	비 율	비 고
직접공사비	기존헬스 회원권	50	4.9	
	신규헬스 회원권	200	19.6	
	상가 임대 보증금	400	39.2	
소 계		650	63.7	
외부차입금	관광진흥기금	200	19.6	
	리스차입	100	9.8	
	기타 금융기관차입	70	6.9	
소 계		370	36.3	
합 계		1,020	100.0	

3. 기계화의 한계

호텔은 기본적인 시설물에 종업원들의 인적 서비스가 어우러져 비로소 하나의 상품으로 판매된다. 나날이 늘어가는 인건비의 지출은 각 부분에서 기계화를 요구하지만 실질적으로 판매되는 상품은 무형의 서비스이다. 각 객실이 아무리 편리하게 꾸며져 있다 하더라도, 그리고 주방시설이 아무리 첨단으로 만들어져 있다 하더라도 제품을 생산하는 벨맨(bellman)이나 도어맨(door- man), 그리고 요리사(cook) 등의 서비스를 기계로 대체하기에는 무리가 따른다. 따라서 호텔에서의 기계화는 주로 프런트 오피스(front office)의 예약 및 등록, 회계 등의 업무나 시설 면에 한정될 뿐 더 이상의 기계화는 어렵다.

4. 시설의 조기노후화

일반기업에 비해 호텔은 다양한 고객들이 이용하기 때문에 조기에 노후화되는 경향이 있다. 그리고 시설 자체가 기본적으로 상품을 구성하는 하나의 중요한 요소이므로 고객의 욕구변화로 경제적 효용가치를 조기에 상실하는 경우가 많다. 따라서 국제수준의 시설을 유지하기 위해서는 지속적으로 개·보수할 필요성이 제기된다. 일반건물의 수명을 일반적으로 50년으로 보는 데 반해 호텔건물의 수명은 40년 정도로 보고 있다. 일반건물의 내부시설물들과 호텔의 내부시설물들의 내구연한을 비교해 보면 다음 〈표 2-3〉과 같다.

〈표 2-3〉 고정자산의 내구연한 비교

구 분	일반용	호텔용
철근콘크리트 건물	60년	40년
목조건물	30년	15년
전기시설	20년	15년
보일러시설	20년	15년
위생시설	17년	15년
객실용품	10년	5년
일반기구	10년	5년
도기 및 유리제품	5년	4년

Ⅱ 상품상의 특성

1. 이동 불가능성(고정성)

일반 제조품들은 생산자와 소비자가 떨어져 있어도 유통과정을 통해 구매가 가능하지만, 호텔이라는 상품(주로 객실의 숙박과 식음료)은 고객이 직접 현장에 찾아와 구매하는 특성이 있다. 즉 한 자리에 고정되어 있으므로 이를 가리켜 식물성 상품이라고도 한다. 하지만 이는 다른 한편으로는 장소적 독점성을 지니고 있다고 볼 수도 있다. 호텔이 위치한 환경 및 그 주변의 빼어난 풍광은 그 호텔만의 독점적인 우월성을 가질 수 있기 때문이다. 스타틀러 호텔을 창시한 E. M. Startler는 "호텔을 건축함에 있어 중요한 것이 세 가지 있는데, 첫째가 위치요, 둘째도 위치요, 셋째도 위치"라고 하여 호텔의 위치가 경쟁력을 좌우함을 강조하였다.

2. 저장 불가능성(非탄력성)

호텔의 제품은 저장이 불가능하다. 일반제품들은 오늘 팔지 못했다 하더라도 그 다음날 판매가 가능하지만, 호텔의 객실이라는 상품은 당일 판매하지 않으면 그 가치가 소멸된다. 식음료상품의 경우에도 주문생산이므로 정확한 수요예측이 곤란하여 많은 식재료들이 버려지는 경우가 많다(저장하여 다음날 판매할 경우 음식의 질적 저하를 초래하게 되며, 이는 장기적으로 볼 때 이용객들의 불만으로 이어져 경영성과를 떨어뜨리는 결과로 이어지게 된다).

더욱이 계절적으로 성수기(on season)와 비수기(off season)가 뚜렷하여 판매성과 면에서 확연한 차이를 보이는 점도 큰 특징이라 할 수 있다. 이러한 어려움을 극복하기 위해 호텔 측에서는 약 5~10%의 초과예약(over-booking)을 통해 예약이 취소되는 경우에 대비하고 있으며, 계절별로 차등가격제를 실시하면서 이용객들이 급감하는 사태에 대비하기도 한다. 그리고 적극적인 영업을 통해 각종 모임을 유치하거나 이벤트의 실시 및 고객들의 수요에 부응하는 부대시설의 확충을 통한 비숙박시설 이용고객들의 증대를 통한 경영성과의 향상에 힘쓰고 있다.

Ⅲ 영업상의 특성

1. 인적 서비스에 대한 의존성

호텔의 상품은 기본적으로 객실, 식음료 및 부대시설 등이라 할 수 있지만, 무엇보다 고객의 호텔선택에 영향을 미치는 가장 중요한 요소는 고객이 받는 서비스의 질적 수준이다. 호텔에서 제공되는 물적 서비스도 중요하지만 고객의 욕구수준이 갈수록 다양해지고 높아지면서 그에 따라 인적 서비스의 중요성도 높아지고 있다. 따라서 이를 위해서는 호텔 내의 각 부서가 능동적인 협조체제를 갖출 필요가 있다. 이는 고객이 처음 현관을 통해 들어올 때부터 객실에서 숙박을 하거나 식당에서 식사를 할 때, 그리고 체크인·아웃하는 과정까지 각 부서 담당자들의 서비스태도에 따라 호텔에 대한 이미지를 고정시키기 때문이다.

이를 위해 각 호텔에서는 종업원들의 교육훈련에 상당한 비중을 두고 매달리게 되며, 이 점이 호텔에서의 인적 서비스가 얼마나 중요한가를 말해준다고 하겠다.

2. 연중무휴의 영업활동

연중무휴로 영업활동을 하는 것은 호텔의 대표적인 특징이다. 나라별로 휴일에는 차이가 있으며, 인종이나 민족마다 활동시간도 다를 뿐만 아니라 각 개인마다 투숙 및 시설 이용의 목적이 다르므로, 특히 외국인들이 다수 체재하는 호텔의 특성상 연중무휴 영업활동은 필수적인 사항이다. 이로 인해 호텔종사원들은 다른 사람이 공휴일을 즐기거나 쉬고 있는 동안에도 일을 해야 되기 때문에, 부득이 시프트(shift)제도를 통해 휴일에 쉬지 못하는 불편을 감수해야 하며, 호텔의 경영자는 이러한 점을 감안하여 일반기업보다는 많은 수의 종업원들을 확보해야 할 것이다.

〈표 2-4〉 호텔 매출 구분

Department	% of Total
Rooms	66.4
F & B	25.0
Telecommunications	2.3
Other Operating Depts.	4.7
Rental and Other Income	1.6

Ⅳ 경영상의 특성

1. 고정자산의 구성비 과다

호텔이 영업행위를 하기 위해서는 토지의 확보를 통해 호텔의 입지를 선정하고, 그 위에 건물을 지어야 하며, 각 객실 내에는 필요한 비품과 집기를 들여놓아야 한다. 이를 위한 모든 제반 비용들은 호텔이 영업을 시작하기 전에 투입되어야 하므로 총자본에 대비한 이러한 고정자산의 투자비용이 80~90%나 되는 실정이므로 일반기업에 비해 월등히 높다고 할 수 있다. 또 앞으로는 고정자산의 점유율이 더욱 높아질 수밖에 없다고 보는데, 그것은 상품이 점점 고급화되어 가고 건축비가 상승하는 관계로 고정자산의 투자비율이 높아질 것이며, 특히 호텔은 내장비용, 기계설비, 기구 및 비품비용 등이 상당한 비중을 차지하고 있기 때문이다.

2. 고정경비 지출의 과다

일반적으로 기업의 지출은 고정경비와 변동경비로 구분된다. 고정경비는 업무성과와 관계없이 업무를 위해 필요한 경비로 임대료, 수도난방비, 전기료 등을 말하며, 변동경비는 교통비와 접대비를 포함하는 영업활동비 등이라 할 수 있다. 호텔의 경우 고객의 숫자와 상관없이 각 객실이나 식당, 로비를 비롯한 공공장소에 이르기까지 일정한 밝기와 온도를 유지할 필요가 있으며, 각각의 시설유지를 위한 관리비, 감가상각비, 보험료, 세금 등의 고정경비 지출은 호텔의 큰 부담으로 작용한다.

3. 과중한 인건비 지출

호텔은 연중무휴로 운영되면서 직원들이 교대로 쉴 수밖에 없으므로 더 많은 직원들을 확보해야 하며, 이는 곧 과중한 인건비 지출로 이어진다. 뿐만 아니라 보다 양질의 서비스를 제공하기 위한 종업원들의 주기적인 교육훈련도 필요한데, 이때도 시프트(shift) 제도의 실시로 말미암아 같은 내용의 훈련을 수차례 반복해야 하는 경우도 있다. 이 모든 것이 인건비의 지출로 연결되는 것이다.

4. 낮은 자본회전율

호텔은 건설과정에서 상당한 거액이 투자되지만 매출액은 투자된 자본에 비해 상대적으로 매우 낮아 자본회전율이 낮다. 이러한 낮은 자본회전율은 호텔경영을 압박하는 요인으로 작용하는데, 따라서 많은 호텔들이 종업원들의 정신교육 강화, 기계화의 도입, 그리고 보다 과학적인 수요예측기법의 활용 등을 통하여 경영성과 제고에 힘쓰고 있다.

제2절 호텔의 경영조직

I 호텔 경영조직의 의의

호텔의 경영조직이란 호텔의 경영이라는 목표를 달성하기 위해 다수인 종사원들이 각자의 업무를 합리적으로 배분하고 능률적으로 이행하기 위한 구성형태를 의미한다고 하겠다.

좀더 구체적으로 요약하자면 호텔의 목표인 최상의 영업성과를 통한 이익을 창출하기 위해 그 활동분야를 담당한 각 종사원들을 보다 합리적이고 체계적으로 구성하여 최대한의 능률을 확보하는 것이라 하겠다. 특히 호텔기업은 노동집약적 산업체이기 때문에 많은 인력을 필요로 하므로 이러한 인력을 제대로 조직하느냐의 여부에 호텔기업경영의 운명이 달려 있다고 해도 과언이 아니다. 그러므로 각각의 구성단위인 직무체계를 어떻게 구성하며, 그에 따른 종사원들의 합리적인 배치와 훈련이 호텔경영의 핵심을 이룬다고 하겠다.

호텔 경영조직

- 호텔의 경영이라는 목표를 달성하기 위해 다수인 종사원들이 각자의 업무를 합리적으로 배분하고 능률적으로 이행하기 위한 구성형태
- 각각의 구성단위인 직무체계를 어떻게 구성하며, 그에 따른 종사원들의 합리적인 배치와 훈련이 호텔경영의 핵심

Ⅱ 호텔조직의 결정요인

1. 고객의 유형

일반기업도 마찬가지겠지만, 특히 호텔은 고객들의 만족도가 그 영업성과에 미치는 영향이 지대하다. 호텔의 상품은 판매하는 즉시 소멸하며 영속성이 없기 때문이다. 추가적인 매출은 고객의 만족도에 따라 발생가능성을 기대할 수 있는 것이며, 고객의 만족도가 낮았을 경우에는 추가적인 판매가능성은 물론 다른 고객들의 판매성과도 기대하기 힘든 상황이 발생할 수도 있다.

따라서 고객의 유형을 미리 파악하고 사전에 필요한 시설 및 장비를 구비할 뿐만 아니라 종업원들에 대한 교육훈련도 고객의 유형에 맞출 필요가 있다. 이 고객유형은 처음에 호텔의 입지선정에서 어느 정도 윤곽을 잡을 수 있다. 즉 도심지에 위치할 경우에는 주로 비즈니스맨들의 이용도가 높을 것이며, 관광 · 위락지에 위치할 경우에는 주로 가족단위의 고객들이 많을 것이므로 이에 따라 노년층과 유년층들을 위한 경영조직을 구성할 필요가 있으며, 아울러 이에 따른 종업원들의 사전교육도 필요하다고 본다.

2. 호텔의 규모

호텔의 조직 시 먼저 고려해야 할 사항은 호텔의 객실규모와 기타 부대시설의 규모와 종류이다. 그러므로 호텔의 객실규모와 각 부대시설의 종류 및 그 수용인원, 그리고 호텔에서 제공하는 서비스의 범위 등으로 인해 호텔의 조직구성이 달라진다 할 것이다. 일반적으로 호텔경영을 위해서는 최소한의 인원이 필요하겠지만 객실규모에 따라 그 숫자는 달라질 것인데, 시프트(shift)제도에 따라 각자의 근무일시에 맞춘 적절한 조정과 관리를 위한 조직이 먼저 고려되어야 할 것이다. 그리고 부대시설(이를테면, 스포츠시설과 오락시설, 식음료시설 및 회의시설과 방송시설 등)의 종류와 그 규모 및 배치구조 등도 각각을 담당하는 전문가와 종사원들을 따로 조직해야 할 필요가 있다고 본다.

3. 호텔의 경영형태

호텔의 경영형태 즉 단독경영호텔이냐 체인망의 경영호텔이냐, 리퍼럴 방식이냐에 따라, 그리고 체인경영호텔 중에서도 프랜차이즈 방식이냐 위탁경영방식이냐에 따라 그 경영조직의 구성형태는 달라질 수밖에 없다. 이는 호텔을 지배하는 경영라인의 경영이념이 경영조직의 구성형태에 영향을 미치기 때문이다.

호텔 경영조직의 결정 요인

- 고객의 유형
- 호텔의 규모
- 호텔의 경영형태

Ⅲ 호텔의 조직편성

앞에서 호텔의 조직구성에 영향을 미치는 요인을 고객의 유형, 호텔의 규모 및 호텔의 경영형태 등 3가지로 살펴본 바 있는데, 이러한 요인에 따라 호텔은 나름대로의 특성을 갖게 된다. 그러나 이러한 상이한 요인에도 불구하고 호텔은 다음과 같은 3개 부문의 전통적인 기본구조를 갖고 있다.

- 객실부문(room department)
- 식음료부문(food & beverage department)
- 관리부문(management & executive department)

호텔의 조직을 크게 구분할 때에는 호텔의 전면부문(front of house)과 호텔의 후면부문(back of house)의 2개 부문으로 나눌 수 있다. 여기서 전면부문이란 객실관리부문을 말하고 후면부문이란 비객실부문을 의미한다고 하겠다. 이는 객실부문을 지나치게 강조한 나머지 비객실부문을 지나치게 비하한 표현이라 할 수 있다. 특히 back of house라는 표현은 그 자체로도 직무의 중요성이 떨어진다는 이미지를 풍기고 있어 오늘날과 같은 비객실부문, 즉 부대시설 및 그 서비스의 중요성이 증대되고 있는 현실에서는 적합하지 않은 조직구분이라 할 수 있다. 비슷한 조직구분으로 영업부문과 비영업부문(관리부문)도 있다.

과거의 호텔영업은 객실판매에만 최대역점을 둔 나머지 식음료 판매는 투숙고객을 위한 서비스의 개념으로만 인식되어 왔었다. 하지만 각종 비즈니스를 위한 호텔의 이용도와 소득수준의 향상은 호텔 내의 식음료 판매실적이 객실판매에 비해 결코 뒤지지 않을 정도로 높아지면서 호텔경영에 있어서의 그 중요성과 비중이 증대되었다. 객실의 경우 판매할 수 있는 절대적인 제품의 한정(숙박객에게 판매가 가능한 객실 수는 처음 영업을 시작하면서부터 정해져 있어 객실판매를 늘리기 위해서는 새로운 건물의 건립이 필요하다) 때문에 판매수익의 증대를 위해서는 식음료 서비스에 눈을 돌릴 수밖에 없는 것이다. 식음료 서비스는 고객이 식사를 마치면 다시 다른 고객들이 앉아서 식사를 할 수 있으므로 주어진 공간 내에서도 얼마든지 추가적인 판매성과를 올릴 수 있다. 이를 좌석의 회전율이라고 한다.

미국의 호텔협회(American Hotel Association)는 "한 호텔에 있어서 최대의 발전기회는 음식의 준비와 그 서비스에 있다. 이 부문이 호텔의 명성을 좌우하게 되며, 아무리 기술을 향상시키더라도 항상 부족함을 보이는 곳이기도 하다"고 하여 식음료부문의 중요성을 강조하고 있다.

1. 객실부문(Room department)

객실부문은 호텔의 건립목적과 관계되는 호텔경영에 있어서의 가장 핵심적이며 전통적인 부문이라 할 수 있으며, 전면에서 호텔상품의 직접적인 판매 및 판매에 따른 서비스 업무를 담당하는 프런트 오피스(front office)와 이 판매상품인 객실의 관리와 정비 및 그에 따른 부가서비스를 담당하는 하우스키핑(housekeeping)의 두 부문으로 나눌 수 있다.

1) 프런트 오피스(Front office)

호텔을 이용하는 고객을 가장 먼저 맞이하는 부서로 호텔의 첫인상을 좌우하는 중요한 업무를 담당하고 있다. 즉 고객이 처음 호텔을 방문하여 불편함이 없이 내부시설물을 이용하고 만족스럽게 호텔을 나설 수 있도록 제반 서비스를 제공하는 부서라고 할 수 있는데, 이를 그 업무성격을 기준으로 구분하면 다음과 같다.

- 유니폼 서비스(uniform service)
- 프런트 데스크(front desk)
- 전화교환실(operating room)
- 이그제큐티브 클럽(executive club) 등

2) 하우스키핑(Housekeeping)

객실정비와 보수 및 청결상태를 유지하며 판매할 수 있도록 상품화하는 부서이다. 따라서 프런트 데스크는 객실을 판매하는 부서인 데 비하여 하우스키핑은 객실을 생산하는 부서이다. 따라서 호텔의 객실부서에서 좋은 상품을 생산해서 효율적으로 판매하기 위해서는 이 두 부서 간의 원활한 업무협조가 가장 중요하다고 본다.

최근에는 객실을 첨단화하여 무인자동 시스템으로 프런트를 운영하는 호텔도 있을 뿐만 아니라, 객실키는 음성을 인식할 수 있도록 음성정보시스템을 구축하기도 하는 등 최첨단의 시스템을 구축하고 있다.

3) 현관서비스업무

이를 유니폼서비스 업무라고도 한다. 제복을 입고 고객에 대한 서비스를 행하는 업무를 일컫는다. 도어맨(doorman), 벨맨(bellman), 포터(porter), 엘리베이터 안내원(elevator girl), 클로크 룸 보조원(cloakroom attendant) 등으로 구성된다.

도어맨은 호텔 현관 입구에서 고객을 영접하고 주차관리와 원활한 차량소통을 유도하며 필요 시 벨맨의 업무를 돕는다. 벨맨은 고객의 입·퇴숙 절차를 돕고 짐을 운반하는 업무를 담당하며, 엘리베이터 안내원은 탑승한 고객을 원하는 계층까지 안전하게 안내한다.

2. 식음료부문(Food & beverage department)

호텔의 전체 매출에 대한 식음료부문의 매출은 날로 그 영향력을 발휘하고 있는 추세이다. 따라서 보다 숙련된 종사원의 질적 서비스가 요구되는 부문이다.

식음료부서의 조직은 경제성에 목적을 두고 그 목적 달성을 위해 업무활동을 수행하게 된다. 이 업무활동은 상호관계를 조직화함으로써 보다 능률적인 관리가 이루어질 수 있다.

식음료부문 조직의 특성은 각 부문 종사원의 협동이 경영목적에 잘 적용될 수 있도록 각 종사원이 수행할 역할과 직무의 관계를 규정하는 것이며, 더불어 능률적인 관리를 위한 수단을 꾀하는 것이다.

최근 호텔의 규모가 대형화되면서, 호텔경영상 충분한 이익을 창출하여야 할 하나의 독립된 부서로서의 조직을 갖추는 추세이다. 종전에는 1개의 식음료과 위주로 모든 식당 및 주장, 연회장 등을 운영하였으나, 오늘날은 식음료부문의 전문성을 인식하여 식당과, 음료과, 연회과 등의 3개 과로 나누어 운영하고 있다.

1) 식당과

각 호텔은 일반적으로 양식과 중식, 일식, 한식 등 고객의 입맛에 맞추기 위해 다양한 식당을 갖추고 있는데 식당과에서는 식당 영업뿐만 아니라 각 식당의 집기비품 및 시설물의 보존 · 유지와 관리, 판매메뉴 및 가격결정 등 영업에 필요한 제반사항을 맡고 있다.

2) 음료과

로비 라운지, 나이트클럽, 메인 바 등 각 주장(酒場)의 영업 및 고객관리, 집기비품 및 시설물의 보존 · 유지와 관리, 음료판매 메뉴 및 가격결정, 종사원의 인사관리와 교육 등 기타 주장영업에 필요한 내용들을 주된 업무로 한다.

3) 연회과

연회과의 주된 업무는 ① 각 연회장의 시설 및 집기의 운용과 관리, ② 연회사항 예약 및 행사준비, ③ 연회유치를 위한 판촉활동 및 판촉부와 정보교환, ④ 연회행사 메뉴 및 가격결정을 위한 조정, ⑤ 연회서비스 개선 및 품질관리와 고객의 안전관리, ⑥ 출장연회의 종합관리, ⑦ 연회 종사원의 인사관리 및 교육훈련 등이다.

3. 관리부문(Management & executive department)

판매행위를 통해 실질적인 수익을 창출하는 영업부문을 지원하는 역할을 맡고 있는 관리부문은 각 호텔의 경영형태 및 경영철학에 따라 조직의 구성형태가 달라질 수밖에 없는데, 여기서는 인사관리와 시설 및 안전관리, 재무관리와 마케팅 등으로 나누어 살펴보겠다.

1) 인사관리부서

앞에서 인적 서비스에 의존할 수밖에 없는 호텔사업의 영업특성을 이미 살펴본 바 있다. 호텔경영의 성공을 위한 열쇠는 인력자원의 질에 달려 있다고 해도 과언이 아니다. 인사관리부서는 호텔에서 고객에게 서비스할 인력자원의 충원과 적절한 배치, 교육훈련 등을 담당하고 있다.

2) 마케팅부서

판매, 광고 그리고 판매촉진활동이 주된 업무이다. 마케팅에 대한 관심이 날로 증가하고 있는 현대에는 전문가에 의한 철저한 시장분석과 세분화에 따른 과학적 운영체계가 요구된다. 마케팅부문은 호텔상품을 고객 취향에 맞도록 연구 · 홍보 · 광고하여 관광욕구를 유발 · 충족시켜주는 조정자로서의 위치를 말한다.

3) 경리부서

경영자에게 호텔경영상태에 대한 자료를 제공하는 부서를 말한다. 경영상태에 대한 정확하고 계량화된 재무제표는 경영자의 정책결정에 중요한 요소로 작용한다. 그러므로 회계 재무자료를 분석 · 제공하는 부서의 역할은 매우 중요하다고 하겠다.

4) 시설 및 안전관리부서

이 부서는 호텔 내외부의 설비 및 기계에 대한 관리유지 및 개보수와 관련한 업무를 담당한다. 목공, 배관, 전기작업과 페인트, 카펫의 수선, 가구 손질과 각종 안전사고의 예방 및 수영장 관리와 호텔 내외의 조경관리 등에 관여한다. 이들의 안전관리를 위해서는 수시로 호텔 구내를 순찰하거나 CCTV 등 첨단장비를 이용하여 고객들의 안전을 위해 사전예방과 화재나 자연재해와 같은 응급사태에 대한 대책마련을 계획하여야 한다.

5) 재무관리부서

기존의 경리업무가 현금출납 및 영업활동에 따른 각종 공과금의 계산, 진표와 회계처리, 장부정리 등이라고 한다면 보다 과학적인 자료의 집계와 분석을 통해 경영자로 하여금 수요의 예측 및 사전대책을 수립할 수 있는 방향을 제시하는 업무를 맡고 있다. 따라서 현재의 경영상태를 면밀히 분석하고, 시장상황의 변화상을 제대로 읽어낼 수 있을 정도의 역량이 요구된다.

객실부문 (Room department)	프런트 오피스(Front office)
	하우스키핑(Housekeeping)
	현관서비스업무
식음료부문 (Food & beverage department)	식당과
	음료과
	연회과
관리부문 (Management & executive department)	인사관리부서
	마케팅부서
	경리부서
	시설 및 안전관리부서
	재무관리부서

제3절 호텔의 경영관리

I 호텔 경영관리의 의의

호텔의 경영관리란 호텔의 인적·물적 자원을 보다 효과적으로 통합·조정함으로써 판매수익이라는 목표를 달성하고자 하는 제반 활동이라고 할 수 있다. 서비스라는 무형의 상품을 판매하는 호텔의 특성상 인적자원의 합리적인 조직과 관리가 경영성과에 지대한 영향을 미치게 되는데, 이는 구성원들을 어떻게 조직하고, 또 그 구성원들에게 조직목표를 얼마나 이해시키느냐에 따라 그 결과가 달라지기 때문이다.

본격적인 호텔기업의 역사가 짧은 우리나라에서는 각 대학의 관련학과를 통한 인재의 양성과 유능한 인력의 해외연수 및 파견, 외국 전문가의 영입, 그리고 심지어는 기존 호텔을 외국 호텔과의 제휴를 통한 체인화 등의 방법으로 선진기법의 도입에 힘을 쏟고 있다. 그중에서도 외국투자자들에 대한 문호개방과 체인화 경향은 그에 따른 효과가 빨리 나타나므로 대단히 많이 이루어지고 있지만, 동전에도 양면이 있듯이 장점뿐만 아니라 단점도 있으므로 그에 따른 대비책의 마련이 시급하다고 하겠다.

외국의 다국적기업이 우리나라의 호텔기업에 참여할 때 발생할 수 있는 장점과 단점을 비교하면 아래 표와 같다.

〈표 2-5〉 국내호텔의 외국호텔 체인화에 따른 장·단점 비교

장 점	단 점
① 기술도입에 따른 신기술의 이전효과 ② 국제호텔시장 경쟁원리의 자극에 의한 국내호텔사업의 경제적 효율화 촉진 ③ 서비스상품의 품질향상과 다양화로 인한 고객만족도 증대 ④ 국내 호텔기업의 경영합리화 촉진 ⑤ 국제 예약망을 통한 이용률 신장	① 기술과 자본 및 시장 등의 차이로 인한 국내 호텔기업의 자주성 저해 ② 기술력과 자본력을 바탕으로 한 기업 지배 ③ 내·외국인 종사자 간 급여 차이 ④ 국내 단독호텔과 체인호텔 간 과당 경쟁 ⑤ 체인형 호텔의 로열티(royalty) 지급

Ⅱ 호텔의 경영형태

호텔의 경영형태는 그 자본투입과 경영활동을 함께 하는지, 혹은 따로 하는지에 따라 구분할 수 있다. 하지만 사회의 분화·발전에 따라 호텔 또한 다양한 양상을 띠면서 새로운 경영형태의 호텔이 나타나고 있는데, 각각의 특징에 따라 독립경영(independent management) 방식과 임차경영(lease manage- ment) 방식 및 체인경영(chain management) 방식이 있다.

1. 독립경영(Independent management) 방식

20세기 초의 스타틀러 호텔 탄생까지는 적어도 모든 호텔들이 한 개인의 소유로 운영되는 개별경영형태의 호텔이었다. 현대의 기업경영은 주식회사조직으로 경영과 자본이 분리되어야 하는데, 아직도 우리나라는 공동경영 내지 개인소유 경영의 형태를 벗어나지 못하고 있는 실정이다. 호텔사업도 현대조류에 편승하여 전문조직으로 경영되지 않으면 안된다. 그리하여 경영의 과학화와 전문화로 유도하기 위해서는 호텔도 경영과 자본의 분리경영이 하루속히 이루어져야 하겠다. 지금의 호텔은 체인화조직으로 부상하고 있기 때문에 단독경영형식의 호텔경영은 이제 많이 위축되지 않을 수 없을 것이다.

호텔의 특성과 대자본의 필요, 공동선전과 상호송객 등에 대한 문제의 제기로 개별경영방식은 체인경영방식에 전적으로 도전을 받고 있는 실정이다. 우리나라만 해도 대규모 호텔은 모두 체인화의 방향으로 발전되고 있음을 알 수 있다.

2. 임차경영(Lease management) 방식

호텔영업을 위해 초기에 투자해야 할 고정자산, 즉 토지 및 건물에 투자할 만한 여력이 없는 자가 제3자의 건물 또는 호텔을 계약에 의해 임차하여 운영하는 방식의 호텔을 말한다. 호텔경영에 자신은 있으나 기존의 호텔을 인수하거나 호텔건립을 위한 자금조달 능력이 없는 사람이 주로 이용하는 방식인데, 이 경우 건물주인 호텔의 임대인은 호텔 내·외부 시설뿐만 아니라 비품이나 가구 등에 대한 투자를 하고, 임차인은 임대차계약에 의해 임차료를 지급하고 경영하는 것이 일반적이다. 이때 임차료의 지급도 ① 영업실적과 관계없이 일정한 액수를 임차료로 지급하는 방법, ② 영업실적에 따라 일정한 비율로 지급하는 방법, ③ 일정한 최소액수의 임차료와 영업실적에 따른 매출액의 일정 비율을 혼합하여 지급하는 방법 등 계약방법에 따라 세 가지로 나눌 수 있다.

3. 체인경영(Chain management) 방식

호텔의 체인화 경향은 세계적인 추세라고 하겠다. 그 원인을 찾는다면 호텔의 체인화는 경영상의 장점이 많고 고객의 요구에 순응하는 당연한 현상이 아닌가 생각된다.

오늘날 호텔고객이 원하는 것은 컨벤션할 수 있는 혹은 호화로운 연회가 가능한 매머드급 호텔로서 호텔요금 이용에는 부담을 느끼지 않을 정도의 저렴한 호텔이라고 본다. 따라서 일반적인 고객의 요구사항은 호화스러운 호텔보다 요금이 저렴하고 매머드화한 호텔을 원하는 경향이라고 하겠다.

그러나 호텔기업은 그 특성상 타 산업에 비하여 고정자본비율이 높을 뿐만 아니라 호텔건설에 있어서는 막대한 자금을 필요로 하기 때문에 결국 대자본(大資本)과 연계함으로써 경영을 합리화하지 않으면 안된다고 본다. 또 저렴한 요금으로 부담없이 이용하려는 고객의 욕구를 만족시켜 줄 수 있는 방법으로는 많은 호텔을 체인화함으로써 대량생산, 대량판매, 대량서비스에 의한 비용절감(cost down)이 가능하므로 저요금으로 일정수량에 대한 서비스를 제공할 수 있다고 본다.

따라서 오늘날 고객의 요구에 대응하는 방법으로는 아무래도 호텔을 체인화할 수밖에 없다고 본다. 그러므로 20세기 이후의 호텔기업은 급격히 체인화의 방향으로 발전하고 있는 것이다.

체인경영은 대자본력(大資本力)에 의해서 대규모적인 사업을 추진할 수 있으므로 ① 대량구매에 의한 원가절감, ② 전문가의 활용으로 인건비 절감, ③ 광범위한 공동선전의 효과 및 비용절감, ④ 체인호텔의 공동출자에 의한 효과적인 예약관리, ⑤ 일정한 형식의 재무제표보고에 의한 성패계수(成敗係數)에 따른 대응능력 향상 등의 장점이 있다.

반면에 체인경영은 ① 위탁경영 시 경영의 독립성 상실, ② 장기간의 계약기간 의무이행, ③ 과다한 로열티 및 수수료 지급, ④ 계약기간 종료 후 이미지 저하로 인한 경영의 어려움, ⑤ 경영계약에 따른 외국인 채용 불가피로 주요 정책결정에 있어서 내국인 소외 등의 단점이 있다.

체인경영방식은 다시 경영의 실무담당자를 본사에서 파견하느냐의 여부에 따라 프랜차이즈 방식(franchise system)과 위탁경영 방식(management contract system), 리퍼럴시스템, 조인트벤처 등으로 나눌 수 있다.

1) 프랜차이즈 방식(Franchise system)

경영성과가 높고, 그 규모 및 시설, 서비스 등에서 브랜드 가치(name value)를 인정받고 있는 호텔(franchisor)에서 계약을 통해 각국에서 영업 중인 호텔(franchisee)에 본사(여기에서 본사란 franchisor를 말하는데, 이는 달리 표현하면 본사직영호텔(chain-owned hotel)이라고 말할 수 있다) 이름과 경영노하우를 지원해 주게 되는데, 이때 계약을 통해 경영의 노하우를 전수받는 호텔(franchisee)에서는 로열티(royalty)를 지급하게 된다. 현재 널리 알려진 프랜차이징 경영회사로는 미국의 콩그레스 모터 인(Congress Motor Inns), 홀리데이 인(Holiday Inns), 라마다 인(Ramada Inns), 하워드 존스 모터 로지(Howard Johnson Motor Lodges), 셰라톤(Sheraton Corporation) 등이 유명하다. 이러한 경영형태는 franchisee의 입장에서 볼 때, 다음과 같은 장·단점을 지닌다.

〈표 2-6〉 프랜차이즈 방식의 장·단점 비교

장　점	단　점
① 경영 및 시설의 표준화로 대고객 신뢰도 제고 ② 상표권 활용을 통한 잠재고객의 활용 및 효율적 운영 기대 ③ 본사 예약시스템의 활용으로 전 세계적 예약서비스 가능 ④ 전문가를 통한 교육훈련으로 표준화된 서비스 제공 ⑤ 본부에서의 통합된 광고 및 판촉활동으로 광고·홍보비의 절감	① 본부(franchisor)에 지급하는 가입비 및 로열티(royalty)에 대한 부담 ② 지역특성에 맞는 상품개발 및 판매 등의 영업활동에 대한 제한 ③ 본부의 일방적인 제도와 절차로 인한 경영상의 제한

2) 위탁경영 방식(Management contract system)

호텔경영에 있어 경영실적과 노하우가 검증된 호텔이 계약에 의해 경영을 전담하는 새로운 형태의 경영기법으로 위탁을 담당하는 호텔을 위탁경영 호텔(management contract hotel)이라 하고, 경영을 위탁한 호텔은 가맹호텔이라 칭한다. 경영을 맡은 호텔 측에서는 자본의 투자도 없고 위험이나 손실에 대해서도 책임을 지지 않으며, 경영을 맡긴 가맹호텔의 자본주는 경영에 전혀 참여하지 못한다. 임차경영 호텔(leased hotel)과 일면 비슷한 점이 있다고 하겠으나, 외국의 선진화된 호텔전문기업들이 주로 위탁경영을 맡는다는 점에서 그 가맹호텔의 시설 및 규모 면에서 차이가 난다. 이러한 방식의 경영형태는 다음과 같은 장·단점을 지닌다.

〈표 2-7〉 가맹호텔의 장·단점 비교

장 점	단 점
① 본사의 상호를 사용함으로써 대고객 신뢰도 구축 ② 본사 전문경영인에 의한 경영활동으로 경영노하우의 불필요 ③ 본사의 정기적인 교육훈련의 지원으로 종업원의 자질향상 기대	① 일정액의 경영수수료 및 마케팅비용 지급에 대한 부담 ② 경영권한의 불비 및 경영노하우 전수(傳受)의 불가 ③ 지역특성을 고려하지 않는 획일적인 경영으로 갈등 발생 우려

3) 리퍼럴 시스템(Referral system)

독립경영(independent management) 방식의 단점을 극복하기 위해 나타난 새로운 경영형태가 리퍼럴 시스템이다. 이 리퍼럴 시스템은 체인호텔의 증가로 호텔경영에 위협을 느낀 독립호텔들이 소유권 및 경영의 독립성을 유지하면서 체인방식의 장점을 도입한 것이다. 체인경영형태에 비해 구속력은 약하지만 공동기금을 조성하여 함께 광고·선전하는 등 회원업체 상호 간에 정기적인 점검을 통해 시설과 서비스의 수준도 일정하게 유지하면서 유대를 강화하고 있다. 하지만 회원업체 간 입장 및 의견차이, 그리고 지역적으로 군집하고 있어 한편으로는 서로가 경쟁업체로 인식하기 때문에 조직 자체가 와해되기 쉬운 특성을 지니고 있다.

4) 조인트벤처(Joint venture)

보통 합작투자기업을 말하는데, 자본제휴를 통해 호텔을 설립하여 운영하는 것으로 경영방식에 초점을 맞추기보다는 일정지분의 자본이 투자되었음을 강조한 표현이다. 위에서 살펴본 프랜차이즈나 위탁경영계약의 형태가 기존에 영업 중인 호텔이 호텔경영에 있어서의 노하우를 갖지 못해 연계한 형태라면 조인트벤처(joint venture)는 호텔의 건립시점부터 시작한다는 것에서 구별된다. 아울러 경영노하우와 자본을 동시에 추구하는 경향도 있는데, 우리나라에서는 라마다 르네상스호텔(Ramada Renaissance Hotel)이 대표적 예이다.

Ⅲ 최근 호텔경영의 추세

21세기를 맞이하면서 호텔업계도 경제활동의 변화, 기술의 발전, 인구의 변화 등을 포함한 많은 환경변화가 예상되는 가운데 종전과는 다른 발상의 전환과 새로운 패러다임의 모색이라는 과제를 안고 있다. 우리나라의 호텔업계도 세계무대로 진출하는 기업이 상당수 있어 글로벌라이제이션(globalization)에 걸맞은 경영의 변화가 요망되고 있다.

1. 상품계열의 다양화

홀리데이 인(Holiday Inn)은 대형호텔 계열인 Crowne Plaza, Embassy Inn Suite와 저가격대의 Holiday Inn Express에 각각 진출하였다.

이러한 다국적 호텔들의 상품계열의 하향확장(downward stretch) 또는 상향확장(upward stretch) 추세는 고객의 욕구변화를 반영하여 호텔의 업태는 그 속성별로 다양한 형태를 나타낼 것이며 이러한 시장의 세분화는 고객의 다양한 욕구에 만족과 편익을 안겨줄 것으로 예상된다.

2. 원가절감을 위한 대규모화

호텔기업도 원가절감을 위해 대규모화 경향을 계속 보이고 있다. 호텔의 대규모화는 곧 객실의 규모로 평가할 수 있다. 이 대규모화의 이점은 호텔이 필요로 하는 수많은 물품의 구입을 대량화함으로써 원가를 크게 줄일 수 있고, 또 건축단가도 내릴 수 있다는 것이다. 오늘날 국제적 규모의 호텔은 보통 500실 이상에서 심지어 수천 실에 이르기까지 객실을 보유하는 현상을 나타내고 있다.

3. 호텔경영의 체인화

호텔체인화의 경향은 이제 세계적인 추세로 흐르고 있다. 이제 특급호텔의 경우 독립경영호텔은 사례를 찾아보기가 힘들 정도에 이르렀다. 그 이유는 경영상 여러 가지로 장점이 많고 고객들에게는 보다 수준 높은 서비스를 제공함으로써 신뢰감을 높일 수 있기 때문이다. 즉 대량생산(mass production)에 의한 원가절감(cost down)을 통해 저렴한 가격(low price)에 표준화되고 전문화된 일정수준의 서비스를 제공할 수 있다는 점, 그리고 해외 유수 호텔과 같은 고급서비스를 국내에서도 받을 수 있다는 점은 호텔경영의 체인화를 가속화시켰다. 외국 유명호텔의 지명도가 국내에까지 영향을 미치면서 국내호텔 이용자들의 구매의욕뿐만 아니라 외국에서 사업차 국내에 머무르게 되는 비즈니스맨들을 통한 영업수익도 기대할 수 있게 된 것이다. 외국 체인호텔의 국제전산망으로 인해 국내에 입

국한 외국인들도 자국에서 예약이 가능하기 때문이다. 호텔 체인경영의 장점은 다음의 몇 가지로 요약할 수 있다.

① 비품의 대량구입으로 인한 원가절감 효과
② 전문가의 활용이 가능해짐에 따라 업무의 효율성을 높일 수 있다.
③ 광범위한 공동선전의 효과를 기대할 수 있다.
④ 효율적인 예약망을 통해 편리한 예약서비스를 제공할 수 있다.
⑤ 선진 경영기법을 전수받음으로 해서 체계적인 경영관리가 가능해졌다.

4. 호텔경영의 전문화와 표준화

종래의 호텔객실이 높은 천장 및 넓은 공간에 짜임새 없는, 어느 면에서는 낭비라고 볼 수 있는 집기 · 비품을 설치한 데 반하여, 오늘날 새로이 건설되는 호텔은 적당한 높이의 천장과 규격화된 집기 · 비품 등을 장치하여 냉온방 유지관리에 비용지출을 최대한 줄이고 또한 종업원의 직무를 전문화시켜 시간 및 동작연구(Time and Motion Study)를 통한 작업시간의 측정에 의한 철저한 인력관리를 꾀하고 있다.

인력관리의 또 다른 방안의 하나가 기계화의 추진이다. 현관업무, 예약업무의 전산처리 및 하우스키핑, 주방, 영선부 등의 기계화 및 자동화가 그 예이다.

5. 유통단계의 혁신

정보통신업의 발달은 호텔업계에도 변화의 바람을 몰고 왔다. 인터넷은 전화나 우편, 여행사나 항공회사를 통한 기존의 중개자를 통한 접근방식을 배제하고 고객과의 직접 접촉에 의한 유통경로의 단축으로 획기적인 요금가격을 창출하였다.

다시 말하면 지금까지는 호텔 개인고객(F.I.T. : Free Independent Tourist)[21]이 호텔까지 접근하는 방식으로 전화나 우편을 통한 직접 예약, 항공회사를 통한 예약, 여행사를 통한 예약, 자국의 체인호텔을 통한 예약, 그리고 예약 없이 직접 찾아가는 것(walk-in) 등이었다.

그런데 인터넷의 등장은 지금까지 유통단계를 획기적으로 줄이고 고객과의 쌍방향 대화에 의하여 제공하는 정보의 질과 양을 획기적으로 늘려 고객만족도를 높일 뿐만 아니

21) 단체여행의 반대되는 개념으로, 원래는 개별적으로 움직이는 외국인 개인여행객을 일컫는 말로서 개별여행자, 개인여행자의 의미로 쓰이고 있다.

라 마케팅 중개자를 빼고 고객과의 직접 접촉에 의한 유통경로의 단축으로 호텔요금의 할인이 가능해졌을 뿐만 아니라 가장 정확하게 예약여부를 확인할 수 있게 되었다.

6. 일정 업무의 용역화

높은 원가비율과 노동집약적인 식음료부서는 고객의 편의 제공이라는 차원에서는 필요하지만, 호텔 전체의 수익 측면에서 보면 적자를 면하기 어려운 면이 없지 않다. 미국의 호텔업계에서는 식음료부서를 필요악(necessary evil)이라고도 말한다. 그래서 근래에는 식음료부서를 따로 독립시켜 외부의 전문회사에 위탁시켜 운영하는 호텔도 있다.

이러한 경향은 식음료부서뿐만 아니라 호텔의 본질이라고 할 수 있는 객실부문에 있어서도 하우스키핑, 방역, 보안 등에까지도 외부 전문용역업체에 맡겨 최소의 인원으로 운영하기도 한다.

7. 호텔의 관광객체화

대형 리조트 호텔들을 중심으로 신규 수요창출을 위한 다양한 부대시설의 확충은 호텔 사체를 관광목적지로 변모시키고 있다.

대형 리조트 호텔들은 골프장, 대형 수영장, 양궁장, 테니스장 등의 스포츠시설과 온천, 극장, 대형 공연장 등의 건강 및 위락시설을 갖추어 고객들이 호텔 안에서서 며칠간 재미있게 지낼 수 있도록 하고 있다. 호텔들은 이러한 시설 이용을 포함한 패키지상품을 항공회사와 공동으로 개발하여 고객수요를 창출하고 있다.

8. 호텔객실의 고급화

종래의 스위트룸(suite room)은 곧 호화스럽고 넓은 공간의 특실을 의미한다. 거실(living room)과 침실(bed room)이 따로 구별되어 있는 넓은 공간의 객실을 부유층이 아닌 일반적인 비즈니스맨 혹은 출장빈도가 높은 세일즈맨들이 사용하기 쉬운 저렴한 가격에 제공한다. 또한 다양한 종류의 객실을 단순화시키고 이를 스위트화함으로써 호텔 측에서는 객실수입의 증대를 꾀할 수 있고, 고객입장에서는 평등한 서비스를 받을 수 있는 것이다.

9. 부대시설의 다양화

요즘 호텔의 부대시설을 보면 일반적으로 여가시간을 즐길 수 있는 연회장, 카지노, 피트니스센터, 나이트클럽, 다양한 종류의 식당, 쇼핑센터 등을 갖추어 놓고 숙박고객이 아니더라도 일반 이용객들에게 개방함으로써 고객층을 이웃 주민에게까지 넓히고 있다. 일반 이용객들은 각자의 이용목적에 따라 호텔을 이용하면서 호텔의 부대시설을 살펴보면서 호텔의 이용빈도를 높이게 되고, 이는 자연히 호텔의 수입증대로 연결된다.

연회장 및 식음료 판매를 통한 호텔의 수입은 날로 그 규모가 커지면서 객실판매를 통한 수입과 어깨를 나란히 할 정도가 되었고, 이는 다시 호텔들이 내부시설 및 식음료 서비스의 비중을 높이는 결과를 낳고 있다.

10. 호텔의 복합화

복합형 호텔이란 두 종류 이상의 시설기능을 병합한 건물이나 기능이 다중으로 복합되어 있는 호텔을 말한다. 복합화의 이점은 하나의 도시를 형성하기 때문에 복합화하는 시설 간에 시너지효과를 가져올 수 있다. 기능의 성격이나 규모의 구성비율에 따라 복합화를 구분해 보면 다음과 같다.

① 상업시설과의 복합화
② 역(驛) 빌딩과의 복합화
③ 오피스빌딩과의 복합화
④ 재개발 빌딩과의 복합화
⑤ 공공시설과의 복합화
⑥ 호텔의 부대시설 강화를 위한 복합화

이와 같은 복합화가 진행되는 이유는

① 좋은 입지의 신규 취득이 곤란하며,
② 토지취득비의 급등과 투자의 조기회수 지향
③ 규모의 확대나 토지의 고도이용에 의한 고층화가 투자효율을 높이는 이유이기는 하나 한정된 상권 내에서 시장형성력이 부족하다든지, 부가가치의 차이, 업종·업태의 적합성이 부족한 경우

④ 호텔 자체가 대형공간 소비형 사업이며, 유통업 등 타 업종 사업과도 적합성이 높은 이유도 있지만 호텔 자체도 상권 내에서의 경쟁력 유지나 관리의 효율 면에서 시설 규모를 확대시키는 요인 등이 있다.

이와 같이 복합화는 공간의 효율성, 고급화를 발휘하기 어려운 문제 등이 있으나 이런 모든 조건을 능가할 수 있는 경우에 복합화가 진행된다.

CHAPTER 3

호텔객실의 이해

시대의 변천에 따라 호텔의 상품도 객실위주에서 식음료, 연회, 국제회의, 비즈니스, 문화행사, 예술공연, 레저, 스포츠, 오락 등 여러 가지 서비스상품으로 다양화되어 가고 있다. 그러나 호텔의 규모나 등급 등은 호텔객실의 시설내용이나 객실 수에 따라 정해진다. 호텔영업의 대표적인 상품은 객실상품으로, 객실판매는 호텔의 모든 영업에 영향을 미치게 되고 식음료 영업장과 부대시설 수익의 원천을 제공하는 핵심상품이다. 또한 객실상품은 보관할 수 없는 특성이 있기 때문에 호텔의 이윤극대화를 위해 항상 객실점유율을 높일 수 있는 강력한 판매활동이 요구된다.

제 1 절 호텔객실의 종류

침대에 의한 분류	싱글베드룸(Single bed room)
	트윈베드룸(Twin bed room)
	더블베드룸(Double bed room)
	트리플베드룸(Triple bed room)
	스튜디오 룸(Studio room)
객실형태에 따른 분류	스위트룸(Suit room)
	온돌 룸(Ondol room)
	커넥팅 룸(Connecting room)
	어드조이닝 룸(Adjoining room)
	아웃사이드 룸(Outside room)
	인사이드 룸(Inside room)
기능에 따른 분류	이그제큐티브 플로어 룸(Executive floor room)
	금연층 객실(Non-smoking room)
	여성전용 객실(Ladies room)
	장기투숙객 전용객실(Long-term guest room)
	장애인 전용객실(Handicapped room)

I 침대 수와 침대의 구조에 의한 분류

1. 싱글베드룸(Single bed room)

한 객실에 1인용 침대 1개가 설치되어 한 사람의 고객이 투숙할 수 있는 객실을 말한다. 침대의 크기는 가로 90cm 이상, 세로 195cm 이상으로 하고, 객실의 넓이는 13㎡ 이상으로 규격화하고 있다.

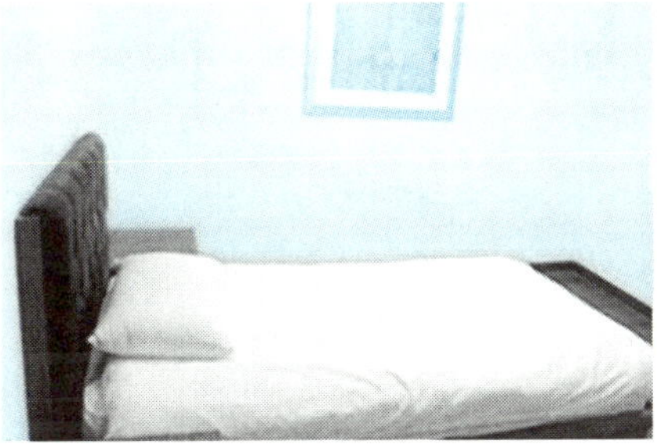

2. 트윈베드룸(Twin bed room)

한 객실에 싱글베드(single bed)가 2개 비치되어 두 사람이 사용할 수 있는 객실을 트윈베드룸 또는 트윈룸이라고 부르며, 주로 친구·형제자매·단체고객들이 이용하기에 편리한 객실이다. 객실의 넓이는 19㎡ 이상 확보하여야 한다.

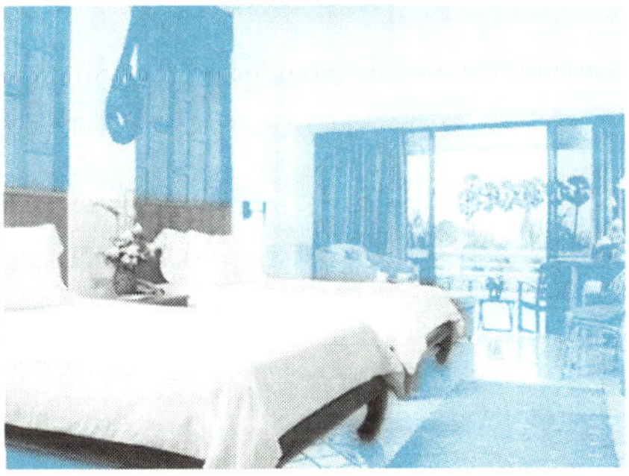

3. 더블베드룸(Double bed room)

한 객실에 두 사람이 숙박할 수 있도록 싱글베드의 1.5배 이상 되는 더블베드(double bed) 하나를 갖춘 객실로 더블룸이라고도 부른다. 흔히 부부가 사용하기 편리한 객실로서 그 크기는 19㎡ 이상이어야 한다.

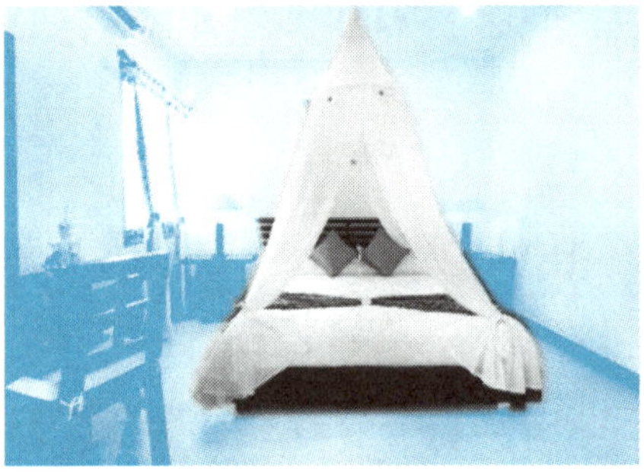

4. 트리플베드룸(Triple bed room)

트리플 룸(triple room)으로 부르기도 하는데, 한 객실에 트윈베드룸에 보조침대(extra bed) 하나를 더 넣어 세 사람이 각자의 침대에서 잘 수 있도록 한 객실이다. 이는 주로 가족용으로 사용하거나 알뜰 관광객들이 경비를 절감하기 위해 사용한다.

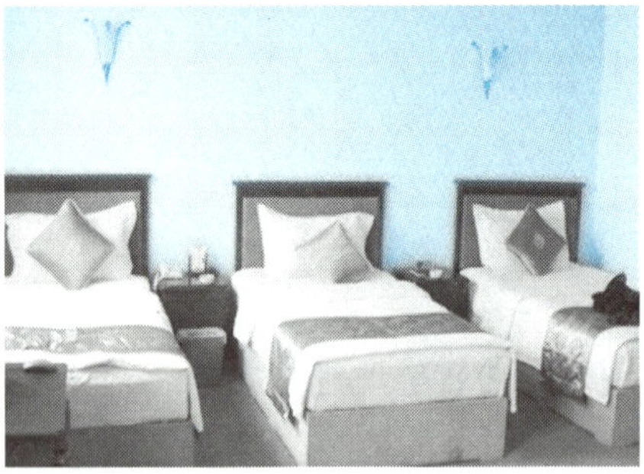

5. 스튜디오 룸(Studio room)

상용(商用)호텔에서 흔히 볼 수 있는 객실인데, 일반 침대와는 달리 주간에는 소파로 사용하고 밤에는 침대로 사용할 수 있는 다목적용 침대가 놓여 있는 객실을 말한다. 반쯤 빼면 소파로 이용할 수 있고, 완전히 끌어당기면 침대로 사용할 수 있는 스튜디오 침대가 벽 쪽에 부착되어 있어 객실을 넓게 이용할 수 있는 장점이 있다. 객실에서 업무를 볼 수 있으므로 주로 비즈니스맨들이 많이 이용한다.

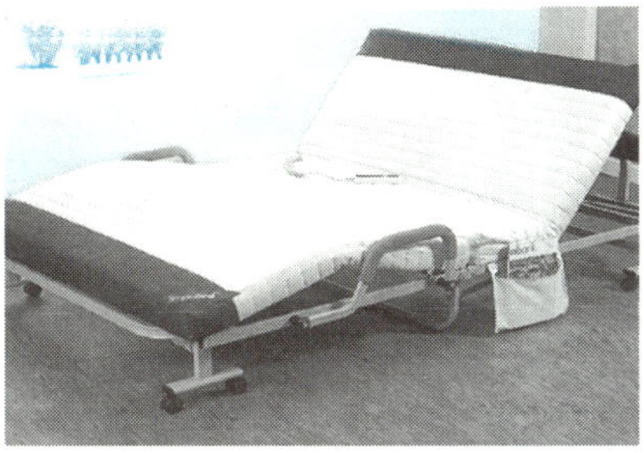

Ⅱ 객실형태에 따른 분류

1. 스위트룸(Suit room)

스위트룸은 보통 두 개 혹은 그 이상의 객실이 연결되어 하나의 단위객실을 이룬 것으로서 1개의 객실에 침실과 별도의 응접실을 갖춘 특실을 말한다. 2개의 객실인 경우 객실 하나는 침실로 사용하고 다른 한 개의 객실은 응접실 또는 사무실 등의 용도로 사용할 수 있도록 되어 있으며, 객실은 설비가 호화롭고 비품도 고급제품이 비치되어 있는 고급객실이다.

스위트룸은 특급호텔마다 호화롭게 꾸며져 있으며, 최고급 특실의 경우에는 객실, 응접실, 회의실, 집무실, 식당, 주방, 바, 사우나, 비서 및 경호원의 객실까지도 갖추어져 있다. 스위트룸은 26㎡ 이상의 면적을 확보해야 한다.

2. 온돌 룸(Ondol room)

온돌 룸은 한국식 전통객실을 뜻하며 외국의 경우에는 찾아보기 힘든 객실의 형태이다. 온돌방은 객실의 면적이나 욕실의 구조 및 객실의 비품 등에 있어서는 양실(洋室)과 별로 차이가 없으나, 침대 대신에 가구뿐만 아니라 침구도 보료, 요, 이불 등을 구비하고 있어 대부분의 이용자는 한국인이라고 할 수 있다.

온돌방의 경우, 대도시에 위치한 호텔들은 시설기준에 필요한 최소한의 온돌방만을 보유하고 있으나, 지방호텔이나 휴양지호텔에서는 온돌을 선호하는 노인층의 관광객과 세미나 또는 컨벤션 등과 같은 대규모 단체관광객을 유치하기 위하여 다수의 온돌방을 확보하고 있는 호텔들이 많다.

온돌 룸의 면적은 일반 더블 룸(double room)의 크기인 19㎡ 이상을 확보하여야 한다.

3. 커넥팅 룸(Connecting room)

연결객실이라고도 부르며, 두 개의 객실이 서로 나란히 연결되어 있는 객실을 말하는데, 객실과 객실 사이에 통용문이 있어 외부의 문을 통하지 않고도 객실 사이를 자유롭게 왕래할 수 있도록 설계된 고객편의 위주의 객실이다.

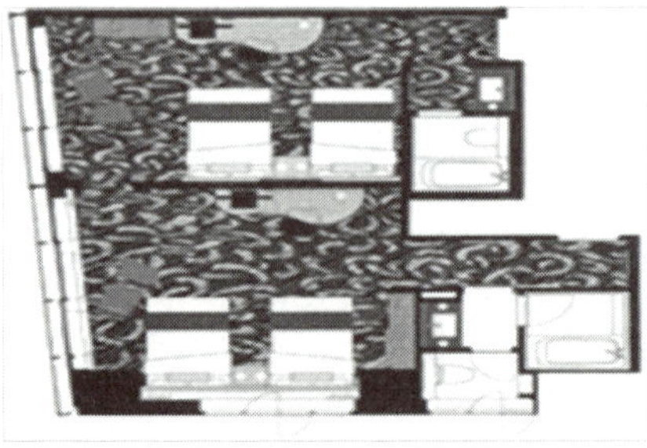

주로 자녀를 동반한 가족단위의 고객이나 단체여행자들에게 선호되어 판매되고 있으며, 한쪽의 객실에는 더블베드룸이 설치되고 다른 한쪽의 객실에는 트윈베드룸이 설치되는 경우가 많다.

4. 어드조이닝 룸(Adjoining room)

인접객실이라고도 부르는데, 위에서 설명한 바 있는 연결객실처럼 객실과 객실 사이로 통용문은 없지만, 같은 층 같은 방향에 일렬로 나란히 위치한 일반객실을 말한다.

호텔에 투숙하는 고객들은 일행이 동반하는 경우 대부분 옆방을 이용하고 싶어하는 경향이 많다. 이런 고객들을 위해 객실을 배정하는 프런트에서는 어드조이닝 룸 배정이 어려운 경우에는 복도를 사이에 두고 서로 마주보는 객실을 배정하여 판매하는 것도 하나의 좋은 방법이라고 생각한다.

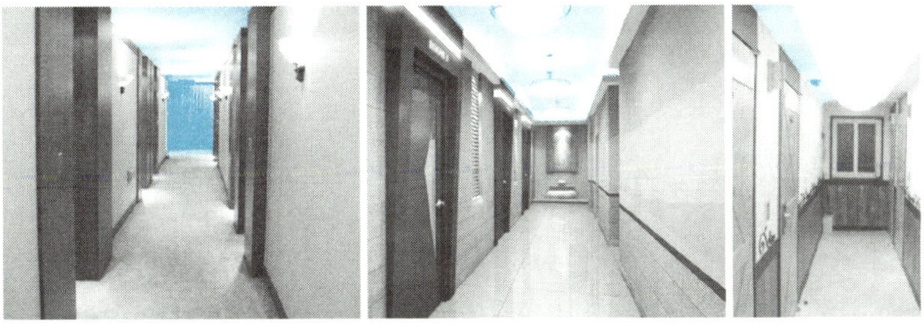

5. 아웃사이드 룸(Outside room)

아웃사이드 룸은 호텔건물의 바깥쪽에 위치하는 객실로서 외부의 경관을 내다볼 수 있는 전망이 좋은 객실을 말한다. 휴양목적이든 비즈니스목적이든 간에 호텔에 투숙하는 대부분의 고객은 체재하는 동안 안락하고 편안한 휴식을 원하며, 내부시설이 같더라도 외부 전망이 좋은 객실을 선호하게 되는 것이 일반적이다.

6. 인사이드 룸(Inside room)

아웃사이드 룸의 반대개념으로서 호텔건물의 내부 또는 뒤쪽에 위치하는 객실로 외부의 아름다운 경관을 볼 수 없는 객실을 말한다. 대부분의 호텔들이 아웃사이드 룸을 많이 확보하는 쪽으로 설계하고 있으며, 객실판매 시에는 인사이드 룸의 판매가격이 아웃사이드 룸의 판매가격보다 저렴한 가격으로 판매되고 있다.

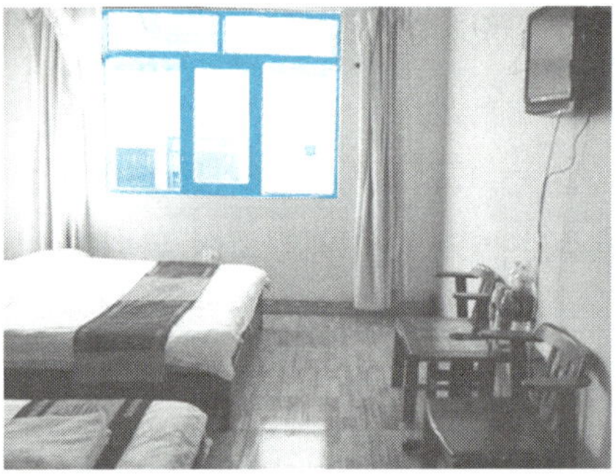 

Ⅲ 기타 특별한 기능을 가진 객실

1. 이그제큐티브 플로어 룸(Executive floor room)

귀빈층을 위한 객실로서 특실과 보통객실의 중간을 말하는데, 이 객실에 투숙한 고객들은 귀빈층 라운지를 무료로 이용하면서 비즈니스 업무를 볼 수도 있고 또한 컨시어지(Concierge)[22]의 개별적인 서비스와 호텔의 특별한 서비스를 제공받는 등의 특권을 누릴 수 있다.

일반객실에 비해 고가로 책정된 이그제큐티브 플로어는 각 호텔들이 평균객실가를 올리는 주요 요인으로 작용할 뿐만 아니라, 안정적인 수익을 기대할 수 있는 장점 외에 정중함으로 대변되는 호텔 본연의 서비스에 부합된다는 특성 때문에 각 특급호텔에서 점차 그 중요성이 커지고 있다. 특급호텔들은 이 중요성 때문에 대부분이 이그제큐티브 플

22) Concierge(컨시어지)의 사전적 의미는 '수위(doorkeeper) 혹은 (아파트 등의) 관리인'을 말하는데, 호텔 내의 전문적인 용어로는 '호텔에 투숙하여 비즈니스 업무를 수행하는 외국의 대통령이나 그룹의 총수 혹은 임원 등 특별한 귀빈들의 업무수행을 돕기 위해 전문적으로 훈련받은 호텔종업원'을 일컫는다(두산동아, 「프라임 영한사전」, p. 489).

로어를 가장 전망이 좋은 10~20층에 배치함으로써 고객들에게 편안함을 주는 정책을 구사하고 있으며, 최근 특급호텔에서는 VIP 비즈니스 고객을 유치하기 위하여 점차적으로 이그제큐티브 플로어가 확산되어 가는 추세이다.

2. 금연층 객실(Non-smoking room)

흡연자의 담배연기를 싫어하는 비(非)흡연자의 혐연권(嫌煙權)을 보장하기 위해 만든 객실로, 객실 및 복도에서 담배를 피울 수 없다. 건강을 생각하는 비(非)흡연자의 목소리가 높아지면서 그 공간도 점차 확대되어가는 추세에 있다.

3. 여성전용 객실(Ladies room)

사회활동과 경제활동을 하는 여성인구가 증가함에 따라 여성 투숙객이 이용하기에 편리하도록 시설 및 서비스를 제공하는 객실을 말한다. 일반 객실에 비해 여성들이 보다 안정감을 가지고 편안하게 이용할 수 있도록 벽지 및 커튼의 색상이나 무늬, 가구의 배색과 배치, 그리고 소모품의 구비 등에 이르기까지 세심하게 갖추고 있으며, 특히 이중삼중의 안전장치가 마련되어 있는 점이 특징이라고 하겠다.

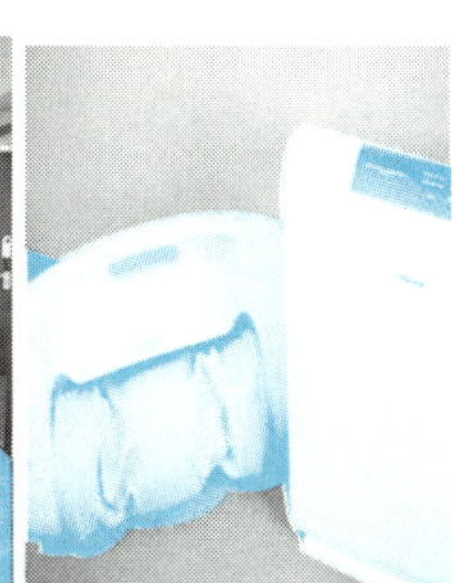

4. 장기투숙객 전용객실(Long-term guest room)

장기투숙객이 편안하게 묵을 수 있도록 마련된 객실로 주로 하루나 이틀 정도 묵는 일반투숙객들에 비해 특별한 서비스가 제공되기도 한다. 장기투숙객 전용객실은 조용한 분위기의 유지를 위해 주로 해당 층의 구석에 위치하는 경우가 많다.

5. 장애인 전용객실(Handicapped room)

일반인들과 달리 장애인들의 눈높이에 맞추어 장애인들이 이용하는 데 불편함이 없는 미닫이문이나 각종 스위치가 낮은 곳에 설치되어 있으며, 객실과 욕실에도 장애인을 위한 손잡이가 설치되어 있는 객실을 말한다. 그리고 이 객실에는 언제 발생할지 모르는 만일의 사태에 대비한 비상경보장치도 설치되어 있다.

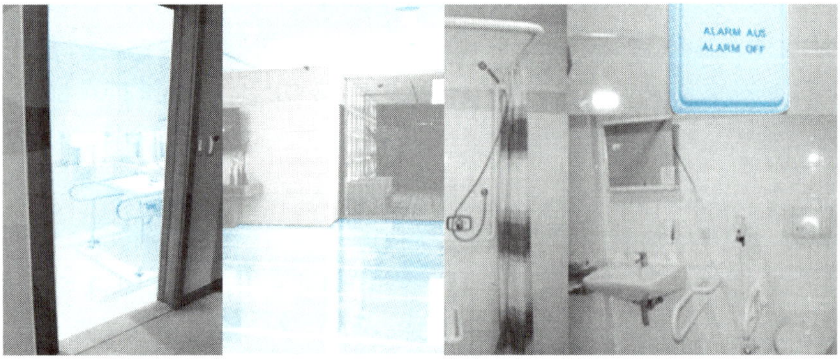

제2절 객실의 요금제도

객실의 요금에는 공표요금과 특별요금이 있다. 공표요금은 호텔 측에서 공식적으로 발표한 객실요금을 말하며, 특별요금은 특별한 상황 및 서비스에 따라 적용·부과되는 요금을 말한다.

공표요금	일반요금, 할인되지 않은 정상요금
특별요금	영업정책상 객실요금을 무료 또는 할인해 주는 요금
추가요금	추가로 청구하는 요금

I 공표요금(Tariff)

공표요금은 일명 일반요금이라고도 하는데, 호텔에서 공식적으로 발표한 할인되지 않은 정상요금을 말한다. 공표요금은 호텔 측에서 경쟁호텔의 요금 및 판매성장률, 물가상승률, 인건비 등 여러 요인을 고려하여 적정요금을 책정한 후 주무관청의 승인을 얻어 대내외에 공시하는 요금이다. 일반적으로 팸플릿(pamphlet)이나 브로슈어(brochure)에 인쇄되어 있으며, 예약 및 방 배정을 담당하는 프런트에도 적혀 있다. 이 요금표에 표시된 요금은 계절에 따라 변동되기도 하고 오락시설 이용에 대한 요금이 동시에 표시되기도 한다.

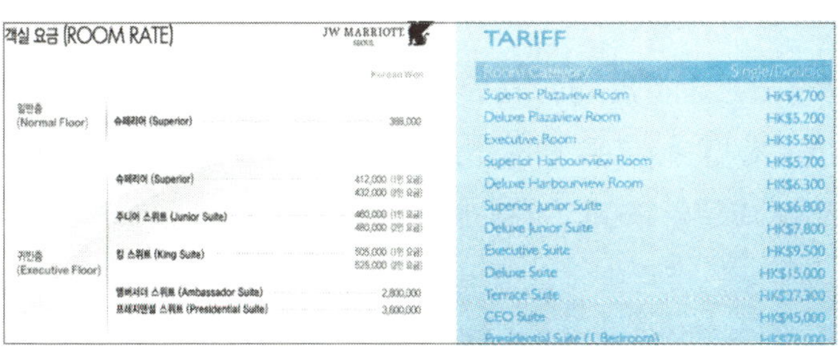

[그림 3-1] 공표요금(Tariff)

Ⅱ 특별요금

특별요금이란 호텔에서 발표한 공표요금에서 호텔의 영업정책상 총지배인(manager)의 권한으로 매출증대에 기여한 고객이나 거래관계가 있는 회사(여행사, 항공사, 협회 등) 및 개인에게 객실요금을 무료로 제공하거나 할인해 주는 요금을 말한다.

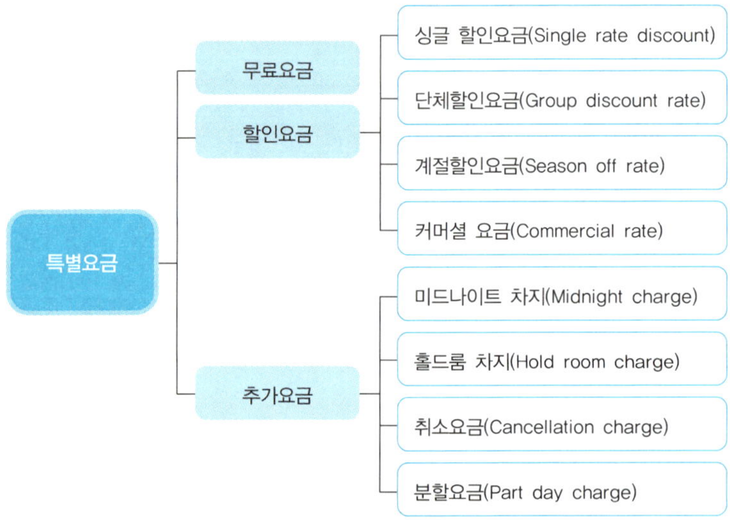

[그림 3-2] 특별요금의 구성

1. 무료요금(Complimentary)

호텔에서 특별히 접대할 고객이나 호텔의 판매촉진을 목적으로 초청한 초대손님에게 숙박요금을 받지 않는 무료숙박제도로, 객실료만 무료로 제공되는 경우도 있고 식사까지 무료로 제공되는 경우도 있다.

무료요금이 적용되는 객실의 경우 보통 complimentary라고 표시하며 간단히 컴프(comp)라고 표현하는 경우가 많다. 흔히 단체관광객 15명 이상을 호텔에 알선한 그 단체의 알선자 및 안내자 또는 호텔의 초대고객에게 무료로 제공되는 우대요금이다.

2. 할인요금(Discount rate)

호텔의 영업규정이 적용되는 할인요금제도에는 다음의 4가지가 있다.

1) 싱글 할인요금(Single rate discount)

호텔의 객실요금은 숙박객의 숫자와는 상관없이 객실의 종류 및 사용에 따라 요금이 부과된다. 그러므로 2인용 객실에 1명이 숙박하더라도 2인용 객실요금을 청구하는 것이다. 하지만 숙박객이 싱글룸(single room)을 예약했으나 호텔 쪽의 실수나 착오 등의 사정으로 인해 싱글룸을 제공받지 못하고 더블룸(double room)이나 트윈룸(twin room)을 사용하게 되었을 경우 호텔 쪽에서는 싱글룸의 가격만 청구해야 한다. 그리고 싱글룸을 예약하지는 않았지만 숙박고객이 희망하는 싱글룸이 이미 모두 판매되고 없을 경우에도 호텔 쪽에서는 트윈룸이나 더블룸을 제공하고 싱글룸의 요금으로 할인하여 주기도 한다.

2) 단체할인요금(Group discount rate)

여행사에서 알선하는 단체관광 숙박객이나 정부기관, 협회, 학회, 기업체 등에서 개최하는 세미나 또는 컨벤션에 참석하는 수십에서 수백 명이 참석하는 단체행사에 특별히 적용하는 할인요금을 말한다. 예를 들어 단체인원이 20~30명이면 공표요금에서 10% 할인, 100~150명인 경우에는 20%의 할인요금을 적용하는 것 등이다.

3) 계절할인요금(Season off rate)

이는 비수기(off season) 판매정책으로서 호텔에서 고객의 이용률이 적은 계절에 한해서 공표요금을 할인하여 적용하기도 하는데, 이러한 경우에 적용하는 요금을 말한다. 특히 계절적 영향을 많이 받는 리조트호텔들이 고객유치의 수단으로 계절할인요금제도를 활용하고 있다. 우리나라의 경우에는 춘 · 하 · 추 · 동의 4계절이 뚜렷하여 관광계절이 여름과 겨울의 한 계절에 한하여 가능한 온천지호텔 또는 해수욕상이 있는 비치호텔 등이 이 요금을 많이 활용하고 있다. 하지만 도시호텔 중에서 외국인 관광객의 이용률이 높은 호텔에서는 비교적 관광객이 적은 겨울철에 계절할인요금을 적용하고 있다.

4) 커머셜 요금(Commercial rate)

특정한 회사와의 계약에 의해 일정한 요금으로 할인하여 주는 요금제도이다. 장기간에 걸친 직원들의 출장 등이 빈번한 회사의 경우 인근 호텔과의 계약에 의해 할인된 요금을 적용받음으로써 비용지출을 줄일 수 있다. 호텔 측에서는 보다 안정된 객실판매 수익을 기대할 수 있다는 장점이 있다.

3. 추가요금

1) 미드나이트 차지(Midnight charge)

예약한 고객이 당일 영업을 마감한 이후 한밤중에 도착하거나 그 다음날 아침에 도착했을 경우에 적용되는 요금제도이다. 호텔 측에서는 예약손님을 위해 객실을 판매하지 않고 기다렸으므로 그에 대한 손해를 벌충하기 위해 추가요금을 청구하는 것이다.

이 제도는 호텔의 퇴숙시간(check-out time)이 정오 12시이기 때문에 전날 오후 1시부터 다음날 정오까지를 1일 객실요금으로 계산하기 때문이다. 그리고 체크아웃 타임이 지났으나 손님이 3~4시경에 나가는 경우 추가요금을 지급해야 한다.

2) 홀드룸 차지(Hold room charge)

이 객실요금은 일반적으로 2가지 경우가 있다. 그 하나는 이미 숙박을 하고 있는 고객이 자신의 수하물을 객실에 남겨두고 단기간의 여행을 떠날 경우, 비록 방은 사용하지 않지만 고객이 그 객실을 계속해서 사용하는 것이나 같기 때문에 객실료는 고객의 청구서에 계산되고 봉사료와 세금도 동일하게 가산되는 요금이다.

다른 하나는 고객이 항공기의 연착 또는 개인사정으로 호텔에 아직 도착하지 않은 상태이나 그 고객을 위하여 객실을 비워두고 다른 사람에게 판매하지 않고 보류시킨 경우에 요금을 부과하게 되는데, 이를 홀드룸 차지라고 한다.

이러한 경우는 일반적으로 객실의 수요와 공급에서 수요보다 공급이 부족한 상황에서 흔히 발생한다. 즉 성수기의 객실 부족현상으로 고객의 편의에 따라 호텔객실을 필요한 일정에 맞추어 이용할 수 없는 계절에 흔히 있는 경우이다.

3) 취소요금(Cancellation charge)

개인이나 단체가 객실예약을 한 후 사정에 의하여 당일 혹은 하루 전에 객실예약을 취소할 경우 호텔 측에서는 취소요금을 징수하게 된다.

이러한 규정은 호텔에 따라 차이가 있겠으나, 흔히 호텔의 숙박약관에서 정하고 있다. 예컨대 단체예약의 경우 20실을 예약했으나 도착 당일 5실을 취소하고 15실만 사용하더라도 5실에 대한 객실요금을 징수하게 되는데, 이를 취소요금이라고 한다.

4) 분할요금(Part day charge)

일명 시간요금이라고도 한다. 호텔의 객실료는 원칙적으로 1일을 단위로 청구되지만,

아침 일찍 호텔에 도착한 고객이 잠시 휴식을 취하고 오후 또는 희망하는 시간에 출발함으로써 해당 객실을 다시 다른 고객에게 판매할 수 있을 경우, 1일 객실료에서 할인된 금액이 요금으로 책정된다. 이 분할요금은 일반적으로 호텔의 내부규정에 의해서 적용되는데 휴양지나 온천지구, 공항이나 역 등 숙박위주의 고객보다는 잠시 휴식을 취하고자 하는 이용객들이 많은 지역의 호텔에서 흔히 이용되는 요금제도이다.

제3절 경영방식에 의한 요금제도

호텔요금은 대부분 객실료와 식대가 구분되어 있고, 공표요금에는 식대가 별도인 객실료만이 표시되고 있다. 일단 호텔에 투숙한 고객의 식사는 호텔 내외의 어디에서나 자유롭게 할 수 있는 것이다. 그렇지만 호텔의 경영방식에 따라 객실요금에 식대를 포함하여 일괄 계산하는 호텔이 있는가 하면, 객실요금과 식대를 분리하여 별도로 계산하는 방식을 취하는 호텔도 있는데, 이러한 관계에서 연유되는 요금제도는 다음과 같다.

〈표 3-1〉 호텔요금의 객실료와 식대의 구분

아메리칸 플랜(American plan)	아침, 점심, 저녁 식대가 호텔요금에 포함 계산
유러피언 플랜(European plan)	객실료와 식사대를 분리하여 별도로 계산
콘티넨털 플랜(Continental plan)	아침식사 요금만을 포함
복식요금제도(Dual plan)	혼합식 제도, 고객이 원하는 대로 선택
수정식 아메리칸 플랜(Modified American plan)	3식 중 아침과 저녁 요금을 객실요금에 포함

I 아메리칸 플랜(American plan)

이 제도는 일반적으로 휴양지호텔과 유람선호텔에서 흔히 적용되는 방식으로, 객실요금에 아침, 점심, 저녁의 3식대가 포함되어 일괄적으로 호텔요금을 계산하는 제도이다.

아메리칸 플랜은 고객이 식사를 하든 안 하든 요금지급은 마찬가지이므로, 고객의 입장에서는 불편한 점이 많으나 경영자 측에서는 많은 장점이 있다.

그러나 호텔 주위에 다양한 식당시설이 있는 경우 호텔 내에서의 식사를 강요할 수는 없으므로, 이러한 방식은 감소추세에 있는 실정이다.

Ⅱ 유러피언 플랜(European plan)

유럽식 요금제도는 객실료와 식사대를 분리하여 별도로 계산하는 방식으로, 이는 고객에게 식사를 강요하지 않고 고객의 자유의사에 따라 식사를 할 수 있도록 하는 제도이다.

현대의 호텔이용자는 비즈니스 고객들이 많기 때문에 시간에 쫓기는 그들이 호텔에서 3식을 주문해 식사하기는 대단히 어려운 일이며, 특히 도심지호텔의 경우에는 호텔 주변에 자유선택에 따라 식사할 수 있는 전문식당들이 많기 때문에 대부분의 호텔에서는 고객이 자유롭게 선택하여 식사할 수 있도록 유럽식 요금제도를 채택하고 있다. 우리나라 호텔도 대부분 유럽식 요금제도를 채택하고 있다.

Ⅲ 콘티넨털 플랜(Continental plan)

이 제도는 유럽에서 일반적으로 사용되는 제도로서 객실요금에 아침식사 요금만을 포함하여 호텔요금으로 지급하는 방식이다.

호텔경영자 입장에서는 별로 비싸지 않은 Continental breakfast를 객실료에 포함시킴으로써 고객에게 큰 부담을 주지 않고 매상을 증진시킬 수 있고, 고객의 입장에서는 별 부담 없이 아침식사를 호텔 측으로부터 서비스받는 것이다.

Ⅳ 복식요금제도(Dual plan)

혼합식 제도라고도 하는데, 이 제도는 미국식과 유럽식을 혼합하여 채택하고 있는 호텔요금제도로, 고객이 미국식을 원하면 미국식으로, 유럽식을 원하면 유럽식으로 자유롭게 선택할 수 있도록 운영되는 요금제도를 말한다.

Ⅴ 수정식 아메리칸 플랜(Modified American plan)

이 제도는 고객에게 다소 부담이 되는 아메리칸 플랜을 수정하여 3식 중 아침과 저녁 식사요금을 객실요금에 포함시켜 호텔객실료로 지급케 하는 방식으로, 하프 팡숑(half pension) 또는 세미 팡숑(semi pension)이라 한다. 산간이나 해변 등 휴양지의 관광객은 아침 식사는 호텔에서 하고 낮에는 여러 곳을 두루 관광한 후 돌아와서 식사하는 방식이다.

제4절 객실요금의 결정

상품가격의 결정은 기업에서 이루어지는 매우 중요한 의사결정 중의 하나이다. 시장경쟁력을 유지하면서 수익성을 보장할 수 있도록 가격이 결정되어야 하기 때문이다.

가용객실에 대한 가격구조를 결정하는 객실요금에 대한 결정은 호텔기업에서 통제할 수 있는 중요한 현안 중의 하나이다. 만약 공급이 수요를 초과하면 객실점유율은 떨어지게 되고 이윤은 줄어들 것이므로 실질적인 요금을 낮추어서라도 경쟁에 임해야 할 상황에 이르게 될 것이다. 반대로 과잉수익이 발생할 경우 많은 고객은 객실구매에 어려움을 겪게 될 것이고 관광지와 숙박시설은 좋은 이미지를 잃게 될 것이다.

객실요금은 마케팅과 비용 즉 투자와 이에 따른 환수비율, 수요와 공급, 숙박과 경쟁, 경영의 질 등과 관계가 있기 때문에 매우 복잡한 문제라고 할 수 있는데, 두 요소로 나누어 보면 다음과 같다.

첫째, 객실요금은 투자한 자본에 따른 적절한 환수가 이루어져야 하고, 둘째, 호텔을 운영하는 데 있어서 고객에게 매력을 줄 수 있도록 유지할 수 있어야 한다. 객실판매로 인한 수입은 객실수입 자체만으로 그치는 것이 아니라 호텔의 영업수입 전반에 영향을 끼친다. 식당의 식음료 판매와 부대 사업장의 수입발생은 숙박객 증대에 의존하고 있다. 투숙객이 많으면 그만큼 부대시설의 이용도가 높아지고 영업수익이 증대되기 때문에 호텔에서는 객실수입의 증대방법을 호텔의 주요한 경영전략으로 삼고 있다. 객실수입의 증대방법은 객실수입의 구성요소가 되는 객실 수, 점유율, 평균객실요금을 각각 최고로 하여 객실수입을 증대시키는 것이다.

고객이 만족할 만한 시설과 서비스를 제공하여도 그 가격이 고객의 능력을 넘어선 것이라면 기업은 존립할 수 없는 것이다. 따라서 호텔기업의 경영전략은 적절한 장소에서 소비자의 욕구에 적절한 시설과 서비스를 제공함과 동시에 적절한 가격수준으로 제공하는 것으로 이루어져야 한다. 호텔기업의 목표달성은 적절한 가격의 결정에 있다. 물론 경제이론상 수요곡선과 공급곡선이 일치하는 점에서 가격이 결정되는 균형상태가 가장 합리적이겠지만, 호텔경영에 있어서는 많은 제약요소를 가지고 있다. 이러한 의미에서 원가에 기초한 판매가격은 어디까지나 목표가 있어야 한다.

판매가격은 시장에 의하여 결정되기 때문에 소비자 및 경쟁업체의 반응 등을 고려하여 수정되어야 하고, 원가는 단지 판매가격에 대한 하한선의 역할을 수행하므로 지나치게 낮게 가격을 설정하는 것을 막을 수 있다. 또한 실무에서 의사결정 상황에서는 많은 불확실성이 존재하므로 원가에 의한 판매가격은 그러한 불확실성을 줄여주며 다른 불확실성을 제거할 수 있는 기초자료로 제공되어야 한다. 판매가격에 영향을 미치는 여러 변수 중 기업 내부의 자료는 원가이다. 원가를 기준으로 한 판매가격이 없다면 경쟁업체의 반응 및 고객의 가격탄력성 등의 분석이 불가능할 것이다.

제5절 객실관리의 의의

호텔의 탄생배경은 어떤 목적을 위해 집을 떠난 여행객들을 위한 숙박시설의 필요성에 있다. 즉 여행으로 인한 피로와 언제 어디서 나타날지 모르는 외부의 적으로부터의 위협 및 불의의 사고에 대한 불안감, 그리고 떠나온 가족에 대한 그리움 등을 잊고 편히 쉴 수 있는 공간의 제공은 호텔 자체의 존재이유라고 할 수 있다. 오늘날 각 호텔마다 식음료, 연회와 비즈니스, 국제회의, 문화행사, 예술공연, 레저 · 스포츠, 쇼핑, 사교 및 오락 · 휴게시설 등의 다양한 상품을 앞다투어 개발 · 판매하면서 호텔도 덩달아 변모 · 발전하고 있는데, 이러한 호텔경영에 있어서 객실관리가 아직까지 가장 핵심적인 요소로 자리매김하고 있는 이유도 바로 그 탄생배경에서 찾을 수 있겠다.

객실은 호텔영업의 대표적인 판매상품이라고 할 수 있으며, 호텔의 등급을 매길 때에도 객실의 시설내용이나 그 수가 가장 핵심적인 요소로 꼽힌다. 그러므로 객실판매는 호텔의 전반적인 영업실적에 영향을 미치게 되는데, 이러한 객실상품은 보관할 수 없는 특성을 지니고 있어서 호텔의 영업성과를 높이고 이윤을 극대화하기 위해서는 객실의 점유율을 높일 수밖에 없다. 객실관리는 '객실을 판매하기 위한 제반적인 활동'이라고 정의할 수 있다.

제6절 객실관리부서의 조직과 역할

호텔의 객실영업부서는 호텔을 이용하는 모든 고객을 최초로 영접하고, 호텔 내에 투숙하고 있을 경우에 그 편안한 잠자리와 휴식을 위해 봉사하며, 아울러 최후에 환송하는 핵심적인 고객접점부서이다. 따라서 구성원의 행동이 호텔의 이미지를 좌우하므로 항상 긴장을 풀지 않아야 한다. 이러한 객실관리부서의 중요성을 인식하고 각 호텔에서는 고품격 고객서비스의 실현을 통해 단골고객(repeat guest)을 창출하기 위해 식음료부서, 시설관리부서 등과 유기적인 협조관계를 유지할 수 있도록 조직을 구성한다. 객실관리의 핵심은 호텔의 판매상품인 객실의 영업과 관리라고 할 수 있다. 영업과 관련한 업무를 프런트 오피스(front office)라 하고, 객실의 관리업무를 하우스키핑(house keeping)이라 한다. 이 프런트 오피스는 다시 그 역할에 따라 고객을 영접 · 환송하는 업무와 고객의 객실판매업무로 나눌 수 있는데, 이 객실판매업무를 맡은 부서가 프런트 데스크(front desk)이다. 프런트 데스크는 호텔의 수익을 창출한다는 면에서 더욱 중요시되고 있다.

Rooms Director

Front Office Manager

· Front Desk
· Reservation
· Executive Floor
· Business Center
· Operator
· Concierge
· Bell Man / Door Man

House Keeping Manager

· Inspector(tress)
· Room Maid
· House Man
· Order Taker
· Linen & Uniform
· Laundry Service
· Public

CHAPTER 4

프런트 오피스 업무

제1절 프런트 오피스의 이해

I 프런트 오피스의 의의

프런트 오피스(front office)란 현관사무실을 뜻하는데, 호텔 이용고객을 최초로 맞이하여 고객이 호텔에 체재하는 동안 편안하고 안전하게 모든 시설을 이용할 수 있도록 정보 및 서비스를 제공하며, 또한 고객이 호텔에서 나갈 때에도 최후까지 환송하는 업무를 맡은 호텔의 핵심조직을 말한다. 호텔의 영업조직 중에서도 호텔 이용고객을 직접적으로 가장 많이 접하는 부서이므로 다른 어느 부서보다도 친절과 예의, 세련된 매너와 함께 성실한 마음자세가 요구된다.

이 프런트 오피스의 기본적인 역할은 첫째, 숙박을 하고자 하는 손님에게 객실의 예약 및 등록업무를 겸한 객실판매업무, 둘째로는 이용하는 고객이 필요로 하는 호텔의 내외적인 각종 정보제공과 통신처리에 따른 편의서비스 제공, 셋째로 조직 혹은 특성에 따라 다르지만 통상적인 신속 · 정확한 고객상대의 신용제공과 재정관리로 간추릴 수 있다. 프런트 오피스의 기본적인 업무는 다음과 같다.

① 객실예약판매
② 고객의 영접
③ 숙박등록 및 적절한 객실배정
④ 현금출납 및 신용카드 취급
⑤ 우편물, 전신메시지 처리 및 전달
⑥ 귀중품 보관 및 외화 교환
⑦ 불평 · 불만의 처리 및 상담
⑧ 각종 정보안내 및 제공

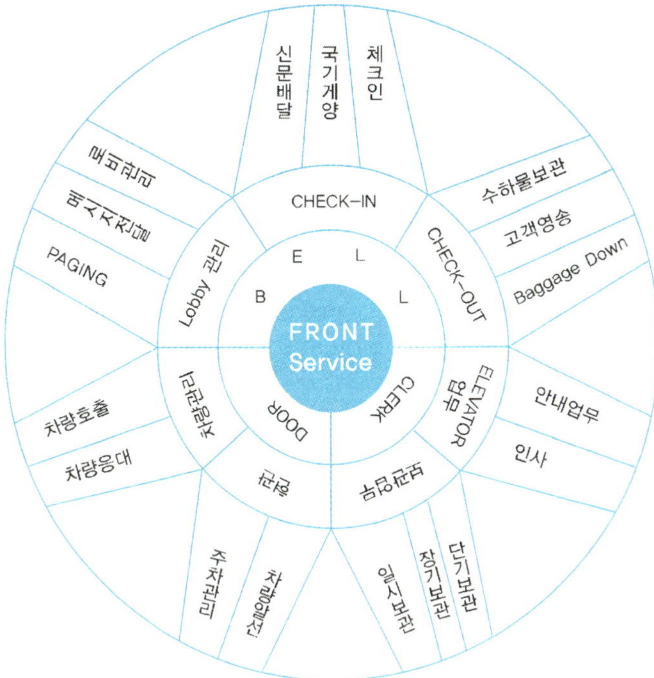

[그림 4-1] 프런트 서비스

Ⅱ 프런트 오피스의 기능

호텔에 있어서 프런트 오피스는 고객활동의 중추이자 심장부로서의 기능을 가지고 있다. 이는 고객으로 하여금 그 호텔의 첫인상이 중요한 심리작용으로 받아들여지기 때문에 그 인상은 고객이 이용한 후에는 하나의 체험으로 남는 동시에 친지 등의 타인에게까지 영향을 미치게 된다.

프런트 오피스의 기능에는 고객에 대한 서비스 및 객실판매라고 하는 외부적인 업무와 호텔 내 각 부서와의 협조, 협력관계로서 지시 · 연락 등의 내부적인 업무로 2가지 기능이 있다. 그러므로 프런트 오피스의 이 두 가지 업무를 수행함에 있어 고도한 기술과 광범위한 지식이 요구되는 기능이다. 고객과 호텔조직 전체에 대하여 프런트 오피스의 중요한 기능을 요약해 보면 다음과 같다.

① 고객을 위한 객실의 판매촉진 및 안내기능
② 고객을 위한 신속 · 정확한 업무연결과 커뮤니케이션 기능
(예 : 객실 → 교환 → 프런트 → 담당자)
③ 고객과 타 부문과의 각종 정보 및 업무의 협조기능
④ 타 부서와의 업무조정과 협력의 기능

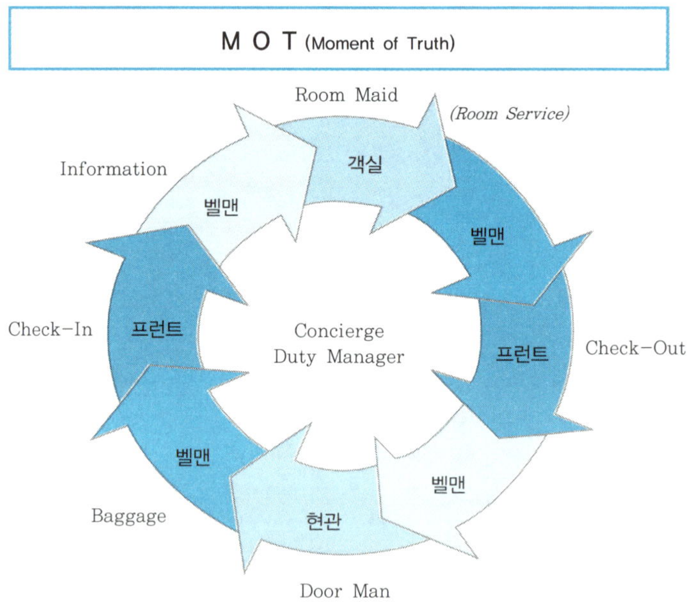

Ⅲ 프런트 오피스의 구도

프런트 오피스는 현관에서 가까운 곳에 위치하여야 한다. 전형적인 프런트 오피스의 배치도에 의할 때, front desk와 reservation office는 벽면 하나로 경계되어 있어 상호 신속하고 능률적인 업무를 수행할 수 있도록 되어 있다. 또한 front desk는 호텔의 lobby나 현관을 출입하는 모든 사람들을 한눈에 볼 수 있도록 설계되어야만 프런트 오피스의 기능적인 역할을 다할 수 있을 것이다. 일반적으로 front desk의 중앙에 registration desk를 마련하며 현관에서 먼 쪽에 front cashier가 위치하며, 반대편에 information desk가 위치한다.

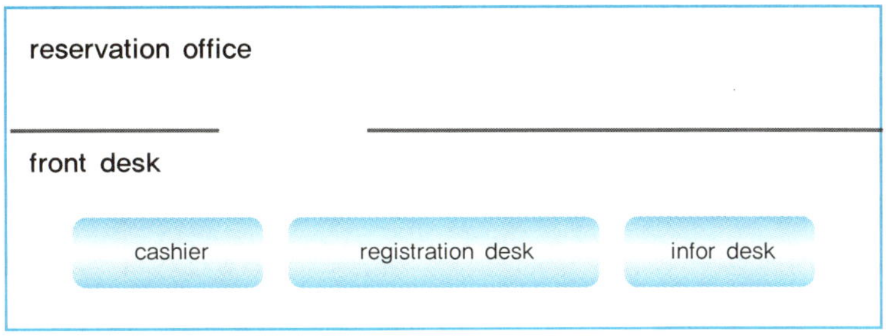

Ⅳ 프런트 오피스의 조직

호텔조직에 있어서 하나의 표준이란 있을 수 없다. 호텔경영조직에 대한 계획은 여러 가지 요소들의 영향에 의해 차이가 있을 수 있는데, 프런트 오피스의 조직도 역시 업무를 조직적으로 수행하고 구성원의 능력을 극대화하기 위한 과학적인 모델이 형성되어야 할 것이다. 즉 프런트 오피스의 경영목표를 설정하고 그것을 기초로 상하 연결 · 협조하여 효율적인 업무배정과 책임의 한계를 설정하는 조직의 통제가 필요하다.

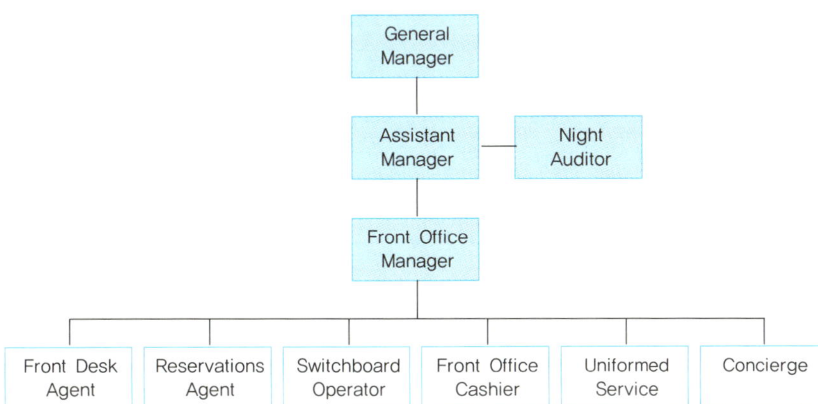

[그림 4-2] 프런트 오피스 조직표

[그림 4-2]의 조직표에서 보는 바와 같이 현관부서를 중심으로 한 종사원의 구성은 위로 총지배인(general manager), 객실부의 객실부장(room division manager), 현관의 현관지배인(front office manager)이 있고 현관지배인 아래 각 담당 직원들로 구성되어 있다. 따라서 이 부문의 종사자들은 책임자인 현관지배인의 업무지휘와 관리하에 업무를 수행하게 된다. 객실부장이나 현관지배인은 경영자적 위치로서 객실부문 운영관리의 책임뿐만 아니라 호텔경영의 계획, 조정 및 개발에 참여하여 기업의 발전에 총력을 다하는 자가 되어야 한다. 최근에 와서 호텔경영조직의 새로운 동향은 판매증진을 위한 전문화 추세로 판매부문의 조직을 강화하고 있다.

제2절 유니폼 서비스

I 유니폼 서비스의 개념

유니폼 서비스(uniform service)는 다른 말로 현관서비스(front service)라고 부르기도 하는데, 이는 도어맨(doorman), 벨맨(bellman), 페이지 보이(page boy), 로비 하우스맨(lobby houseman), 엘리베이터 안내원(elevator operator), 벨캡틴(bell captain)이 유니폼을 입고 있는 데에서 유래된 말이다.

이들은 프런트 데스크에 접속되어 있으며, 주로 고객의 등록(registration)을 위해 프런트 데스크로 안내하며, 고객의 여행가방 등의 화물을 운반 · 보관하며, 등록을 마친 고객을 객실로 안내하고 호텔의 시설과 서비스 안내와 로비의 청결 및 질서유지를 담당한다. 로비는 호텔 투숙객뿐만 아니라 외래객들이 빈번하게 왕래하는 장소이므로 단정한 모습과 정중하고 품위있는 말씨를 사용하여 호텔의 인상을 좋게 하여야 한다. 프런트 서비스는 고객의 투숙(check-in)과 퇴숙(check-out) 시 제반 서비스를 제공하는 부서이다. 유니폼 서비스의 업무내용을 요약 정리하면 아래 그림과 같다.

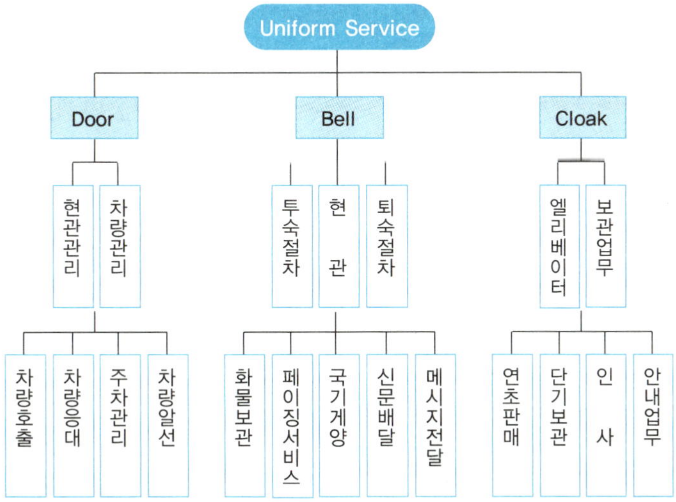

[그림 4-3] 프런트 서비스의 조직도

Ⅱ 유니폼 서비스 구성원의 업무

1. 벨맨(Bellman)의 업무

호텔에 출입하는 고객들을 현관에서 맞이하여 숙박절차를 도와주고 객실까지 안내하여 객실사용법을 설명해 주는 등의 역할을 맡은 종사원을 벨보이(bellboy) 혹은 벨맨(bellman)이라고 한다. 뿐만 아니라 벨맨은 호텔이 영업활동을 함에 있어 보이지 않는 세세한 부분을 챙긴다. 그 구체적인 역할을 살펴보면 다음과 같다.

벨맨(Bellman)	고객을 현관에서 맞이하여 숙박절차를 도와주고 객실까지 안내하는 업무
도어맨(Doorman)	고객의 영접 및 영송에서부터 차량관련 업무
컨시어지(concierge)	고객을 위해 여러 가지 정보와 문제를 해결해주는 업무
클로크 룸(cloak room)	호텔이용객들의 귀중품을 맡아주는 업무
전화교환원(Telephone operator)	각종 문의가 있을 경우 상세히 안내하는 업무

① 고객의 체크인(check-in) 및 체크아웃(check-out) 때 협조
- 고객의 짐을 받아 프런트 데스크에 안내하여 고객의 등록과정을 돕는다.
- 등록이 끝나면 짐을 baggage rack에 넣고 확인한 후 객실의 시설이용물을 안내한다.
- 기록대장에 객실번호, 시간, 짐의 수량을 기록한다.
- 체크아웃 오더가 나오면 객실로 올라가 짐을 확인한 후 프런트에서 체크아웃을 시킨다.
- 프런트 캐셔에서 체크아웃을 확인한 후 기록대장에 객실번호, 시간, 짐의 수량 등을 기록한다.

② 국기의 게양 및 하기
③ 신문배포 및 보고서 작성
④ 기타 업무
- 메시지의 전달 : 룸 클럭으로부터 메시지를 수거하여 고객에게 전달
- 고객의 객실변경(room change) 때 새로운 객실의 안내 및 짐 운반
- delivery service : 외부로부터 들어온 선물 및 꽃 등을 고객에게 전달
- baggage keeping : 고객의 요청 시 baggage check slip을 발부하여 기록장에 기재하고 baggage를 보관한다.

2. 도어맨(Doorman)의 업무

호텔의 현관 바깥에서 가장 먼저 고객을 맞이하는 종사원으로 고객의 영접 및 영송에서부터 차량의 정리, 주차장 안내, 차량의 호출, 택시 수배와 간단한 안내 등의 업무를 맡고 있다. 무엇보다 절도있고 예의바른 태도와 미소를 잃지 않는 성실한 자세가 요구된다. 계절이나 시간에 관계없이 항상 외부에서 업무가 이루어진다는 특징이 있다.

도어맨의 주요 업무는 다음과 같다.

① 고객의 영접 및 전송업무
② 차량의 안내 및 통제업무
③ 호텔정문 앞의 정리 · 정돈
- 호텔정문 앞의 교통정리 및 경비
- 현관 주변의 정리업무
④ 호텔 구내의 각 시설물, 영업장, 영업시간 등의 안내
⑤ 호텔 주변 관공서, 공공건물 등에 대한 안내
⑥ 우천 시 고객의 우산을 보관, 관리 및 반환
⑦ 귀빈 출입 시 차량 및 보행인의 관리 등이다.

3. 컨시어지 업무

컨시어지(concierge)의 본래 사전적 의미는 '수위, 관리인'이라는 뜻으로 해석되고 있으나, 호텔에서는 '호텔의 외국인 접객원'으로 이해되고 있다. 호텔의 고객은 현지 사정에 익숙지 못한 경우가 많은데, 현지 사정을 몰라서 누군가의 도움을 받아야 할 경우 또는 어떤 문제가 발생한 경우에는 컨시어지를 통해 해결할 수 있다.

컨시어지의 업무는 호텔의 현관(lobby) 가까운 곳에 있으면서 고객을 위해 지하철 타는 방법을 가르쳐주거나, 레스토랑 예약 또는 관광지를 추천해 주기도 하고, 쇼핑센터를 안내해 주기도 하므로, 고객을 위해 여러 가지 정보와 지식을 습득해야 하고 외국어 실력도 충분히 겸비해야 한다. 컨시어지의 주요 업무는 다음과 같다.

① 퇴숙고객을 파악하여 다음 목적지에 대한 교통편 예약에 대하여 협조 여부 문의
② 고객정보 데이터베이스의 구축 및 제공
③ 각종 안내자료의 수집 및 안내업무 수행
④ VIP 고객의 영접과 영송업무를 벨맨을 대신하여 수행
⑤ 불평사항을 접수하여 해결하고 고객의 요구가 있을 때에는 통역업무를 제공한다.

4. 클로크 룸 담당자의 업무

클로크 룸(cloak room)은 투숙객 이외의 방문고객이나 식사고객, 연회 및 공연고객 등의 휴대품과 옷 등을 맡아두는 장소를 말한다. 오늘날 호텔의 규모가 대형화됨에 따라 다양한 부대시설이 설치되고, 그 이용객 또한 나날이 늘어나면서 중요성이 높아지고 있다. 중요한 연회행사를 비롯하여 결혼식 등이 호텔에서 많이 이루어지므로 방문객들이 휴대하는 물품도 다양해지고, 또 일시에 많은 사람들이 한꺼번에 몰리기 때문에 물품의 접수 및 전달 시 클로크 룸 담당자의 깔끔하고 재빠른 일처리 능력이 요구된다.

5. 전화교환원(Telephone operator)의 업무

전화와 관련한 각종 업무를 취급하여 외부에서 호텔에 대해 각종 문의가 있을 경우 상세히 안내하는 역할을 주로 한다. 주요 업무는 다음과 같다.

① 국제전화 및 전보의 신청 · 접수 및 연결업무
② 모닝콜(morning call) 업무
③ 귀빈객실의 체크(VIP room list check) 업무
④ 단체명단 체크(group list check) : 프런트에서 단체명단을 받아 모닝 콜 및 식사시간, 장소, 메뉴 등을 안내한다.
⑤ 기타 업무 : 비상상황을 즉시 당직 지배인에게 통보한다.

Door Man　Room Clerk　Bell Man / Girl　C.R.O

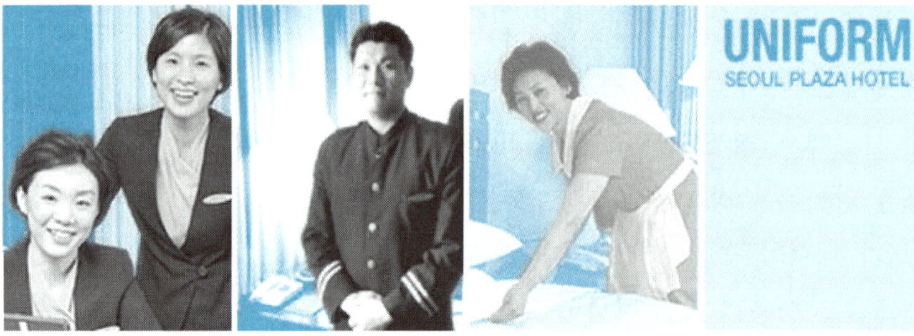

Customer Service Team　House Man　Room Maid

제3절 객실예약업무

I 객실예약의 의의

객실예약이란 고객과 호텔 간의 객실사용에 관한 약속을 의미한다. 호텔객실부서의 가장 중요한 업무는 고객이 객실예약을 원할 경우 이의 요구조건에 부합하는 최적의 객실을 제공하는 것이다.

컴퓨터 예약시스템이 도입되기 전에는 객실예약부서의 업무는 단순히 판매가능한 객실의 정보제공에 불과하고 예약을 받는 데 급급했지만, 컴퓨터시스템의 도입으로 객실판매에 대한 대부분의 권한이 객실예약실로 넘어갔다. 최근 인터넷과 국제적인 예약망의 도입과 확충, 인터넷의 보급과 발전 등으로 객실예약업무의 중요성은 더욱 커져가고 있다. 때문에 최근의 호텔들은 객실예약부서를 호텔 내 마케팅 또는 판촉부서에 귀속시키는 추세에 있다.

II 객실예약의 종류 및 접수

1. 예약의 종류

1) 개별예약(Single reservation)

개인예약이라고도 하는데, 이는 직접방문, 전화, FAX, 인터넷 등으로 접수가 되므로 고객의 숙박일자와 기간, 인원수, 숙박목적을 파악한 후 고객의 요구에 맞는 객실이 적절히 배정될 수 있도록 조치한다.

2) 단체예약(Group reservation)

단체예약은 일반적으로 20명 이상의 인원이나 10개 이상의 객실을 동시에 사용할 경우 이를 단체로 규정한다. 단체예약은 요금을 여행사가 지급할 수도 있고 개인 또는 일반단체나 회사가 지급하는 경우도 있기 때문에 예약을 접수할 때 지급관계를 분명히 해두어야 한다. 그리고 단체객들의 일정을 면밀히 분석 작성하여 관련부서 등에 각각 배포하여 식사준비나 객실정비 그리고 외부에서의 전화연락업무에 완벽한 서비스가 이루어질 수 있도록 해야 한다.

3) 에이전트예약(Agent reservation)

여행업체를 통해 이루어지는 예약을 말한다. 이 경우에는 개인예약도 가능하고 단체예약도 가능하다. 에이전트예약을 진행하는 여행업자에게는 보통의 경우 커미션(commission)이 지급된다.

4) 보증된 예약(Guaranteed reservation)

호텔은 일반적으로 고객이 지정한 날짜에 오지 않거나('no-show'라고 한다), 혹은 시간이 경과하여 늦게 도착할 경우 예약된 해당 객실을 판매할 수 없는 손해를 감수해야 하므로 보통 오후 6시까지 예약고객이 나타나지 않을 경우 예약 없이 찾아오는 고객에게 예약된 객실을 팔 수 있도록 규정하고 있다. guaranteed reservation이란 고객의 사정으로 인해 규정되어 있는 오후 6시 이후에 도착하더라도 예약된 객실을 다른 고객에게 판매하지 않고 확보해 두기로 하는 예약 즉 예약을 보장받을 수 있는 것을 말한다.

구분	내용
개별예약 (Single reservation)	직접방문, 전화, FAX, 인터넷 등으로 접수받은 예약
단체예약 (Group reservation)	20인 이상 또는 10개 이상의 객실을 동시에 사용할 경우 접수받은 예약
에이전트예약 (Agent reservation)	여행업체를 통해 이루어지는 예약
보증된 예약 (Guaranteed reservation)	밤늦게 오더라도 예약을 보장받을 수 있는 것 예약
패키지 예약 (package reservation)	비수기나 전체적인 호텔의 이미지 향상과 타 업장과 연계한 매출의 효과를 극대화하기 위한 패키지 상품 예약
초과예약 (over booking)	판매가능한 객실보다 초과하여 받는 예약

이를 위해 예약고객은 투숙하지 못하더라도 객실요금을 지급하기로 확실하게 계약을 체결해야 하는데, 보통 ① 신용카드의 카드번호와 유효기간 및 카드소지자의 성명 등을 사전에 확인해 주거나, ② 1일 객실비용을 사전에 보증금으로 지급함으로써 계약이 이루어진다.

호텔의 예약담당자는 고객으로부터 객실의 예약접수를 받을 때 항상 호텔의 예약취소규정(Cancellation Policy)에 대해 정확하게 알려주어야 한다.

5) 패키지 예약

호텔산업에 있어서 패키지(package)란 호텔마케터 또는 호텔상품 기획자가 주체가 되어 실시하는 판매촉진수단의 하나인데, 고객은 패키지를 통해서 숙박을 포함하여 식음료 및 편의시설을 즐길 수 있다. 일종의 '종합선물세트'인 패키지는 지급능력이 있는 불특정 다수를 대상으로 판매하는 호텔상품이다. 호텔은 계절별 비수기나 전체적인 호텔의 이미지 향상과 타 업장과 연계한 매출의 효과를 극대화하기 위하여 다양한 이벤트와 패키지를 내놓는다. 특히 객실예약에 있어서는 이러한 패키지의 특성과 장점을 고객에게 알리고 이에 대한 홍보역할을 하여야 하며 예약을 유치하는 데 힘을 쏟아야 한다.

6) 초과예약

초과예약(over booking)이란 판매가능한 객실보다 초과하여 예약을 받는 경우를 말한다. 즉 고객이 예약을 취소(cancellation)하거나 예약을 해놓고 연락도 없이 나타나지 않는 고객(no-show)이 있는 경우에, 이러한 예약취소에 대비해서 예약을 초과하여 받는 것을 의미한다. 초과예약은 취소고객과 노쇼고객에 대비한다는 점에서 장점은 있으나, 초과예약자를 흡수하지 못하면 호텔 측의 사과는 물론이거니와 객실예약을 하고 방문한 고객에게 객실을 제공하지 못하는 경우 비슷한 수준의 다른 호텔에 객실을 구해주어야 하는(turn-away service) 등의 큰 문제를 야기시키는 단점이 있다.

2. 예약의 접수

1) 예약경로

객실이란 상품은 타 제품과는 다르게 예약을 거치지 않고서는 판매가 불가능하다. 왜냐하면 일반제품의 경우 직접 그 제품을 보고 거래가 성사되지만, 호텔객실의 경우는 신용과 편리한 시설, 훌륭한 인적 서비스를 바탕으로 예약에 의해 판매가 이루어지며, 장기적이고 지속적인 영업운영을 위하여 정확한 예약업무처리가 필요한 것이다.

객실예약은 본인이 직접 호텔을 방문하여 하는 경우도 있으나, 대부분 제3의 매체를 통하여 하게 된다.

(1) Travel agent

외국 여행사로부터 예약이 접수되는 경우가 있는데 이는 보통 상호 계약에 의하여 이루어진다고 볼 수 있다. 국내의 여행사를 통한 계약에 있어서도 규모가 큰 여행사인 경우에는 호텔과의 계약에 의하여 고객에게 쿠폰(coupon)을 발행하여 요금을 징수한다. 이런 경우 예약카드에는 여행사 쿠폰에 의한 예약이라는 것을 기입하여야 한다. 여행사의 예약일 경우 여행업자에게는 수수료(commission)가 지급된다.

(2) Representative

이는 호텔대리인의 자격으로 공항이나 터미널 등 외국인 여행자나 관광객이 많이 왕래하는 곳에서 근무하며, 호텔 투숙객들을 위하여 객실상황에 관한 정보를 제공하면서 바로 그곳에서 예약을 접수하기도 한다. 이럴 경우 호텔대리인(representative)에게는 정해진 범위 내에서 고객에게 객실요금을 할인해 줄 수 있는 권한을 부여하게 된다. 고객과의 계약이 성사되면 호텔 리무진버스를 이용하여 고객들을 호텔로 안내하고 등록절차를 마치도록 도와준다.

(3) Overseas sales office

규모가 큰 호텔이나 체인망을 형성하고 있는 호텔에서는 잠재고객이 많은 곳이나 현재 많은 고객이 송출되는 외국의 도시에 해외 판매사무소를 설치 · 운영하기도 한다. 해외사무소(Overseas Sales Office)는 소수의 인원으로 운영되지만, 사무소가 위치한 지역은 물론 당해 국가의 여행객들에게는 자국에서 여행목적지의 정보도 얻고 호텔의 예약도 미리 할 수 있으므로 이용도가 높아지고 있다.

(4) Airline

항공사에서 항공편을 이용하는 고객의 편의를 위해 호텔의 예약을 대행해 주기도 한다. 처음에는 항공사 자체 승무원(crew)들의 숙박을 위해 시작되어 항공 스케줄상의 결항이나 지연으로 인한 승객들의 편의를 위해, 그리고 나아가 많은 비중을 차지하는 것은 아니지만 항공사 승객들을 위한 서비스의 일환으로 이루어지기도 한다.

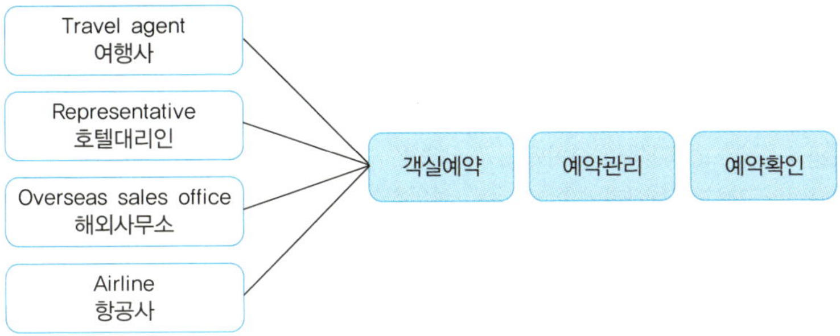

3. 예약의 관리

1) 접수절차 및 예약카드 기재사항

예약과 관련한 사항들은 예약카드에 기재하게 되는데, 이 예약카드에 기재할 내용들은 고객의 예약신청을 접수하는 과정에서 확인하고 기재해야 한다. 일반적으로 다음의 절차에 따라 기재하게 된다.

① 도착예정일(월일 및 요일, 시간 등)
② 출발예정일(월일 및 요일, 시간 등)
③ 객실의 종류(침대구조, 객실의 형태 및 위치 등)
④ 예약하는 방의 개수
⑤ 예약하는 투숙객의 인원수
⑥ 투숙객의 정확한 성명(철자까지 확인 요망)
⑦ 정확한 객실요금(요금의 화폐단위 및 할인 시의 할인율)
⑧ 예약자의 연락처 및 주소
⑨ 객실요금의 지급수체
⑩ 기타 특별한 주문사항 등

예약카드 필수 기재사항

① 투숙객명, 인원수, 국적	② 도착일 및 도착시간
③ 투숙객이 이용하는 교통수단명	④ 출발일
⑤ 희망객실의 종류, 객실수	⑥ 객실요금
⑦ 예약자명, 회사명, 연락처(전화, 주소)	⑧ 지불방법
⑨ 외국인의 경우 여권번호	⑩ 특별요청 등

그룹 예약의 종류

① 집회 / 회의

호텔 예약 직원과 회의 진행자와의 사이에 상호 정보 전달이 원활히 이루어져야 한다.

② 관광 단체

숙박, 교통, 식사 및 기타를 포함하여 예약하는 것이 일반적이다.

F.I.T. 예약 시 기재사항

① 고객의 이름
② 정확한 주소
③ 전화번호(지역번호 기재)
④ 휴양지 호텔(resort hotel)인 경우 일부 호텔에서는 어린이를 동반한 가족 예약 시에 동반 어린이의 수와 나이도 기재한다.
⑤ 예상도착시간
⑥ 어린이 침대나 특정 객실과 같은 요구사항을 기록한다.
⑦ 만약 고객이 직접 예약을 하지 않고 고객을 대신해서 다른 사람이 예약을 한다면 예약을 대신한 사람의 주소, 전화번호를 기재한다.
⑧ 필요한 정보(교통편, 항공기편)를 기재한다.

2) 예약의 확인

예약이 확정되었을 때에는 고객에게 예약확인서(Reservation Confirmation Slip)를 작성하여 직접 건네주거나 우편 및 메일을 이용하여 발송한다. 이 확인서는 예약접수 시 예약카드에 기재된 사항에 따라 작성되며, 고객이 체크인(check-in)할 때 제시한다.

예약이 오래전에 이루어졌을 경우에는 고객의 사정에 따라 변동사항이 생길 수도 있으므로 예약의 변경이나 취소에 대비하여 정기적으로 예약사항을 재차 확인할 필요가 있다. 이때, 확인과정에서 변동사항이 생기면 예약카드에 즉시 수정하여 관리해야 한다.

고객등록카드(Guest Registration Card)

Guest Registration Card

ROOM	NAME	RATE	RESV. ID		
GROUP	ADDRESS		ARRIVAL	ETA	
CLERK INITIAL				RATE	

REGISTRATION	ADULT	CHILDREN	RESV CLERK	RESV DATE
FOR SAFE KEEPING OF MONEY, JEWELRY AND OTHER VALUABLES INDIVIDUAL SAFE DEPOSIT BOXES ARE PROVIDED AT THE FRONT DESK AT NO CHARGE THE SHERATON INN-LANSING WILL NOT BE LIABLE FOR ANY ITEMS NOT SECURED IN THIS MANNER.	HOTEL	TYPE	NR-ROOM	NO.
GUEST'S SIGNATURE ______________	ROOM DESCRIPTION			
HOME ADDRESS	DEPOSIT			
CITY STATE ZIP				
DR LIC STATE	SPECIAL SERVICE			
DOB ________				
METHOD OF PAYMENT ☐ AMERICAN EXPRESS ☐ CASH ☐ DINERS CLUB ☐ CHECK ☐ CHARTE BLANCHE ☐ VISA ☐ MASTER CARD				

- 대부분의 호텔에서는 고객을 위해 주소나 이름, 회사명, 기타 부수적인 사항에 대하여 고객이 서명할 수 있는 등록카드를 사용하고 있다.
- 등록카드는 고객의 체류기간 동안 연장이나 고객에게 제공된 서비스 상품을 추적하기 위해서 일종의 고객이력 카드(guest history card)로써 활용되기도 한다.

제4절 프런트 데스크 업무

I 프런트 데스크의 의의

프런트 데스크(front desk)는 호텔의 투숙고객을 최초로 영접하고, 최후로 고객을 환송하는 곳으로 호텔의 얼굴이라 할 수 있다. 프런트 데스크에서 수행하는 업무 중에서 가장 중요한 기능은 호텔객실을 판매하는 업무이다.

이러한 업무를 수행하는 데 있어 프런트 데스크는 크게 룸 클럭(room clerk), 나이트 클럭(night clerk), 프런트 캐셔(front cashier), 인포메이션 클럭(information clerk), 메일 클럭(mail clerk) 등으로 구성된다.

룸 클럭(room clerk)	프런트 데스크에서 등록업무를 담당하는 직원을 프런트 클럭(front clerk)이라고도 함
나이트 클럭(night clerk)	야간에 현관업무를 취급하는 사무원(근무시간은 보통 저녁 10시부터 다음날 오전 7시)
프런트 캐셔(front cashier)	고객을 위해 여러 가지 정보와 문제를 해결해주는 업무
인포메이션 클럭(information clerk)	호텔이용객들의 귀중품을 맡아주는 업무
메일 클럭(mail clerk)	우편물을 고객에게 전달 · 보관 · 운송하는 업무

II 룸 클럭의 업무

1. 고객의 영접 및 예약 확인

프런트 데스크에서 등록업무를 담당하는 직원을 프런트 클럭(front clerk) 또는 룸 클럭(room clerk)이라고 한다.

고객이 호텔에 도착해서 벨맨에 의해 프런트 데스크로 안내되어 오면 룸 클럭은 친절하게 손님을 맞이하고 가장 먼저 고객이 사전에 객실예약을 했는지 확인해야 하며, 예약고객일 경우 컴퓨터에 고객의 성명이나 예약번호를 입력하여 예약을 확인한다.

재방문 고객에게는 고객의 호텔 이용내역을 참조하면서 우리 호텔을 이용하는 데 대하여 고객에게 진심 어린 감사의 인사를 드린다. 또 예약을 하지 않고 도착하는 고객(walk-in guest)일 경우에는 판매가능한 잔여객실을 확인한 후에 투숙가능 여부와 요금을 안내하여 객실을 판매하도록 한다.

2. 등록카드 작성

예약카드에 의해서 도착한 고객의 예약이 확인되면 고객에게 등록카드에 소정사항을 기재하도록 한다. 이를 레지스트레이션(registration)이라 한다. 레지스트레이션 카드는 숙박카드라고도 하며, 그 접수방법은 대체로 손님이 도착하기 전에 예약카드 내용을 참고하여 룸 클럭(room clerk)이 고객이 기재하여야 할 것과 서명란만 남겨두고 사전에 작성하여 두거나, 예약클럭(reservation clerk)이 손님의 예약접수 이후에 작성하여 두는 경우가 있다. 이는 항상 호텔을 찾는 단골고객이거나, VIP, Group 등에세 시간을 절약하게 하고 편리함을 제공하기 위해서이다.

등록카드를 작성할 때에는 정확성을 기해야 하고 고객의 특별요청 시 지급방법과 요금제도의 적용에 세심한 주의를 하여야 한다.

3. 객실배정과 Rooming card 작성

객실배정(room assignment)이란 개개의 예약에 대하여 객실을 할당하는 것을 말하는데, 객실배정의 결정은 등록과 병행하여야 한다. 고객이 등록카드(Registration Card)에 기재하고 있는 동안 룸 클럭은 예약카드의 기재사항에 의거하여 당일의 공실(空室)상황을 나타내는 Stock Card(객실번호, 객실타입, 요금, 객실내용이 기재되어 있다)를 꺼내서 방배정을 하게 된다.

등록(registration)이 끝나고 방 배정이 끝나면 룸 클럭은 기다리고 있는 벨맨을 불러서 Room No.를 알리고 방의 키를 내준다. 고객에게는 Guest Card를 건네주고 Room No.를 알려준다.

4. Turn-away service

고객이 호텔에 도착했을 때 객실이 없다는 소리를 듣는 것처럼 당황스러운 일은 없을 것이다. 그러나 이러한 상황은 호텔의 입장에서는 불가피하다. 왜냐하면 호텔의 평균 no-show 및 cancel이 일정 비율로 일어나기 때문에 호텔입장에서는 그 호텔의 매출을 최대화하기 위해 초과예약을 받기 때문이다. 이때 초과예약이 예상 도착고객과 일치하지 않을 경우에는 turn-away가 발생하게 된다.

이러한 경우에 호텔 측에서는 비슷한 수준의 다른 호텔의 객실을 최대한 확보하고 있어야 turn-away 상황에 대처할 수 있다.

5. Group check-in

현관의 혼잡을 피하기 위해 될 수 있는 대로 빨리 객실로 안내함으로써 일반고객에게 지장이 없도록 해야 한다.

Group(단체객)이 도착하기 하루 전에 룸 클럭은 예약클럭(reservation clerk)이 보관하고 있는 예약단체 명단 즉 단체명, 인원, 숙박객실의 타입, 숙박기관과 여행사명 등이 기입된 단체숙박명부에 의하여 고객명과 객실번호 등을 Registration Card와 Guest Card에 알파벳 순서로 리스트를 기입하고 key를 준비하여 둔다.

Group(단체객)이 도착하면 사인만을 받고 객실로 안내한다. 단체손님이 도착하기 전에 명단을 알파벳순으로 작성하여 사전에 관계부서에 배포하여야 한다.

6. 객실변경(Room change)

고객이 도착한 후 사용 중인 객실을 다른 객실로 변경하는 것을 room change라고 한다. 숙박하는 객실이 동료나 이웃객실과 나란히 있고 싶다거나, 방이 너무 크거나 작을 때, 값싼 객실로 바꾸고 싶을 때, 조용한 방을 원할 때, 객실의 방향을 바꿀 때, TV가 고장났을 때 등의 사정으로 고객이 원해서 객실변경을 하는 경우와 호텔 측의 사정으로 객실을 변경하는 경우가 있다.

고객의 희망에 부응할 수 있는 경우에는 change slip을 사용하여 room change의 수속을 밟는다. 이 change slip은 arrival slip의 배포처와 현관회계에 배포한다. 프런트에서 컴퓨터로 객실변경을 시키면 관계부서에 change slip을 배부하지 않아도 된다.

7. Check-out

숙박한 고객이 숙박요금을 정산하고 객실을 비우는 것을 체크아웃(check-out)이라고 한다. 체크아웃 업무는 투숙객이 정산하는 프런트 캐셔(front cashier)의 업무로부터 시작된다. 출발하는 손님의 계산서를 정확하게 작성하고 숙박요금을 계산해 받는다.

회사지급의 경우에는 계산서(bill)에 사인을 받는다.

① check-out을 끝낸 투숙객의 등록카드는 프런트 캐셔가 체크아웃의 날짜와 시간을 찍어서 등록카드 및 열쇠와 함께 프런트에 반납한다.
② 룸랙(room rack)에서 arrival slip을 꺼내서 'out'의 도장을 찍고 정리해 둔다.
③ 등록카드를 알파벳순으로 정리한다.
④ key를 키 박스에 넣어 둔다.

arrival slip을 꺼내서 out의 고무인을 찍음과 동시에 indicator를 check-out으로 바꾸고 관계되는 각 부서에 체크아웃을 연락한다. 컴퓨터로 현관회계에서 고객의 계산완료 후 체크아웃을 시키게 되면 자동적으로 공실이 된다.

보통 체크아웃 타임(check-out time)은 정오 12시를 기준으로 한다. 체크아웃 타임이 지났는데도 객실을 비우지 않고 이용하는 손님에게는 추가요금을 청구하게 된다. 일반적으로 3시간 초과에 객실요금의 3분의 1, 6시간 초과에 객실요금의 2분의 1을 청구한다.

8. Group check-out

일반적으로 단체의 check-in은 별도의 desk를 설치하여야 하지만, check-out은 프런트 데스크에서 하게 된다. 또한 단체손님은 일반적으로 일정한 스케줄에 따라서 집단으로 움직이므로 체크아웃도 일괄처리한다. 단체손님이 체크아웃할 때에는 사전에 캐셔(cashier)와 연락하여 개인적으로 계산할 내역이 있는 고객의 지급을 받도록 한다. 단체손님의 명단 배포처에 단체손님의 체크아웃을 통보하고 룸 키가 모두 회수되었는지를 체크한다. 고객들의 등록카드를 단체명단과 대조하고 룸랙(room rack)에서 어라이벌 슬립(arrival slip)을 꺼내서 정리한다.

9. Room key의 관리

room key의 관리는 고객의 신변과 안정을 위해 대단히 중요하다. 룸 키가 고객에게 전달될 때에는 반드시 투숙객 본인인지를 확인해야 한다.

가끔 룸 키를 다음과 같은 경우에 재발급한다.

① 룸 키의 분실

② 객실에 룸 키를 두고 나오는 경우

③ 투숙 연장으로 key의 유효기간을 연장해야 하는 경우

이때에도 반드시 고객의 신분을 확인해야 한다. 고객의 신분을 확인하지 않아서 일어나는 사고(도난, 고객신변)에 대해서는 호텔이 책임을 져야 한다.

10. 귀중품 보관

호텔에 투숙한 고객에게는 소지한 물품 중에 귀중품이 있기 마련이며, 귀중품을 맡길 때에는 front cashier로 맡기게 된다.

귀중품을 맡을 때에는 반드시 확인하고 보관증을 발행해야 한다. 만일 고객이 보관증을 맡기지 않고 귀중품을 분실하였을 경우 호텔은 책임지지 않는다.

호텔에는 안전금고가 있어 금고 안에 고객의 귀중품을 보관하는데, 이때에는 다음을 기록받는다.

① 고객의 객실번호

② 고객의 주소 : 분실하거나 금고를 close하지 않은 경우를 대비

③ 고객 서명 : 투숙 중 금고를 열 때 본인 여부 확인을 위해 필요

Ⅲ 나이트 클럭의 업무

1. 나이트 클럭의 의의

나이트 클럭(night clerk)은 야간에 현관업무를 취급하는 사무원을 말한다. 다시 말해 나이트 클럭은 야간(대부분의 호텔에서 나이트 클럭의 근무시간은 저녁 10시부터 다음날 오전 7시까지로 하고 있다)에 프런트 오피스의 모든 업무(room clerk, mail clerk, information clerk)를 담당함과 동시에 주간 근무조로부터 인계받은 미결된 업무를 정리 마감하여 최종적으로 확인

하고, 객실영업보고서를 작성하며 다음날의 업무를 위한 준비를 하는 것을 주된 임무로 한다.

2. 나이트 클럭의 업무

나이트 클럭의 업무내용은 다음과 같다.

① 각 영업부서의 영업시간 종료 후 영업장의 열쇠를 받아 보관한다.

② 객실의 열쇠를 점검한다(key inventory).

③ 자정시간이 지나도 아무런 연락이 없는 미도착 예약손님은 미도착(no- show)으로 처리한다. no-show된 것을 객실영업일보에 기록하여 Registration Card에 no-show인(印)을 찍는다.

④ 나이트 클럭은 일일보고서를 작성한다. 이것은 그날의 근무가 끝난 후에 작성하며 내용은 객실매상에 관한 명세이다.

⑤ morning call의 접수 : 호텔에 투숙한 손님으로부터 아침 이른시간에 깨워달라는 부탁을 받고 오퍼레이터(operator)가 약속한 시간에 전화벨을 울려 손님을 깨우는 것을 말한다.

⑥ 데일리 룸 리포트(Daily Room Report) : 이는 객실매상에 대한 명세로서 객실부문의 영업현황을 상부 경영층에 보고하는 중요한 자료이다. daily room report에는 객실의 이용현황, 숙박객의 분석, 객실매출현황 등을 기재하여 상부에 보고한다. 이 보고서에는 당일의 숙박실적을 과거의 실적과 비교할 수 있게 전월, 전년 당월 등의 데이터도 기입한다. 또한 이 보고서는 현관사무실 관리지침의 토대가 되는 매우 중요한 데이디가 되기도 한다.

Daily Room Report에 기록해야 할 주요 항목은 다음과 같다.

① room occupancy(사용객실 수) 및 객실이용률

② number of guest(객실이용객 수) 및 정원가동률

③ room revenue(객실매출액 및 객실매출률)

④ average per room occupied(1실당 평균객실매출액)

⑤ average per guest(손님 1인당 평균객실매출액)

이러한 여러 항목의 기록은 당월분만이 아니고, 당월의 누계 및 전월 동일의 누계와 전년 동월 동일의 누계도 기록되어 과거의 실적과 비교 · 검토할 수 있게 되었다.

위에서 열거한 주요 항목 이외에 ① 객실 타입별 · 요금별 객실이용 분석, ② 내국인고객 및 외국인고객의 각 인원과 이용실 수, ③ 단체의 인원, 사용일수, 매출액, 국적, 체재기간 등, ④ 당일예약 수, ⑤ walk-in, cancel, no-show의 수, ⑥ 당일의 도착객 수와 출발객 수, ⑦ 익일의 예약객실 수 등이 이 보고서에 기재된다.

Ⅳ 프런트 캐셔

1. 프런트 캐셔의 의의

프런트 캐셔(front cashier)란 숙박객이 지급하는 객실료 · 식음료 등의 요금계산을 징수하는 직원을 말한다. 손님이 등록카드로 등록을 마치면 현관회계에서는 bill(계산서)이 생기게 되고 등록카드에 의해서 bill(guest folio)이 작성된다.

호텔 내의 커피숍, 레스토랑, 룸서비스, 이 · 미용실 등 여러 영업장에서 숙박객이 이용하고 bill(계산서)에 객실번호와 사인(서명)을 하면 이것을 전부 모아서 프런트 캐셔(현관회계)로 보내진다. 프런트 캐셔는 각 계산서를 집계해서 숙박객 레저(ledger)와 외부손님 레저로 구분하여 다시 계산등록기에 항목별로 총계하여 청구서를 작성하게 된다.

check-out할 때 고객은 투숙기간 중 발생한 모든 bill에 대하여 프런트 캐셔에게 지급하게 된다. 고객이 투숙하는 동안 제공되는 모든 서비스가 중요하지만, 특히 check-out은 모든 투숙기간의 마무리이기 때문에 더욱더 중요한 것이다. 체크아웃이란 마지막 단계에서 시간이 지연되거나 계산상의 오류가 발생하여 고객의 체크아웃이 지연되어 고객이 불편을 느낀다면 그 많은 노력이 헛수고가 되어버리기 때문이다.

2. 프런트 캐셔의 업무

프런트 캐셔는 객실이용객에 대한 현금수납의 회계업무와 외화의 교환업무(money exchange)를 하고 있다. 그리고 객실이용객의 희망에 따라 귀중품 보관 및 관리업무도 행한다. 그 업무내용은 다음과 같다.

1) Bill(guest folio)의 작성

고객이 호텔에 도착하면 예약 여부를 확인하고 숙박카드에 필요사항을 기재한다. 이렇게 하여 투숙절차가 끝나면 고객을 객실로 안내하고 레코드 클럭은 숙박카드를 기본으로 하여 고객의 원장을 발행한다.

이 원장을 빌(bill)관리대장이라고 하며 bill의 번호, 사용일, 객실번호, 성명, 인원수, 실료, 도착시간 등이 기입된다. bill은 3매 발행되는데 청구서, 영수증, 호텔용 대장 등의 목적으로 이용된다.

프런트 캐셔는 회부된 bill에 객실료, 서비스료, 세금, 그 외 각종 요금을 기입해 넣고 이용객이 체크아웃할 때 이것을 정산하게 된다. 각종 요금에는 음식물비, 세탁비, 전화비, 전보요금 등이 있고 해당 업장에 bill(전표)을 넘겨받는다. 프런트 캐셔는 그 전표에 기재된 이용객명, 사인 및 객실번호와 금액을 확인하고 이용고객의 bill에 요금을 넣어야 한다.

그리고 이용고객이 체크아웃할 때 bill을 정산하는 방법에는 현금 지급과 외상의 두 가지 방법이 있다.

현금 지급의 경우는 현금수령으로 일이 끝나지만, 신용카드 소유자가 체크아웃하여 정산할 때에는 그 카드의 유효 여부를 확인하여야 한다.

기타 외상에 대해서는 호텔경영층에서 외상을 승인하는지를 확인한 뒤에 처리하여야 하는데, bill에 이용객의 연락처 및 전화번호, 지급담당자의 소속과 직책 그리고 외상손님의 사인을 받도록 한다.

2) Money exchange(환전업무)

외화는 여러 나라의 현금 및 각종 여행자수표가 포함되며 환율(rate)에 근거하여 환전하여 지급하여야 한다. 환율은 매일 아침 거래은행에 문의하여 그날의 환율을 표시판에 게시한다.

이 환전업무는 단순하지만 무엇보다 현물거래이기 때문에 세심한 주의가 필요하다.

환전담당자는 업무가 끝나면 교환한 외국통화를 통화별, 현금, 여행자수표로 집계하고 exchange report에 정리하여 기입하고, 외국통화 매입의뢰서와 외국통화를 함께 출납과에 제출한다.

3) 귀중품 보관

호텔에 투숙한 고객들 중에는 소지한 물품 중에 귀중품이 있기 마련이며, 이 귀중품을 맡길 때에는 프런트 캐셔에 맡기게 된다. 귀중품을 보관할 때에는 반드시 확인하고 보관증을 발행하여야 한다. 만일 고객이 귀중품을 맡기지 않고 호텔 내에서 분실하였을 경우 호텔 측에서는 책임을 지지 않는다.

귀중품을 취급하는 방법으로는 2가지를 많이 이용하는데, 규모가 작은 호텔에서는 보통 귀중품 자루를 사용하여 보관하는 방법을 택하고 있으며, 규모가 큰 호텔에서는 대부분 안전금고(safety box)를 이용하고 있다. 그러나 오늘날 규모가 큰 일부 호텔에서는 안전금고는 물론 호텔객실의 옷장 안에 개인용 안전금고를 설치하여 고객의 귀중품 보관에 최대한의 배려를 하고 있다.

3. 프런트 캐셔가 취급하는 매상항목

프런트 캐셔의 매상항목은 헤아릴 수 없이 많겠으나, 다음 몇 가지로 크게 나뉘고 있다.

① 객실료(room charge)와 식음료(restaurant, bar charge)
② 호텔 세탁실(laundry & dry cleaning)
③ 전화요금(telephone charge)
④ 매점(drug store)과 잡수익(sundry, miscellaneous charge)
⑤ 입회금(paid out)

이외에도 자동차, 사우나, 풀장, 마사지 등이 있다.

4. 퇴숙 시(check-out)의 지급방식

구분	내용
현금계산	현금지급원칙, 수표, 여행자수표 확인
외상거래	개인거래 : 신원 파악, 책임자 승인
	회사거래 : 계약되어 있는 회사(후불)
	신용카드 : 널리 보편화됨
	여행사 회계 : 고객 바우처 여행사 비용 청구
	항공사 회계 : 승무원 체류비 후불결제

1) 현금계산

호텔에서의 요금계산은 현금지급을 원칙으로 한다. 개인수표 특히 고액권과 여행자수표(traveller's check) 등은 조회나 확인을 거쳐서 취급하여야 한다. 외화의 계산은 환율에 따라 지정된 외화에 한한다.

2) 외상거래

(1) 개인거래

어떤 특정인에 대한 거래로서 우선 신원을 파악하고 책임자의 승인을 받은 다음 처리하는 것이 좋다.

(2) 회사거래

계약이 되어 있는 회사의 경우에는 호텔 여신과의 계약체결 시에 지급에 대한 약관이 있기 때문에 후불거래를 승인할 수 있다. 담당자와의 확인만 있으면 후불거래가 성사된다.

계약이 없는 경우는 일정한 양식을 작성하여 호텔 여신과로 넘겨 신용확인절차를 거친 후 승인이 되면 후불거래가 성사된다.

(3) 신용카드(Credit card)

오늘날 신용카드는 널리 보급되어 그 취급이 보편화되고 있으며 호텔 자체에서 발행되는 경우도 있는데, 이것은 고객의 고정화와 판매전략 등을 목적으로 한다. 대개의 경우 은행이나 회사가 발행하고 있는 credit card를 많이 이용하고 있다.

신용카드로 계산을 받을 때에는 유효연월일, 카드 소지자의 서명, 카드번호, 제한금액 등을 확인하고, 담당자는 소지자명, 번호, 일자, 유효연월일을 찍고 charge form에 카드회사 이름을 기입한다. 금액란에는 고객의 청구액을 사인을 받아 3매를 발행하는데, 즉 소지자의 영수증, 발행회사, 호텔보관용으로 구분된다.

(4) 여행사 회계(Travel agent A/C)

호텔과 계약이 있는 여행사는 호텔에서 발행한 바우처(voucher)를 가지고 체크인(check-in)하도록 되어 있고, front cashier는 바우처에 상세한 내용을 기록하여 여신과로 넘기고, 여신과는 그 기록을 근거로 여행사에 비용을 청구한다.

(5) 항공사 회계(Air line A/C)

각 호텔은 항공사들과의 계약에 따라서 숙박요금과 식사요금이 결정되고 이를 근거로 하여 후불청구를 하게 되는 회계를 말하는데, 항공사가 호텔을 사용하는 경우는 크게 승무원들의 체류와 비행기 기체결함이나 기상변화에 의한 비행불능 시 layover라는 상황이 발생하게 된다.

5. 나이트 오디터(Night auditor)

호텔이라는 곳은 24시간 계속해서 영업을 하므로 당일의 영업일보를 밤늦게 작성하여야 한다. night auditor는 대략 밤 11시경부터 당일의 영업을 마감 결산해야 한다. 보통 식당부문과 객실부문으로 나누어서 결산 집계한다. 야간감사자의 직무는 매우 중요하기 때문에 야간 매니저라고도 한다.

1) 식음료 Night auditing

이미 발행된 식당과 연회의 bill은 checking list에 번호순으로 기입하여 수입감사원에게 제출한다. 여기서 잘못된 점을 발견할 때에는 각종 보고서를 작성하고 다시 일보를 작성하여 수입감사원에게 제출하여야 한다.

2) 현관회계의 Night auditing

현관회계 중에서 야간에 업무를 보는 사람을 night auditor라고 한다. 그가 체크할 것은 다음과 같다.

① 숙박계산의 감사
② 각 부문의 매출감사, 각 식당부문의 매출감사
③ 현금과 외상의 bill에 대한 감사

V 인포메이션 클럭의 업무

1. 인포메이션 서비스의 중요성

인포메이션 클럭의 업무는 프런트 오피스의 주요한 업무의 하나로 정보의 제공과 접수라는 서비스가 주된 업무가 된다.

인포메이션 서비스(information service)는 호텔의 내외부 안내 및 교통, 관광안내 서비스도 담당하며, 객실고객에게 전달된 메시지를 처리하고 각종 우편물 등의 우체국업무도 담당한다. 이러한 업무를 담당하는 직원을 인포메이션 클럭(information clerk)이라고 한다.

2. 인포메이션 클럭의 업무범위

1) 호텔 내의 안내

인포메이션 클럭은 주로 다음과 같은 안내를 한다. 즉 ① 식당, 연회장, 바, 토산품점 등의 안내, ② 회의, 연회, 전시장 등의 행사장소, ③ 호텔에서 제공하는 서비스와 그 제공시간 및 요금 등이다.

인포메이션 클럭은 각 업장의 영업시간과 여러 가지 행사에 대해서도 잘 알아야 한다. 고객의 질문에는 항상 정확한 대답을 해야 한다.

2) 시내의 안내

시내의 교통관계, 문화 · 예술공간, 명소, 고적, 스포츠센터, 축제 등에 관한 상세한 정보를 가지고 있어야 한다. 각종 안내책자도 준비하도록 한다. 여러 관광관련 장소의 소재지, 전화번호, 영업시간 등을 파악하고 있어서 고객의 물음에 신속히 대처하도록 한다.

항공시간표, 철도와 시외버스 시간표, 시내 안내도 등도 준비하도록 한다. 시내의 지리, 관광, 행사, 교통편의 안내와 예약대행의 업무를 city information이라 한다.

3) 여행에 대한 안내

내국인, 외국인 관광객을 막론하고 호텔을 기점으로 여행하는 손님이 많기 때문에 그 지방의 관광지와 이용할 수 있는 교통기관을 설명할 수 있어야 한다. 또한 항공편 및 열차편에 대한 정보와 각 여행사들에 대한 정보도 구비하고 있도록 한다.

4) 메시지(Message)

고객이 의뢰하는 메시지에는 숙박하고 있는 손님의 것과 외부손님의 것이 있다.

숙박손님이 예상방문객이나 전화를 걸어올 손님 앞으로 남기는 메시지에는 일정한 양식이 사용되고 있다. 이때 메시지는 숙박하고 있는 손님 자신이 직접 기입하는 것이 통례이다. 그렇지만 클럭에게 손님이 메시지를 구두로 전할 경우에는 상대손님의 성명을 정확히 슬립에 기입하고 접수한 시간도 찍어 둔다. 이 메시지는 고객의 키박스(key box)에 한눈으로 알 수 있도록 넣어 둔다.

숙박하고 있는 손님 앞으로의 메시지에는 메시지 슬립을 사용하도록 한다. 찾아온 손님 자신이 직접 메시지를 슬립에 기입한다.

전화로 메시지의 의뢰를 받은 경우는 메시지 클럭이 필요한 사항 또는 메시지를 슬립에 기입한다. 이때 접수시간 또는 클럭의 이니셜 등의 기입도 잊지 말아야 한다.

숙박손님에게 전달되는 메시지 슬립은 슬립용 봉투에 넣어서 key box에 넣고 메시지 램프를 켠다.

램프시설 없는 호텔에서는 메시지 슬립을 2통 작성하여 한 통은 벨맨으로 하여금 객실에 넣어두도록 하고 다른 한 통은 key box에 넣어 둔다.

Ⅵ 메일 클럭의 업무

1. 메일 클럭의 의의

고객들에게 온 우편이나 전화 및 문서와 고객으로부터 의뢰된 전보, 우편, 소포의 발신 · 발송, 배달된 전보, 우편의 접수 · 분류 · 보관전달업무를 취급하는 종사원을 메일 클럭(mail clerk)이라 부른다. 호텔에 따라서는 인포메이션 클럭(information clerk)이 겸직하는 경우도 있지만, 대부분의 대규모 호텔에는 메일 클럭이 있어서 고객들에게 온 통신 및 우편물을 해당 고객들이 신속하게 받아 볼 수 있도록 돕고 있다. 비즈니스를 목적으로 호텔을 이용하는 고객들이 늘어나면서 생겨난 직업이라고 할 수 있다.

2. 메일 클럭의 업무내용

1) 우편물의 처리

우편물은 매일 배달되고 있다. 우편물 취급자인 메일 클럭은 우편물을 받으면 즉시 투숙하고 있는 손님 앞으로 온 것과 회사 내의 우편물을 따로따로 분류하여 놓는다. 투숙객의 우편물은 접수부에 기재하여 놓고 날짜와 시간을 타임 스탬프(time stamp)로 찍어 표시해야 한다.

등기우편 및 소포, 외국소포와 전보를 수령할 때에는 배달원이 갖고 있는 증명서에 프런트의 수령인으로 날인하여 보낸다.

(1) 보통우편물의 처리

손님 앞으로 온 우편물은 네임 랙(name rack)이나 컴퓨터에서 객실번호를 조사하여 해당되는 우편물에 연필 등으로 객실번호를 기입하고 키 박스(key box)에 넣어 메시지 램프를 켜놓는다. 이때 객실에 손님이 재실하고 있으면 즉시 배달하여 주는 것이 좋다.

당일도착 예정자의 우편물인 경우 알파벳 순으로 정리하여 예약카드나 등록카드와 같이 파일로 정리하여 보관한다.

해당고객의 부재 시 우편물은 네임 랙이나 예약카드를 조사하여 해당되는 손님이 없을 경우에는 도착예정자의 주소가 조사 · 확인되면 그 기록에 따라 전송용 카드를 첨부하여 배달원에게 넘겨주든지 벨맨으로 하여금 우편함에 넣도록 한다. 그러나 이렇게 하여도 해결이 어려운 부재자의 우편물은 부재용 메일 랙(mail rack)에 알파벳 순으로 보관하여 메일 네임 랙을 처리한다. 부재 중의 우편물은 약 2주 보관 처리하며 2주 후에 고객에게 발송한다.

(2) 특수우편물의 처리

당일 예약객의 전보나 서류는 룸 클럭에 의뢰하지 않고 해당객에 대해서 특종 우편물이 와 있다는 표지(Mail Notice Card)를 룸 클럭에 넘긴다. 이들 룸 클럭은 예약카드나 등록카드와 같이 각각 파일에 두었다가 고객이 체크인(check-in)함과 동시에 메일 클럭에 연결하여 해당 우편물을 고객에게 인도한다. 이 경우 딜리버리 슬립(delivery slip)에 고객의 서명을 받는다.

투숙 중인 고객일 경우 객실에 손님의 유무를 전화로 확인하고 벨맨으로 하여금 배달하게 하고 딜리버리 슬립에 역시 서명을 받는다. 투숙객이 외출했을 때에는 특정 우편물에 슬립을 첨부하여 캐비닛에 넣어 보관한다. 키 박스에 메일 노티스(mail notice)를 작성하여 넣어 둔다.

2) 숙박객의 우편물 발송

숙박객의 우편물을 발송하고자 할 때에는 될 수 있는 대로 비싼 우표를 붙이는 방법을 권하고 요금을 받도록 한다. 고객으로부터 우편물을 접수할 때에는 항공우편(air mail) 또는 선박우편(sea mail)인지 또는 보통, 속달, 혹은 인쇄물, 소포 등을 확인하고 정확히 취급하도록 한다. 소포물이나 서류의 발송은 특히 포장을 잘하도록 하고 우송료, 포장비, 관세 등을 받는다.

제5절 기타 업무

I 전화교환업무

1. 전화서비스의 중요성

전화교환실은 호텔조직에서 매우 중요한 부서의 하나로 외부세계와 호텔을 연결하는 기능을 갖고 있다. 통신수단으로 정보나 자료를 전달하는 통신매개체로서의 기능(communication link)과 회사 내의 모든 정보, 특히 직원들의 성명이나 직책 등을 기억하고 제공할 수 있는 안내센터(information center)로서의 기능, 그리고 친절하고 훌륭한 서비스를 제공함으로써 고객들에게 좋은 이미지를 제공하는 홍보(public relation)기능까지도 포함하고 있다. 흔히 교환업무나 교환원을 평범하고 누구나 할 수 있는 쉬운 직책으로 생각함은 잘못이며, 교환실은 맡은바 그 역할이 매우 긴요하고 호텔의 영업활동에 영향을 끼친다고 할 수 있다.

2. 교환원의 근무자세

① 모든 전화는 친절하게, 공손하게, 예의바르게 받아야 한다.

② 고객이 원하는 곳에 정확히 연결되도록 하여야 한다.

③ 상대방과 감정적인 언쟁을 피해야 한다.
④ 고객에게 실례되는 말씨를 삼가며, 표준어를 사용해야 한다.
⑤ 고객이 알아듣기 어려운 전문용어 등의 사용을 피해야 한다.
⑥ 고객의 모닝콜 서비스에 대해서는 추호의 실수도 하지 않도록 주의해야 한다.
⑦ 국내의 장거리 전화 및 국제전화 등 특히 많은 요금과 시간이 소요되는 전화는 정확히 연결해 주어야 하며, 요금 및 통화시간을 알려주고 기재를 철저히 하여야 한다.
⑧ 호텔 내에 긴급한 비상사태나 재난발생 시 관계부서에 긴급히 연락해야 하고, 안내방송 등으로 대피와 진압에 최선을 다해야 한다.

3. 교환원의 업무

① 국제전화 및 전보의 신청 · 접수 및 연결업무
② 모닝콜(morning call) 업무
③ 귀빈객실의 체크(VIP room list check) 업무
④ 단체명단 체크(group list check) : 프런트에서 단체명단을 받아 모닝 콜 및 식사시간, 장소, 메뉴 등을 안내한다.
⑤ 기타 업무 : 비상상황을 즉시 당직 지배인에게 통보한다.

Ⅱ 비즈니스센터 업무

1. 비즈니스센터의 의의

비즈니스센터(business center)는 비즈니스맨(business-man)을 위해 컴퓨터(computer), 팩스(fax), 복사기와 같은 사무기기와 비즈니스 업무에 숙련된 직원을 배치하여 이용객이 호텔 내에서 비즈니스 업무를 원활히 수행할 수 있도록 도움을 주는 곳이다. 또한 비즈니스센터는 소규모 회의나 호텔 투숙객이 업무와 관련한 상담을 하는 상담장소로도 제공되며, 특히 비즈니스를 위한 비서업무나 통역, 기타 비즈니스를 위한 각종 업무를 보조하기도 하는 곳이다.

2. 비즈니스센터의 업무

비즈니스센터는 객실 투숙객이나 혹은 호텔시설을 이용하는 상용고객에게 타이핑이나 복사, 그리고 번역업무를 지원한다. 따라서 비즈니스센터의 담당직원은 컴퓨터와 외국어에 능통하여야 한다. 또한 고객이 통역을 원할 때에는 외국어에 능통한 직원이 지원을 하거나 전문통역원 혹은 전문통역회사를 알선해 주는 역할까지도 해야 한다.

그리고 호텔 투숙객의 간단한 수하물을 전달해 주는 서비스(courier service)도 비즈니스센터의 중요한 업무 중의 하나이다. 따라서 택배회사(courier company)와의 연계체계를 구축해야 하며, 항공예약이나 간단한 사무용품(video cassette recorder, portable head project, word processor 등)을 구비하여 대여하는 업무도 수행해야 한다. 즉 비즈니스센터 내에서 비즈니스업무를 수행하는 데 전혀 손색이 없도록 인적 · 물적 자원을 준비하여 서비스하는 것이 비즈니스센터의 업무라고 할 수 있다.

제6절 이그제큐티브 클럽

I 이그제큐티브 클럽의 의의

이그제큐티브 클럽(executive club)은 regency club, executive salon, grand club, 혹은 towers, executive floor 등의 다양한 이름으로 불리지만 그 의미는 VIP 고객만을 위한 전용 객실층을 말한다. 1960년대 자동차 도시로 유명한 미국의 디트로이트에서 주로 사업상의 목적으로 여행하는 투숙객들이 호텔 내에서도 실질적인 업무를 볼 수 있도록 각 호텔마다 각종 첨단기기 및 설비를 갖추고 서비스를 실시하면서 처음 시작되었다. 그러나 세계적인 추세로 발전한 것은 1980년대 세계 경제성장이 호조를 띠면서 세계적인 규모의 chain hotel이 생겨나기 시작하면서부터라고 할 수 있다.

이 이그제큐티브 클럽(executive club)은 차별화된 서비스를 바탕으로 '호텔 내의 작은 호텔(a small hotel within a hotel)'의 개념으로 보통 1~2개 층을 지정하여 운영되고 있으며, 이곳을 출입하기 위해서는 따로 허용되는 열쇠를 지녀야 한다. 우리나라에서는 대부분의 5성급(특1등급) 호텔과 일부 4성급(특2등급) 호텔[23]에서 운영하고 있는데, 호텔의 매출과 관련한 효과보다는 이미지 제고에 더 큰 의미를 두고 있다.

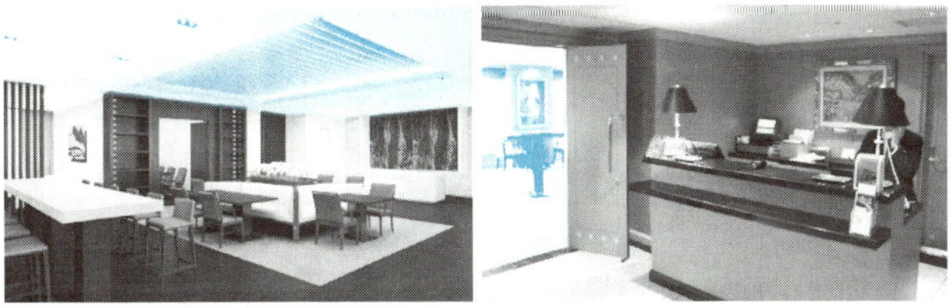

23) 개정된 「관광진흥법」은 호텔업의 등급을 5성급, 4성급, 3성급, 2성급 및 1성급으로 구분하고 있다(동법 시행령 제22조 제2항 <개정 2014.11.28..>). 종전에는 호텔등급을 무궁화표시 등급체계인 특1등급, 특2등급, 1등급, 2등급, 3등급으로 구분해 오던 것을 2015년부터 국제적으로 통용되는 별(星) 등급체계로 정비함으로써, 외국인 관광객들이 호텔을 선택함에 있어서 편의를 도모하고자 한 것이다.

Ⅱ 이그제큐티브 클럽의 서비스

이그제큐티브 클럽(executive club)에는 다음과 같은 일반고객들에게는 지원되지 않는 새로운 서비스가 제공된다.

1. 특별한 room의 배정

소음이나 전망 등을 고려하여 고층(high floor)의 방을 배정받는다. 그리고 객실에는 일반객실과는 다른 고급의 비품이나 소모품이 비치되며, 간단한 회의나 업무를 볼 수 있도록 소파 세트(sofa set)나 테이블의 형태도 다양하게 준비되어 있다.

2. Executive club lounge의 이용

휴식 및 식사를 할 수 있는 라운지가 따로 마련되어 있는데, 차나 기타 음료, 칵테일 등이 무료로 제공되며, 정기간행물, 전문 잡지, 소규모의 책자 및 비디오테이프 등이 비치되어 있다.

3. Business conference room의 이용

10명 내외의 소규모 인원이 회의를 할 수 있는 소규모 회의실이 마련되어 있어 업무와 관련하여 무료로 이용할 수 있다. 이 회의실에는 회의에 필요한 TV, VTR, Slide, Beam project, Speaker telephone, White board 등의 기기들이 갖추어져 있다.

4. 사무용 기기의 이용

Fax와 복사기, 초고속 인터넷이 가능한 컴퓨터 등의 사무용 기기들도 무료로 제공된다.

5. Limousine service

보통 공항이나 철도역 등에서 호텔까지 이동하는데 있어서의 편의가 제공된다.

6. 기타 서비스

이외에도 다림질, 사우나, 수영장, 헬스클럽 등을 이용할 수 있으며, 각종 차와 음료 등도 무료로 제공받는 특권을 누린다.

Ⅲ 이그제큐티브 클럽 이용고객의 특성

위에서 살펴본 바와 같은 다양한 서비스가 제공되는 이그제큐티브 클럽(executive club)을 이용하는 고객의 대부분은 주로 업무차 이용하는 비즈니스가 목적이다. 이러한 이용고객들의 특성은

① F.I.T.(foreign independent tourist), 즉 외국의 개별여행객이다.
② 구매력이 높고 수요가 비탄력적이다.
③ 관리직이나 전문직 종사자들이다.
④ 일반 관광객에 비해 까다로운 성향을 가지고 있다.
⑤ 여행비용은 회사에서 지급된다.
⑥ 재투숙률이 높다는 점 등으로 요약할 수 있다.

Ⅳ 이그제큐티브 클럽의 조직 및 업무내용

비교적 까다로운 성향을 지닌 이그제큐티브 클럽(executive club) 이용고객들의 욕구를 충족시키기 위해 각 호텔에서는 다양한 전문인력을 구성하여 이들의 요구에 걸맞은 서비스를 제공하고 있다.

1. Receptionist(service agent)

예약 시 컴퓨터에 입력된 고객의 신상에 관한 사전정보를 기초로 하여 체크인(check-in) 및 체크아웃(check-out) 과정을 보다 신속히 처리하며, 고객의 편의를 위해 예약의 확인업무, 각종 정보의 제공 및 일정표의 작성, Fax의 수발 및 서류의 복사 등과 같은 업무 외에도 특별한 경우 통역을 포함한 비서업무를 대행한다.

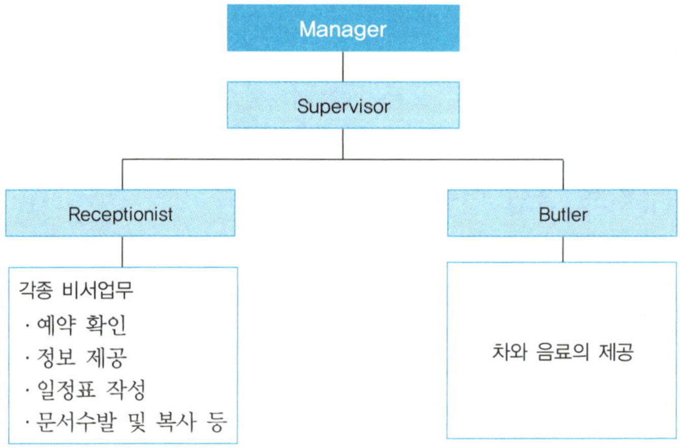

[그림 4-4] Executive Club의 조직도

2. Butler

'집사'라는 뜻으로 고객이 요구하는 차와 음료를 제공하는 업무를 맡는다.

CHAPTER

5

하우스키핑

제1절 하우스키핑의 이해

Ⅰ 하우스키핑의 의의

하우스키핑(housekeeping)이란 원래 가사, 가정, 가계 등의 뜻으로 집을 수리하고 관리하는 것을 의미하지만, 호텔사업과 관련해서는 객실의 관리 및 객실부문과 관련한 서비스 전반을 포함하는 개념으로 사용되고 있으며, 그 중요성이 높아짐에 따라 호텔의 옥상에서부터 지하실까지를 포함하는 호텔 전체의 청결유지 및 안전을 관리한다는 개념으로 폭넓게 사용되고 있다. 나아가 오늘날에는 호텔뿐만 아니라 병원 및 학교, 아파트 등과 같은 많은 인원이 이용하는 대규모 건물의 시설유지, 수리 및 관리, 안전과 청결상태를 유지 · 관리하는 일을 지칭하는 의미로도 쓰이고 있다.

호텔산업을 제조업에 비유할 때, 프런트 오피스(front office)부문이 호텔산업의 상품인 객실을 판매하는 곳이라면, 하우스키핑부서는 호텔산업의 상품인 객실을 생산하는 곳이라고 할 수 있겠다.

결론적으로 하우스키핑의 주된 임무로는 객실에서 고객이 편히 쉴 수 있도록 청소는 물론, 침구의 정리, 가구 및 소모품의 조달 · 배치가 있어야겠고, 손님의 안전관리와 재산의 보호가 있어야 할 것이다. 추가로 상품을 판매하여 수익을 올릴 수 있는 미니 바(mini-bar)의 중요성도 부각되고 있는 것이 현실이다.

Ⅱ 하우스키핑부서의 중요성

1. 호텔자산의 관리

호텔기업은 자본금의 80~90%를 고정자산이 차지하고 있다. 이 고정자산을 이루는 요소가 호텔의 건물을 비롯한 내부설비이다. 그러므로 호텔의 객실을 비롯한 내·외부 공간을 청결하게 유지하고 시설물을 관리하는 부서로서 하우스키핑(housekeeping)의 중요성이 새로이 인식되고 있다. 보통 대규모 호텔에서 이 부문의 책임자인 하우스키퍼(house keeper)가 부지배인(assistant mana- ger)과 동격의 지위를 갖는 것도 이러한 이유에서이다.

2. 호텔 운영경비의 절감

호텔의 운영경비는 고객의 증감에 관계없이 일정한 비용이 꾸준히 지출되는 고정경비(fixed expenses)와 고객의 증감에 따라 그 지출도 함께 증감하는 변동경비(variable expenses)로 나눌 수 있다. 고정경비에는 인건비나 광열비 등이 포함되며, 변동경비에는 재료비 등이 포함된다. 일반기업과 마찬가지로 호텔의 경영목표도 당연히 이익의 극대화인데, 이러한 목표의 달성은 판매의 극대화를 통하거나 지출되는 비용을 극소화함으로써 가능하다. 따라서 객실을 비롯한 호텔 내의 모든 비품 및 설비의 관리를 책임지고 있는 하우스키핑 부서가 큰 몫을 하고 있다.

3. 호텔상품의 생산과 창조

앞에서도 언급했듯이 호텔의 80~90%가 고정자산이고, 그 고정자산을 주요한 상품으로 하여 영업활동을 하고 있는 호텔의 특성상 새로운 상품의 생산은 불가능하다. 하지만 지속적인 객실 및 기타 설비의 점검 및 청소와 관리를 통한 하우스키핑 부서의 역할은 기존의 제품이 새로운 효용을 가지고 새로운 고객에게 만족을 줄 수 있도록 상품을 재생산한다고 볼 수 있다. 즉 고객의 체크아웃(check-out)과 함께 객실이라는 효용가치가 떨어진 제품을 다시 새로운 상품으로 창조하는 부서가 하우스키핑인 것이다.

4. 호텔수익의 증대

위에서 살펴본 호텔의 자산을 관리하고, 호텔의 운영경비를 절감하는 일이 비용지출을 줄이는 측면에서 살펴본 내용이라면 호텔상품의 생산과 창조는 호텔에 있어서 간접적인 수익의 증대를 가져온다고 하겠다.

호텔 객실의 청결유지와 관리는 결과적으로 객실판매와 객실점유율에 영향을 가져와 호텔의 수익증대로 연결된다. 객실은 호텔의 판매상품의 중심을 이루는 요소이며 가장 중요한 수입원이므로 이러한 수입원을 청결하게 관리하고 유지하는 부서로서 하우스키핑의 역할이 중요하게 평가받는 것이다.

Ⅲ 하우스키핑부서의 주요 업무

위에서 살펴본 바와 같이 중요한 의미를 지닌 하우스키핑부서의 주요한 업무는 다음과 같다.

1. 호텔 전역의 청결유지

객실뿐만 아니라 레스토랑, 연회장, 현관, 복도, 로비, 화장실, 주방 등과 같은 공공지역(public area)에서 호텔 외부에 이르기까지 호텔 전역을 청결하게 유지한다. 따라서 하우스키퍼(housekeeper)라는 전문 관리인의 책임 아래 효율적으로 관리하여야 한다.

2. 보수를 요하는 사항의 신속 처리

프런트 오피스(front office)가 객실상품을 판매하는 곳이라면 하우스키핑(housekeeping)은 상품을 재생산하는 곳이다. 기물이나 설비가 파손되었거나 고장이 나서 사용이 불가능한 객실이 있다면 신속하고도 완벽하게 정비되어야 상품으로서의 가치를 지닌다고 할 수 있다. 객실의 청소와 세심한 관리로 투숙객이 편안하게 휴식을 취할 수 있도록 재판매를 위한 제반적인 사항을 취하는 것도 하우스키핑부서의 중요한 업무 중 하나이다.

3. 조명기구의 청결유지 및 적당한 조도관리

객실의 전반적인 조명은 객실분위기를 좌우한다고 할 수 있다. 따라서 전체조명과 부분조명 설비를 갖추어 고급스럽고도 편안한 분위기를 조성하여 고객의 수요에 부응할 수 있도록 하는 것도 하우스키핑의 한 역할이다.

4. 고객 안전을 위한 방해물 제거

사고는 자그마한 원인이 불씨가 되어 일어나는 경우가 대부분이다. 완벽한 시설과 철저한 정비, 그리고 지속적인 점검 등으로 사고를 미연에 방지하는 것이 가장 중요하다. 작은 사고라도 인명의 피해, 정신적 피해, 재산상의 피해가 따르게 되고 이것은 다시 호텔 전체의 부정적인 이미지를 가져오므로 고객안전을 위해 위험요소나 방해물이 발견되면 즉시 제거해야 한다.

5. 적정 수량의 리넨 및 소모품 보충

리넨(linen)류, 유니폼(uniform), 청소용품, 고객용품 등은 항상 적정 수량을 확보하여 고객의 요구에 즉각적으로 서비스할 수 있도록 해야 한다. 특히 리넨(linen)류는 사용 중인 것과 사용 후 세탁 중인 것, 그리고 예비분을 포함하여 최소한 3회전 분량을 준비해야 하며, 비상시를 대비하여 4~5회전 분량을 확보해 두는 것이 바람직하다.

6. 습득물의 보관 및 처리

객실에 물건을 빠뜨리고 체크아웃(check-out)하는 고객들이 있을 수 있다. 객실을 정리할 때에는 침대, 옷장, 서랍 등 고객이 물건을 넣어 둘 만한 곳을 샅샅이 살펴서 습득물이 나오면 고객이 찾아갈 수 있도록 호텔의 규칙에 따라 사후 관리하여야 한다. 습득물의 정확한 회수 또한 고객의 만족도를 높임으로써 호텔의 이미지 제고에도 큰 몫을 할 수 있다.

Ⅳ 하우스키핑의 근무수칙

1. 평상시의 근무수칙

1) 용모 및 복장

① 호텔 유니폼실에서 세탁되고 수선된 유니폼을 착용한다.

② 두발은 청결하고 가지런히 손질해야 한다.

③ 화려한 화장은 피하고 아이섀도, 진한 립스틱은 피한다.

④ 짙은 향기의 향수는 사용을 금한다.

⑤ 결혼반지, 약혼반지, 손목시계 이외의 장신구나 보석류는 착용을 금한다.
⑥ 신발은 안전과 편안함을 위하여 굽이 낮은 것을 착용한다.
⑦ 구두는 깨끗이 윤이 나게 하며, 발끝이 막힌 것을 신는다.
⑧ 명찰은 정해진 위치에 달아야 한다.
⑨ 손톱은 짧고 깨끗이 다듬어야 하며, 매니큐어는 화려하지 않은 색을 사용한다.

2) 태 도

① 손님과 마주치면 가벼운 미소를 띠고 인사한다.
② 손님이 말을 걸지 않는 한 필요없는 말은 걸지 않는다.
③ 손님과 스쳐 지나갈 때에는 가볍게 고개를 숙이며 인사한다.
④ 인사는 반드시 멈춰서서 한다.
⑤ 손님과 대화할 때에는 신체부위(얼굴, 머리 등)를 만지지 않는다.

3) 정 숙

① 서비스 구역(station)에서는 큰 소리를 삼가고 웃거나 노래를 부르지 않는다.
② 객실 및 복도에서 작업 중일 때에는 업무와 관련없는 대화는 삼가며, 근무 시에는 동료 간에도 공손한 말을 쓰도록 한다. 객실층 어디에 손님이 있을지 모르며, 난폭한 언어는 손님에게 불쾌감을 주게 된다.
③ 객실청소 중 라디오, TV 점검 시 음량을 필요 이상으로 크게 하지 않는다.

4) 비밀 엄수

① 고객의 프라이버시에 관한 일은 일절 외부에 누설하지 않는다.
② 고객의 허락 없이 어떤 외래객도 객실에 들여보내면 안된다.
③ 체재 고객의 성함 등을 이유 없이 외부에 누설하여서는 안된다.
④ Door open request 시에 요구객실의 실제 투숙객인지를 확인하여 이상이 없을 경우에 열어준다.

5) 비상구, 소화전의 위치 확인

① 비상구, 소화기, 소화전 등의 위치를 숙지한다.
② 소화기 취급요령을 지킨다.
③ 비상시 자기가 맡은 역할을 충실히 이행한다.

6) 직장 내 에티켓

① 직장 내의 규율을 지켜 동료 간의 인화를 도모한다.

② 출퇴근시간 및 식사, 휴식시간을 잘 지킨다.

③ 공동으로 사용하는 물건은 서로 소중하게 취급하고 제자리에 둔다.

2. 근무 시의 근무수칙

1) 입실 및 퇴실

① 입실 시에는 반드시 노크를 하고, 허가를 받아 입실한다. door의 노크는 가볍게 2~3회 천천히 두드리며, 3~4초를 기다린다. door를 천천히 여는 것은 Door chain을 하고 있을 경우가 있으므로, 갑자기 열면 손님을 놀라게 하거나 쉬고 있는 손님을 방해할 우려가 있기 때문이다.

② Do not disturb card가 도어 핸들에 걸려 있을 경우에는 입실하지 않는다.

③ 퇴실할 경우 문이 있는 데서 손님을 향해 가볍게 인사한 후 복도에 나가 조용히 문을 닫고 떠난다.

④ Make up card가 노어 핸들에 걸려 있는 것을 발견하면 우선순위로 청소한다.

2) 전 화

① Floor station에 전화가 울리면 곧 받는다. 손님으로부터의 전화인 경우, 말씨에 신경을 쓰고 복잡한 용건이면 메모를 한다.

② 객실 청소 중, 객실에 전화가 울리더라도 전화를 받으면 안된다.

③ 객실의 전화를 사용하여 외부에 전화하면 안된다.

3) 열쇠 취급

Master key나 Pass key는 엄중하게 취급하여야 한다. key를 받을 때에는 시간과 이름을 반드시 기록장부에 기입한다.

4) 부재 손님에 대한 내방객의 처리

① 손님의 지인, 친구라고 하더라도 손님 부재 시 입실시켜서는 안되며, 상사나 프런트에 보고한다.

② 손님의 지인, 친구라 하더라도 체재객의 지시가 없는 경우 손님의 짐을 실외로 반출

하면 안된다.

5) 호텔 관계자의 입실

객실에 일이 있어서 입실허가를 받은 자(bellman, room service, waiter, laundry service 등)의 요청으로 객실을 열 경우에는 소정의 기록부에 입실자의 성명, 입실목적 및 입실시간 등을 기입한다.

6) 객실 내에서의 주의사항

① 객실 내 화장실을 사용하면 안된다.

② 점검 이외에는 TV, 라디오를 시청하면 안된다.

③ 객실 내에서 흡연하거나 신문 · 잡지 등을 읽어서는 안된다.

④ 객실 내에서 옷을 갈아입으면 안된다.

⑤ 체재객실 청소의 경우에도 손님의 짐에는 되도록이면 접촉하지 않는다.

3. Floor station 정비

호텔의 객실층에는 각 층에 floor station이 있다. 이 floor station에는 객실의 관리나 서비스를 행하기 위한 각종 도구류, 집기류 등이 설비되어 있고, 또한 linen 등을 보관한 창고가 있으며 냉장고 등이 설치되어 있다.

① 정기적으로 floor station 내부를 청소한다.

② linen 창고에 보관되어 있는 리넨류는 종류별로 분리해서 정리해 둔다. 리넨류는 고객의 피부에 접촉되는 것이므로 보관창고는 항상 청결하게 유지해야 한다.

③ 고객용 소모품류는 소정의 장소에 정리해 놓아야 하며, 이러한 물건을 개인용도로 사용해서는 안된다.

④ maid cart에 실린 물건은 잘 정리해 놓는다.

⑤ maid cart나 wagon 등을 취급할 때 벽면이나 도어에 부딪히지 않도록 주의한다.

4. 하우스키퍼(Housekeeper)에게 보고할 사항

① 고객이 아프다고 말했을 때, 또는 고객이 고열의 환자이거나 심한 복통 등 병에 걸려 있는 것이 확인되었을 때

② 체재객의 객실에 흉기나 마취제 등 위험물질이라고 생각되는 소지품이 발견되었을 때

③ 소란스러운 고객, 또는 객실 내에서 노름을 할 경우

④ single 예약 또는 혼자서 등록한 객실에 2인이 숙박했을 경우

⑤ 숙박객이 체재 중인데도 짐이 없거나 또는 짐이 적은 경우

⑥ 체재객이 숙박하지 않은 경우(no sleep)

⑦ 외래객의 출입이 많은 경우

⑧ 객실의 설비, 집기, 비품, 벽면 등에 파손 또는 고장 등을 발견했을 경우

⑨ 객실이 가구나 비품 등을 사전연락 없이 무단으로 구조를 변경하였을 경우

⑩ 복도에서 이상한 사람을 발견했을 경우

V 하우스키핑부서의 조직 및 업무내용

1. 하우스키핑부서의 조직

객실을 정비하는 하우스키핑의 업무는 그 특성상 눈에 보이지 않으며, 작업내용 또한 간단한 것처럼 보여 안이하게 판단하기 쉽다. 그러나 객실의 정비가 없이는 호텔상품의 판매란 있을 수 없다. 객실의 정비업무가 원만하게 수행되어야 품격높은 서비스가 제공될 수 있는 것이다.

하우스키핑부서는 호텔 내에서도 타 부서에 비해 많은 인원이 배치되어 있는데 이는 조직적인 작업수행과정에서 담당자의 업무능력을 극대화함으로써 객실상품의 생산효과를 높일 수 있기 때문이다. 이처럼 체계적인 객실정비를 위해서는 과학적이고 합리적인 조직을 구성해야 할 것이다.

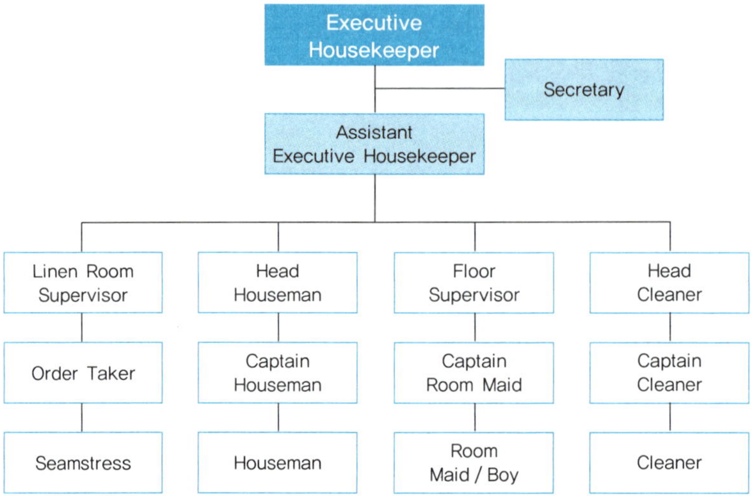

[그림 5-1] Housekeeping부서의 조직도

2. 하우스키핑 구성원의 업무내용

1) 객실정비과장(Executive housekeeper)

고객과 종사원의 안전과 쾌적한 환경의 조성 및 유지를 위해 객실을 비롯한 각 지역의 청결관리와 이를 능률적으로 실현하기 위해 부서 내의 업무와 관련한 계획과 감독 및 조정하는 역할을 한다. 각 객실의 가구 및 시설과 장비들을 점검하고 관리하는 부서의 업무가 호텔의 경비를 절감함으로써 동시에 고객에 대한 서비스의 질과 생산성을 높인다는 부서업무의 중요성을 직원들에게 주지시킴으로써 업무효율을 높이기 위해 노력한다.

그 구체적인 주요 업무를 요약하면 다음과 같다.

① 직원의 면접, 채용, 배치 등 작업인원의 관리

② 모든 직종의 지속적인 훈련계획의 수립 및 진행(방화, 도난, 산재 등과 관련한 안전교육, 위생교육, 서비스 교육 등)

③ 근무 스케줄(schedule)의 작성 및 조정

④ 고객용 소모품, 비품 비치 및 적정량 유지

⑤ 리넨, 유니폼, 기타 물품의 심사와 기록 유지

⑥ 리넨류 재고조사 및 저장수준 유지에 관한 감독

⑦ VIP, long term guest에 대한 우대(treatment) 지시 및 감독

⑧ 고객의 불평 및 요구사항 파악
⑨ 호텔 전 지역의 청결유지와 감독
⑩ 분실물(lost & found)의 보관 및 의뢰품 관리
⑪ 외주업자의 관리
⑫ 연간 예산계획 수립 등

2) 객실정비 대리(Assistant executive housekeeper)

부서 내의 업무진행과 정책수립을 위해 하우스키핑 업무를 계획하고 조직 · 감독하며, 부하직원을 훈련 · 상담 · 감독 · 지시한다. 하우스키핑과 관련한 모든 업무에서 객실정비과장(executive housekeeper)을 보좌하고 부재 시 업무를 대행한다. 따라서 반드시 부서 내의 모든 업무에 능통하여야 한다. 주요 업무내용을 요약하면 다음과 같다.

① 부서 운영상 관련되는 문제를 책임지고, 변동사항은 사전에 executive와 상의한다.
② 직원 퇴근 전에 분담된 업무의 완료상태를 확인한다.
③ 예정된 투숙률에 의거하여 인력을 조정한다.
④ 모든 객실, 공공지역 및 비영업지역을 점검한다.
⑤ 모든 열쇠, 업무배정과 특수업무 지시
⑥ 모든 VIP 객실의 점검
⑦ housekeeping 창고와 고객용품, 청소용품 등의 통제와 관리 등

3) 층 감독(Floor supervisor, inspector)

Inspector는 executive housekeeper의 업무지시를 받아 배치된 층의 room maid와 houseman을 지시 · 감독한다. 해당 층의 모든 객실, 복도, 서비스지역, 리넨룸의 청결을 유지 · 관리하고 담당직원의 업무수행태도, 진행현황, 복장, 용모 등을 관리 · 감독한다.

주요 업무내용은 다음과 같다.

① 객실과 회의 참석 후 지시 및 전달사항 이행
② room maid의 작업을 지시하고 감독
③ 배정된 층의 모든 객실, 복도, 서비스지역, 리넨룸의 청결과 분실물 유무 점검(분실물이 있을 경우, 보고 및 정리 · 인계함)
④ 리넨실을 점검하고 모든 공급품의 구입 여부를 확인하고, 필요한 것을 부서 내의

창고에서 수령하여 보충

⑤ maid cart를 점검하여 정돈상태, 적정량 적재여부 확인

⑥ room maid가 housekeeping의 지시된 청소요령을 따르고 있는지 확인 및 지시

⑦ 고객의 불평(complain)을 처리, 보고

⑧ 세탁을 요하는 커튼, 카펫, 가구 등 기타 특별청소를 요하는 모든 사항의 점검, 보고

⑨ room maid와 함께 VIP 객실을 준비

⑩ 특수업무를 층 하우스맨(floor houseman)에게 배정

⑪ 발생 가능한 모든 비정상적인 일들의 재점검

⑫ 층에서 사용되는 key를 하우스키핑 사무실에 수령 · 배분 및 관리 · 감독

4) 룸메이드(Room maid)

룸메이드 즉 객실정비원은 하우스맨의 도움을 받고 룸 인스펙터(room ins- pector)의 지시에 따라 객실 및 욕실의 청소와 침대꾸미기, 고객의 세탁물 수거 및 전달, 객실의 정리 · 정돈, 소모품서비스 등의 업무를 수행한다. 글자 그대로 룸메이드는 여자의 직종으로서 대개 35세에서 40세까지의 여자로 구성되는 것이 바람직하며, 건강하고 정직한 사람이어야 하겠다. 보통 룸메이드의 작업량을 1일 8시간을 기준으로 할 때 객실 12실 내지 14실 정도가 가장 합리적인 배정일 것으로 생각된다.

룸메이드의 주요 업무는 다음과 같다.

① 업무배정과 함께 열쇠를 받아 배치된 지역을 정비

② 지시된 방법에 따라 업무수행을 위한 공급품을 카트에 적재

③ 알고 있는 객실 현황과 상이한 점을 발견했을 경우 inspector에게 보고

④ 규정된 방법으로 모든 습득물을 신고, 제출

⑤ 리넨실의 청결유지 및 관리

⑥ 객실 내의 보수나 수선을 요하는 일들을 inspector에게 보고

⑦ 객실 청소 완료 시마다 보고서 작성

⑧ executive housekeeper나 inspector가 지시하는 업무의 수행 등

5) 오더테이커(Order taker)

housekeeping의 전반적인 업무진행상 마치 중추신경과도 같이 긴요한 역할을 담당하며, 부서운영 전반에 큰 영향을 미칠 수 있는 업무를 맡는다.

유선통신을 매개로 다양하게 접수되는 모든 정보의 적정 처리와 부서 주사무실에 위치하여 부서운영상 전반 업무의 연락담당자로서의 역할을 수행한다. 수시로 변하는 우선처리업무의 순서를 판단해 가면서 업무를 효율적이고 신속하게, 그러면서도 누락된 사항이 없이 정확하게 전달하고 확인함으로써 모든 영업지역에서 원활한 서비스가 이루어지도록 노력한다.

주요 업무는 다음과 같다.

(1) 마스터 키(Master key)의 관리

① 각 층의 마스터 키는 출퇴근 시에 층 감독(inspector)에게 지급 · 회수한다.

② 공공지역의 열쇠 관리는 청소관리상 혹은 긴급한 개폐를 요할 때 담당자의 서명으로 지급 · 회수한다.

(2) 고객의 요구 및 문의사항 응답

① housekeeping service 의뢰에 응대한다.

② 호텔의 외부 혹은 외국으로부터의 분실물 문의에 응대한다.

③ 고객 세탁 및 다림질(pressing) 의뢰에 응대한다.

(3) Front와의 업무 협조

① 하루 3회 객실 현황보고서(room status report)를 작성하여 넘겨줌으로써 업무진행에 협조한다.

② 프런트로부터 긴급히 요구되는 객실이 통보되면 해당 층으로 연락하여 우선적으로 준비되도록 한다.

③ Extra bed, Room change, Early check-in, Room show, Day use, VIP room assignment와 Compliment order 등을 통보받는 대로 해당 층 관련부서로 통보해 줌으로써 원활한 서비스가 이루어지도록 협조한다.

④ 미니 바(mini-bar) 점검 의뢰, 객실 현황의 차이점 확인업무로 신속한 재확인과 결과 통보가 이루어지도록 협력한다.

⑤ 객실에 보수요인이 발생하여 판매가 불가능하게 되었을 때(out of order), 서면통보와 컴퓨터 입력으로 보수 진행이나 판매상에 지장이 발생하지 않도록 조정 · 확인한다.

(4) 교환의 Wake up call 지원

고객이 교환의 wake up call service에 응하지 않아 현장의 협력을 의뢰해 오면 해당 층에 연락하여 업무에 협력하게 한다.

(5) 시설부와의 업무협조

① 긴급을 요하는 시설보수는 유선으로 해당 부서로 통보하여 긴급조치를 의뢰한다.

② 시일을 요하는 시설보수는 executive housekeeper에게 알리고 서면으로 보수내용과 보수기간을 프런트에 통보한다.

(6) 업무보고서의 작성

당일의 층별 보고서를 종합 · 정리하여 당일의 부서 업무보고서를 작성한다.

(7) 습득물 신고접수 및 반환업무

① 객실, 복도, 혹은 공공지역에서 습득되는 모든 물품의 습득보고서를 접수하고 누가, 언제, 어디서, 무엇을 습득하였는지 그 내용을 분실물(lost & found) 대장에 기록한다.

② 분실자에 관한 정보가 확인되는 즉시 연락하여 찾아가도록 조치한다.

③ 반환되지 않은 습득물은 등록번호와 지정 꼬리표를 부착한 후 보관함에 수납하고 보관 조치한다.

6) Room boy

Order Taker를 보조하여 모든 고객서비스의 신속을 기하며, 서비스 용품의 제공 및 각종 서비스를 담당한다.

① 객실 현황보고서를 프런트로 전달

② 프런트나 벨 데스크로 접수된 세탁물을 인수

③ VIP 객실의 imprint 작업
④ 간이침대 혹은 추가 침대 요구 시 침대 꾸미기
⑤ room maid업무의 폭주 시 지원
⑥ 객실의 mini-bar 점검
⑦ 청소원, 점검원의 보고서 처리, 사무실 정리 및 진공청소작업 실시

7) 리넨 클럭(Linen clerk)

호텔의 모든 객실을 비롯하여 각 영업장에서 끊임없이 나오는 더럽혀진 리넨류를 취합하여 이를 세탁소로 내보내고 아울러 세탁된 리넨류를 필요한 부서에 할당 · 분배하여 호텔제품의 완성과 더불어 판매기능에 이바지하는 것이 리넨룸의 기능이다.

또한 리넨룸은 사실상 하우스키퍼의 사령탑인 동시에 뇌의 구성을 맡고 있다는 특징이 있다. 호텔의 규모가 작든 크든 예외없이 대부분의 호텔은 리넨룸이 하우스키핑의 센터가 되고 있다. 다양한 직무의 모든 정보와 지시가 모두 이곳에 집중되고 또한 나가는 현상을 보인다.

리넨 클럭의 주요 업무내용은 다음과 같다.

① 리넨류의 정리 및 청소
② 세탁물의 집계 및 확인
③ 구매과를 통한 물품의 청구 및 수령
④ 폐품의 반납
⑤ 파손 및 못 쓰게 된 리넨류를 파악하여 보고처리
⑥ 보급품의 접수 및 배부
⑦ 비품, 리넨류, 소모품을 장표에 기록 · 정리
⑧ 월말 결산보고
⑨ 재고품의 정리 · 정돈
⑩ 각종 리넨류 및 소모품의 적정수 유지 · 관리
⑪ 각종 목록의 작성
⑫ 리넨류의 수거
⑬ 리넨과 소모품의 사용량 및 수량과 금액을 산출양식에 의거 객실관리 지배인에게 보고

8) 라운드리 클럭(Laundry Clerk)

호텔에서 사용되는 모든 리넨류와 종사원의 유니폼 등을 세탁하여 항상 깨끗하고 위생적인 상태를 유지케 함으로써 고객에게 최상급의 서비스가 이루어지도록 하는 업무를 맡고 있다. 아울러 고객으로부터 의뢰받은 세탁물을 고객이 원하는 시간까지 깨끗이 세탁하여 인도함으로써 여행지에서 고객이 직접 세탁을 해야 하는 번거로움을 덜어주는 편의를 제공한다. 그 주요 업무를 요약하면 다음과 같다.

① 세탁업무를 담당 · 처리한다.
② 세탁물 수급현황을 유지한다.
③ 세탁물에 관한 bill을 작성 · 발행한다.
④ 세탁기 등을 관리한다.

9) 하우스맨(Houseman)

하우스맨은 호텔의 성격과 규모에 따라 주어진 직무의 내용이 다르다. 그리고 직무의 성격과 더불어 이에 붙여지는 직명도 여러 가지가 있다. 즉 객실 · 로비 · 연회실에 종사하는 하우스맨, 집기의 손질과 운반을 전담하는 하우스맨, 청소를 맡은 하우스맨, 유리 · 도어 · 커튼 등의 손질을 주된 임무로 하는 하우스맨 등 건물 전체의 구석구석 손질을 보는 데 따라 그 명칭도 다양하다.

한마디로 이야기할 때 보통 여자가 감당하기에는 힘든 일이나 궂은 일들을 이 하우스맨이 전담하거나 보조적으로 처리해 가는 것이다. 룸메이드(room maid)가 여성의 직종인데 비해 남성으로 객실의 관리에 체력을 필요로 하는 일, 즉 무거운 시트(sheet)묶음을 옮기는 일, 침대를 이동하는 일, 높은 곳의 창문을 청소하는 일 등에 이르기까지 주로 체력을 필요로 하는 일들을 하우스맨이 전담한다.

하우스맨의 주요 업무는 다음과 같다.

① 리넨류 및 보급품의 체크
② 더럽혀진 리넨류의 수집
③ 폐품의 수거 및 간단한 보수작업
④ 힘든 작업에 있어서 메이드의 업무보조
⑤ 건물의 청소
⑥ 복도, 홀, 계단 등의 청소
⑦ 복도의 화분관리
⑧ 새로운 리넨류의 공급
⑨ 쓰레기 운반
⑩ 각종 객실 청소장비의 관리 등

제2절 객실의 정비

I 객실정비의 의의

객실정비는 고객이 사용한 객실(판매된 상품)을 거의 원상태에 가깝도록 청소·관리하고 파손된 부분은 수리하며, 필요한 물품은 보충함으로써 새로운 고객에게 판매가 가능하도록 만드는 일종의 재생산활동이라고 할 수 있다. 호텔상품의 근간을 이루는 것이 객실이므로 이러한 객실정비 업무는 보이지 않는 곳에서 이루어지는 가장 치열한 생산활동이라고 할 것이다.

이 객실정비는 청소와 관리·점검을 아우르는 포괄적인 의미로, 객실정비 업무를 다시 그 구체적인 업무에 따라 ① 객실의 청소업무와 ② 객실 내에 필요한 비품과 소모품의 보완 및 이상 유무 확인을 위한 점검으로 나눌 수 있다. 하지만 이 두 가지 업무는 거의 동시에 이루어진다.

II 객실정비의 우선순위

객실의 정비는 객실상황에 따라 청소 및 점검하는 내용의 종류와 정도가 달라질 수 있다. 이를테면, 객실을 ① 고객이 사용하고 나간 객실(check-out room)과 ② 공실 즉 전날부터 사용하지 않았던 객실(vacant room), 그리고 ③ 고객이 계속해서 체재 중인 객실(stay room)로 나눌 수 있겠는데, 일단 고객이 사용한 객실을 우선적으로 먼저 작업해야 한다. 그래야 다시 상품으로 판매가 가능하기 때문이다. 비어 있는 객실(vacant room)은 청소하지 않아도 무방한 것이라 생각할 수도 있겠지만, 객실을 점검하고 욕실의 욕조와 세면대의 물을 틀어서 녹물이 나오는지 확인하기 위해서는 가벼운 점검이라도 반드시 필요하다. 그리고 장기간 비어 있는 객실의 경우에는 진공청소기로 카펫에 가라앉은 먼지를 제거해야 한다. 객실은 항상 최상의 상태를 유지하도록 체크해야 하지만, 기존의 고객이 계속해서 사용할 경우에는 고객이 외출 중인 짧은 시간을 이용하여 정비하거나, 경우에 따라서는 고객이 객실 내에 머무르고 있는 중에도 정비작업이 이루어지는 수가 있으므로 정비에 소요되는 시간을 줄일 수 있도록 신속하게 마쳐야 하므로 체크하는 범위도 약간씩은 달라질 수 있다.

이상에서 살펴본 바와 같이 객실을 정비하는 순서는 고객이 사용하고 나간 객실(check-out room) → 고객이 계속해서 체재 중인 객실(stay room) → 공실, 전날부터 사용하지 않았던 객실(vacant room)에 따르는 것이 일반적이다.

또한 고객이 계속해서 사용하는 객실(stay room)도 어떤 고객이 사용하느냐에 따라 일반 고객이 사용하는 객실과 VIP와 같은 귀빈이 사용하는 객실에 따라 정비하는 데에는 약간의 차이가 있으며, 이러한 작업을 진행하는 중이라도 고객이 정비를 요구하는 객실이 있을 경우에는 우선적으로 작업에 들어가야 한다.

Ⅲ 객실정비의 내용

일반적으로 객실의 정비에는 절차의 통일성이 있으나, 각 호텔의 운영형태에 따라 그 시스템과 기술에는 차이가 있을 수 있다. 객실정비원이 출근하면 하우스키핑 사무실로 가서 출근부에 서명하고 오더테이커(order taker)로부터 담당구역을 할당받는다. 배정받은 층(floor)에 도착하면 층 감독자(floor supervisor)로부터 열쇠와 작업일지를 받은 후 메이드 카드(maid card)를 챙긴다. 아울러 작업에 임하기 전에 그날 필요한 만큼의 지급품들을 확보한 후 객실의 정비작업에 임한다.

이러한 객실의 정비는 일상적인 정비와 기간을 두고 해야 할 특별한 경우의 정비로 나눌 수 있는데, 일상적인 정비는 다시 주간 객실정비와 야간 객실정비(turn down service)로 나누어진다. 이렇게 주간과 야간을 구분하는 이유는 주간의 정비가 1차적인 정리에 그 초점을 맞춘다면 야간의 정비는 최종적인 점검이라고 할 수 있다. 그리고 특별한 경우의 정비에는 일정한 기간을 두고 이루어지는 매트리스를 비롯한 각종 비품과 가구 등의 교체작업과 정기적인 대청소(spring cleaning)가 있다.

〈표 5-1〉은 일상적인 작업과 기간을 두고 해야 하는 작업의 내용과 주기를 보여준다.

〈표 5-1〉 청소작업별 사용용구 및 주기

구분 / 대상	일상적인 작업		기간을 두고 해야 할 작업		작업주기
	작업내용	사용용구	작업내용	사용용구	
Bed	Bed Making	Sheet Pillow Blanket Cover	Matress 교체 Spread 교체		1개월 2개월
Carpet	Cleaner	Vaccum Cleaner Shampoo Machine	얼룩 제거	세제액	필요 시
Desk 및 Table	마른 걸레로 닦는다	Duster 전용걸레	수리 또는 교체	수리기구 교체품	필요 시

1. 주간 객실정비

1) 객실정비의 기준시간

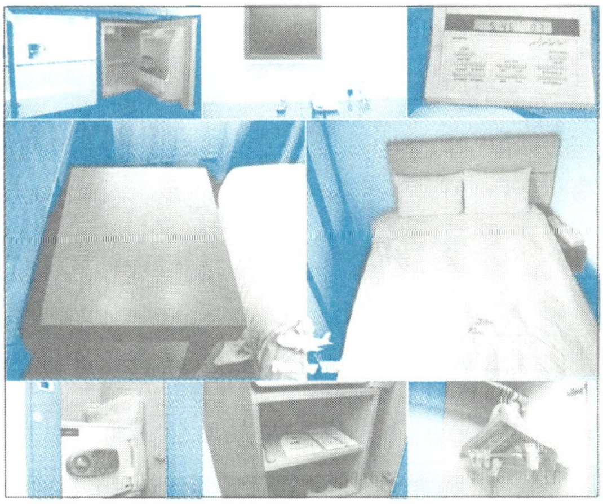

객실의 정비에는 숙달된 작업능력을 지닌 Room Maid의 작업을 기준으로 25~30분 정도 소요된다. 이와 같은 소요시간은 객실의 규모에 따라 혹은 객실의 종류에 따라 달라질 수 있으므로 각 호텔에서는 객실의 종류나 규모에 맞는 표준작업시간을 정해놓고, 이에 따라 객실을 할당한다. 일반적으로 대형 twin room은 40분, 보통의 twin room이나 double room은 30분, 그리고 suite room의 정비에는 60분 정도 소요된다.

여기서는 더블베드룸(check-out double bed room)을 중심으로 살펴보겠다.

2) 객실정비의 순서

(1) 입 실

① 노크는 3회 하면서 '하우스키핑'임을 알린다.

② 응답이 없으면 천천히 문을 열고, 받침목(door stopper)을 사용하여 문을 완전히 고정시킨다. 이때 메이드 카트(maid cart)를 방문 앞에 바짝 붙여서 다른 사람이 함부로 들어오지 못하도록 해야 한다.

③ 냅킨(napkin)과 청소도구가 든 바구니를 들고 방 안으로 들어가서 냅킨을 미니바(mini-bar) 위에 두고 바구니는 욕실의 세면대 밑에 둔다.

(2) 실내 점검

① 모든 전등을 끄고 창문을 열어 환기한다.

② 습득물이나 분실 및 파손된 객실물품이 없는지 확인한다.

③ 전화기와 메모패드(memo pad)를 나이트 테이블에서 책상 위로 옮긴다.

④ 재떨이와 유리잔을 욕실로 옮긴 후 룸서비스 기물을 들고 메이드카트로 간다.

⑤ 깨끗한 시트와 필로 케이스(pillow case)를 가지고 들어와서 수하물대 위에 둔다.

(3) 침 대

① 침대 리넨을 벗긴다. 사용된 시트는 암체어(armchair) 위에 두고 담요와 베개는 의자 위에 둔다.

② 순서대로 침대를 꾸민다.

③ 사용된 리넨과 휴지통을 들고 메이드카트로 가서 각각의 자루에 담는다.

④ 걸레 2매(마른 것과 젖은 것)로 교대로 닦는다.

⑤ 입구 등 위를 닦은 후 거울을 닦는다.

⑥ 액자를 닦는다.

⑦ 베드사이드 테이블(bed-side table)과 램프마블 서랍 옆면과 속을 닦으면서 전구를 점검한다.

⑧ 헤드보드(head board)를 닦는다.

⑨ 나이트 테이블(night table)을 닦으면서 램프와 스위치의 기능을 점검한다.

⑩ 침대다리를 닦으면서 침대 밑을 점검한다.

(4) 객실 내 기타 시설(TV, 책상, 옷장 등)

① 에어컨디셔너 그릴(air-conditioner grill)을 닦는다.

② 유리창을 닦는다.

③ 커피테이블의 유리와 다리를 닦은 후 잡지류를 정돈한다.

④ 책상 위의 전화기와 마블을 닦고 문구류를 점검한 후 서랍 속 및 책상다리를 닦는다.

⑤ TV캐비닛 위를 닦은 후 문을 열고 TV스크린 및 문짝 위의 먼지를 닦는다. 문을 닫은 후 아래 칸의 문을 열고 서랍 아래부터 빼고, 위부터 닦으면서 밀어 넣는다.

⑥ 수하물대의 위를 닦고 서랍 속 및 옆 부분을 닦는다.

⑦ 미니 바로 가서 유리잔을 냅킨으로 닦은 후 걸레로 거울과 냉장고의 내 · 외부를 닦는다.

⑧ 옷장으로 가서 옷장 선반을 닦고 옷걸이 봉(hanger rod)을 닦으면서 옷걸이를 정돈하고, 사용된 욕의(bath robe)를 빼서 메이드카트로 간다.

⑨ 욕의와 문구류, 라이터 등을 가지고 와서 세팅한다.

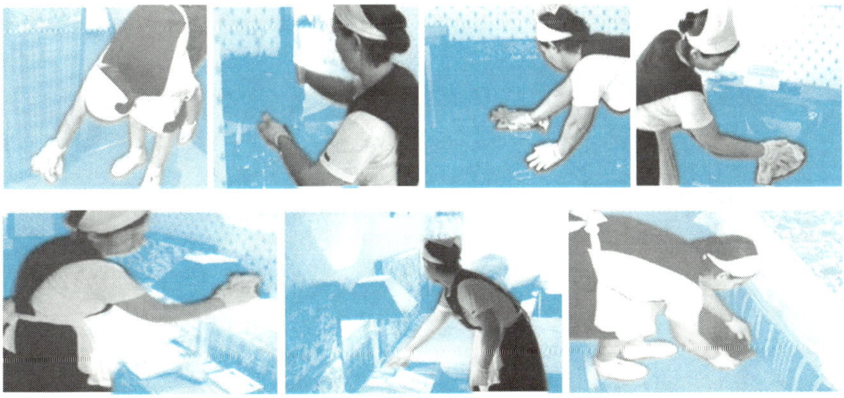

(5) 욕 실

① 사용된 타월을 걷어서 욕실문 밖에 둔다.

② 세면기의 물을 틀어 유리잔을 소독시키는 동안 세면대를 닦는다.

③ 유리잔과 재떨이를 세척하여 세면대 위에 엎어 두고 거울을 닦는다.

④ 화장지를 정돈한다.

⑤ 비누접시와 샤워커튼을 닦은 후 욕조를 닦는다.

⑥ 변기를 닦고 물을 내린다.

⑦ 타일바닥을 안부터 닦으면서 나온다.

⑧ 사용된 타월과 청소도구가 든 바구니를 메이드카트로 옮긴다.

⑨ 깨끗한 타월과 욕실소모품을 가지고 와서 세팅한다.

⑩ 유리잔의 물기를 완전히 제거한 후 세팅한다.

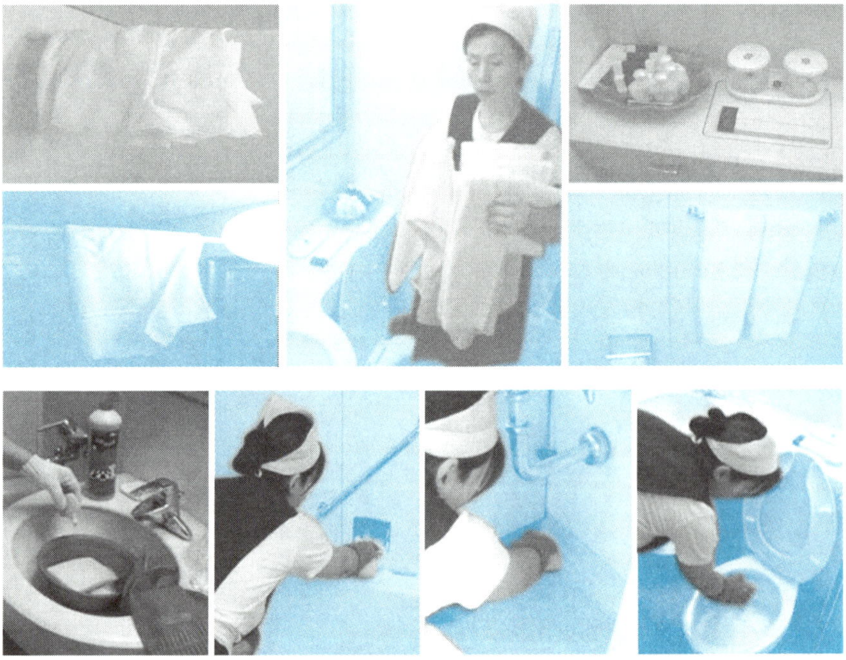

(6) 카 펫

카펫을 진공청소기로 청소한다. 진공청소기를 이용하여 객실바닥을 청소할 때에는 먼저 침대 주위를 시작으로 창문까지 가서 책상 아래 커피테이블과 암체어 밑의 청소를 끝낸다. 그리고 가장자리로 밀고 나오면서 수하물대 아래 옷장 안, 객실 문 뒤까지 마친 후, 통로를 2회 왕복하고 나서 복도로 나가 객실 문 주위를 2회 왕복한다.

3) 객실정비 후 최종 점검사항

객실의 정비 후 최종 점검사항을 체크해 보아야 한다. 객실정비 후의 최종 점검사항은 다음과 같다.

① 커튼은 잘 쳐져 있는가?
② 에어컨은 정확하게 세팅되었는가?
③ 모든 가구는 제자리에 놓여 있는가?
④ 침대는 세팅방법에 따라 잘 꾸며져 있는가?
⑤ 전화기와 램프의 코드는 제대로 꽂혀 있는가?
⑥ 거울과 액자는 깨끗하게 닦여 있는가? 그리고 반듯하게 걸려 있는가?
⑦ 전등갓의 재봉선은 벽 쪽으로 향해 있는가? 그리고 벽면과는 떨어져 있는가?

4) 침대 꾸미는 방법

객실정비에서도 중요한 비중을 차지하고 있는 침대는 다음과 같은 순서에 따라 진행된다.

① 매트리스 패드 펴 놓기 : 상하 좌우로 균형잡아 깨끗한 매트리스 패드를 매트 위에 펴 놓는다.
② 첫 번째 시트 : 상하 좌우로 균형잡아 깨끗한 첫 번째 시트를 패드 위에 편다.
③ 좌측 헤드보드(head board) 쪽 매트리스 모서리 처리 : 시트로 모서리를 각지게 싸서 접어서 매트리스와 박스 스프링 사이에 끼운다.
④ 좌측 발치 모서리 처리 : 시트로 매트리스 모서리를 각지게 싸서 매트리스와 박스 스프링 사이에 끼운다.
⑤ 두 번째 시트 : 매트리스 위에 시트를 뒤집어서 좌우로 균형잡아 헤드보드 쪽으로 15㎝ 정도 여유분을 두고 펴 놓는다.
⑥ 담요 : 헤드보드에서 15㎝ 정도 간격을 두고 좌우로 균형잡아 펴 놓는다.
⑦ 좌측 깃 만들기 : 헤드보드 쪽으로 남겨둔 시트를 담요를 싸서 덮어 넘기면 30㎝ 폭의 깃을 만든다.
⑧ 둘째 시트, 담요 고정 : 담요와 시트를 겹쳐서 매트리스 밑으로 가볍게 끼워 넣어서 고정시킨다.
⑨ 좌측 발치 모서리 처리 : 둘째 시트와 담요를 겹쳐서 매트리스 밑으로 가볍게 3㎝ 정도 깊이 끼운다.

〈침대 만드는 순서〉

⑩ 좌측 담요 끼우기 : 둘째 시트와 담요를 겹쳐서 매트리스 밑으로 가볍게 3㎝ 정도 깊이로 끼운다.

⑪ 우측 발치 모서리 처리 : 첫째 시트로 매트리스 모서리를 각지게 싸서 접어 끼운다.

⑫ 우측 헤드보드 쪽 모서리 처리 : 첫째 시트로 매트리스 모서리를 각지게 싸서 접어 끼운다.

⑬ 우측 깃 만들기 : 둘째 시트 여유분을 담요로 싸면서 접어 넘기어 30㎝의 깃을 만든다.

⑭ 우측 담요 끼워 넣기 : 담요와 시트를 겹쳐서 매트리스 밑으로 가볍게 끼워준다.

⑮ 베개 : 필로 케이스(pillow case)에 베개를 넣고 여유분을 판판하게 접어 넣고 침대 헤드보드 쪽에 보기 좋게 놓는다.

⑯ 베드 스프레드 : 베드 스프레드를 침대 발치부터 양쪽 모서리를 먼저 씌우고 헤드보드를 자리잡아 놓은 다음 남은 여유분으로 판판하게 덮고 구김을 펴며 손질을 끝낸다.

2. 턴다운 서비스

턴다운 서비스(turn down service)는 투숙한 손님의 잠자리를 더욱 아늑하고 편히 잘 수 있도록 하는 evening service로 '침대의 담요를 접어 넘겨 잠자리에 들기 쉽도록 하는 것'을 말하는데, 주간에 객실정비가 완료되고 점검된 객실을 가능한 한 가장 좋은 서비스로 유지하기 위해 실시한다. 아울러 주간에 미비된 것을 시정하고 고객의 투숙에 대한 환영의 표시를 남기는 것을 말한다.

1) 준비작업

① Maid Card의 정리

- 고객의 인정사항 파악 및 확인
- 주요 인수인계사항의 기록 · 정리

② 복장과 용모의 점검

③ Maid Cart의 점검

- 객실정비에 필요한 각종 소모품 및 리넨 등의 확인 및 보충

2) 작업방법

(1) 객 실

① 창문을 열고 방 안의 공기를 환기시킨다.

② 재떨이와 휴지통을 비운다.

③ 룸서비스 기물과 사용된 유리잔을 치운다.

④ 조식메뉴를 나이트 테이블 위에 둔다.

⑤ 에어컨 스위치를 적당하게 조절한다.

⑥ 객실의 커튼을 닦는다.

⑦ 얼음을 채워준다.

(2) 침 대

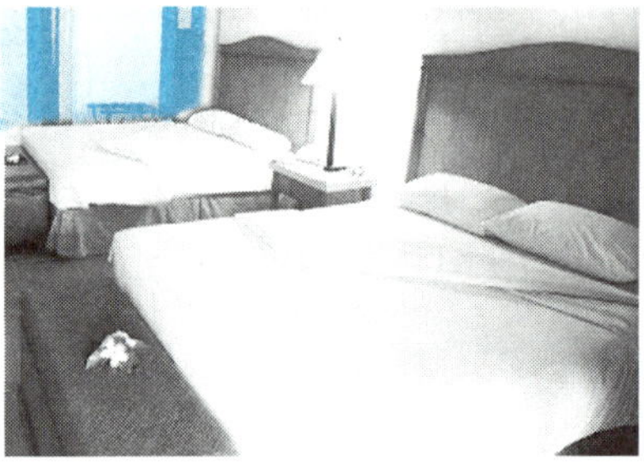

① 베드 스프레드를 벗긴다. 위쪽은 밑으로 3/4 접고, 아래쪽은 위로 3/4 접어서 왼쪽을 먼저 가운데로 접고, 이어서 오른쪽을 가운데로 접는다.

② 베드 스프레드를 옷장 선반 위에 넣는다.

③ 슬리퍼(slipper)를 침대 옆으로 옮긴다.

④ 담요와 매트리스를 덮은 첫 번째 시트를 빼서 3각형으로 접는다.

- 더블베드 1인의 경우 : 나이트 테이블 쪽으로 접는다.
- 더블베드 2인의 경우 : 양쪽으로 접는다.
- 트윈베드 1인의 경우 : 욕실에 가까운 침대를 나이트 테이블 쪽으로 접는다.
- 트윈베드 2인의 경우 : 양쪽을 나이트 테이블 쪽으로 접는다.

⑤ 베개를 정돈하고 그 위에 초콜릿을 올려 둔다.

⑥ 전화기를 나이트 테이블로 옮겨준다.

⑦ 나이트 테이블 위에 있는 램프만 켜두고 나머지는 끈다.

(3) 욕 실

① 욕조를 청소한다.

② 사용된 유리잔을 세척한다.

③ 거울, 샤워커튼, 변기 등을 점검한다.

이상의 작업을 마친 후, 객실을 최종 점검하고 나오는 과정을 거치게 된다. 이러한 턴다운 서비스(turn down service)는 일반적으로 오후 6시부터 저녁 10시 사이에 이루어지는데, 룸 메이드 1인이 보통 40~50실을 담당하게 되므로 1실당 평균 5분 이내에 완료해야만 한다.

3. 대청소

일정한 기간을 두고 이루어지는 대청소는 비수기를 이용하여 정기적으로 실시해야 한다. 이때는 계획을 수립하여 층 단위로 순서에 따라 시행해야 하는데, 그 효율적인 절차는 다음과 같다.

1) 공급품의 수거

① 객실 내의 모든 공급품을 캐비닛 서랍 속에 넣는다.
② 욕실의 모든 공급품을 휴지통에 담아서 옷장 안에 넣는다.
③ 베드 스프레드, 담요, 시트, 필로 케이스와 매트리스 패드를 전부 벗겨서 세탁소로 보낸다.
④ 객실의 커튼 및 샤워커튼을 떼어서 세탁소로 보낸다.

2) 객실의 청소

① 가구를 벽으로부터 떼어놓고 침대를 세운다.
② 에어컨 그릴을 닦는다.
③ 벽지의 얼룩을 지운다.
④ 천장과 벽지를 진공청소기로 청소한다.
⑤ 옷장 선반, 옷장 문, 완자문의 먼지를 닦는다.
⑥ 유리창을 닦는다.
⑦ 객실 문의 도어-뷰(door-view) 부근의 기름때를 닦는다.
⑧ 헤드보드 뒤 먼지를 제거한다.
⑨ 가구 뒤를 청소한다.
⑩ 서랍 속을 청소한다.
⑪ 카펫의 가장자리를 깨끗이 파낸다.
⑫ 더러운 소파 및 의자를 샴푸(shampoo)한다.
⑬ 카펫을 샴푸한다.

3) 욕실의 청소

① 욕실의 전등판을 닦는다.
② 타일 사이의 부식물을 깨끗이 제거한다.
③ 욕실의 환기통을 청소한다.
④ 욕실의 하수구 속을 청소한다.

대청소를 실시하는 동안에는 시설부와 협조하여 객실 내 각종 시설물의 점검과 가구의 도색 및 벽지의 보수 등이 병행하여 이루어져야 한다.

Ⅳ 객실의 점검

위에서 살펴본 바와 같이 객실의 정비가 이루어지면 고객들이 투숙할 수 있도록 객실이 완벽하게 준비되어 있는지를 점검해야 한다. 룸 메이드에 의해 정비가 완료된 복도나 객실이라 하더라도 구석진 곳까지 세밀하게 점검해야 완벽한 상품가치를 지닐 수 있는 것이다. 객실점검의 순서는 시계 반대방향 혹은 정방향의 일정한 순서로 진행하며, 눈으로 체크하기보다는 직접 만져보고 때로는 고객의 입장에서 사용해 보기도 해야 한다.

1. 객실의 주요 점검사항

1) 설비물과 가구류의 기능상태

옷장 서랍이나 화장대 서랍 혹은 커튼레일이 부드럽게 열리고 움직이는지의 여부와 TV 세트나 냉장고 등의 기능이 제대로 작동하는가를 확인한다.

2) 소모품 및 Linen류의 정돈상태

객실이나 욕실에는 수많은 종류의 소모품과 towel, sheet 등의 리넨류가 있다. 특히 침대의 정비가 잘 되었는가, 그리고 휴지통이나 컵, 각종 인쇄물 등의 소모품 및 비품 등이 제 위치에 바르게 놓여 있는가를 확인한다.

3) 청결상태

객실의 비품이나 가구 등이 깨끗하고 광택이 나는지와 욕실의 바닥이나 벽면 등에 자국이 남아 있지는 않은지, 변기는 잘 소독되고 닦여 있는지 등을 확인한다.

① 거울의 청결상태
② 환기구의 청결상태
③ lace curtain, drapery의 균형상태
④ 커튼의 균형상태
⑤ 카펫 구석진 곳의 청결상태
⑥ 의자, 소파세트, 베드 스프레드의 청결상태
⑦ 창틀, 액자 등의 청결상태

⑧ TV 및 받침대의 청결상태
⑨ 쓰레기통 내외부의 청결상태
⑩ 서랍 속 밑받침의 청결상태 등

2. 객실의 세부 점검사항

1) 입 구

① 문과 복도의 카펫 이음새의 청결상태
② 문의 개폐상태
③ 문의 접착상태 및 소음 여부
④ 문 받침(door stopper)의 작동상태
⑤ 문 걸쇠(door latch)의 작동상태
⑥ 현관 스위치 및 button의 작동상태 등

2) Room

(1) 객실 전반

① 전등 및 스위치의 작동상태 및 밝기
② TV, 전화, 라디오, 시계 등의 작동상태
③ 커튼의 고리 및 레일의 작동상태
④ 벌레의 존재 여부
⑤ 벽지의 청결상태 및 파손상태
⑥ 소모품의 비치 및 수량
⑦ 가구 및 설비의 파손 여부
⑧ 그림 및 액자의 균형상태 등

(2) 침 대

① 매트리스와 스프링 박스의 상태
② 시트의 청결 및 세팅상태
③ 베개의 청결 및 세팅상태
④ 베드 스프레드의 청결 및 세팅상태

⑤ 벽과 침대의 간격, night table과 침대의 간격 정도(10㎝가 적당)
⑥ 헤드보드와 벽면의 부착상태
⑦ 침대 밑의 청결상태 등

(3) Night Table

① 메모지 및 메모도구 비치 여부
② 비치된 인쇄물의 낙서 및 삽입물 확인
③ 시계의 시간이 정확한지 확인
④ room light 및 foot lamp 작동 여부 및 밝기 확인
⑤ night table과 침대 사이의 청결상태
⑥ 전화기 및 전화기선의 청결 및 정돈상태 등

(4) 옷장(Closet)

① 전구 및 스위치의 작동상태와 밝기
② 쇼핑백 세트의 비치 여부
③ 옷걸이의 적정수량
④ 선반, 옷걸이봉의 청결상태
⑤ 옷장 내벽의 청결상태
⑥ 문 표면의 청결상태 및 개폐 시의 소음 여부
⑦ brush 및 shoehorn, slipper의 비치 여부 등

3) 욕 실

① 문의 개폐상태
② 문 뒷면 Hook(towel-shower cap)의 상태
③ 천장, 벽, 바닥타일의 청결상태
④ 욕조마개의 작동 및 물빠짐 상태
⑤ toilet bowel의 내부 seat cover의 접착상태
⑥ 샤워커튼의 청결상태
⑦ toilet paper의 분량 확인(50% 이상)
⑧ 휴지통의 청결상태
⑨ kleenex tissue의 분량 확인(50% 이상)

⑩ glass의 청결상태
⑪ 냄새발생 여부(drain의 불순물 제거)
⑫ 소모품의 적정량 확인
⑬ 리넨류의 냄새발생 여부 및 세팅상태
⑭ 욕조 내의 청결상태
⑮ 형광등 커버의 청결상태 및 안전기의 소음 여부
⑯ 거울의 청결상태(특히 하단부 모서리)
⑰ 부착기구의 이상 유무(shower head 및 hose, mixing valve, towel bar, grip bar 등)

제3절 세탁관리

I 세탁관리의 의의

호텔에서의 세탁물서비스(laundry service)는 외부 투숙고객의 세탁과 호텔 내부세탁으로 나누어서 처리된다.

먼저 투숙고객의 세탁서비스는 고객이 원하는 지정된 시간에 정확히 세탁물의 세탁을 완료하여 배달되도록 해야 하며, 호텔 내부의 세탁부문에 있어서는 종사원의 유니폼세탁과 식당의 테이블 클로스(table cloth), 냅킨(napkin), 객실의 타월 등을 일자별 세탁스케줄에 따라 처리하면 된다.

따라서 세탁물관리는 각종 세탁기계의 유지 및 수리관리는 물론, 세탁실의 세탁물 분류, 물세탁, 드라이클리닝, 프레싱 등의 업무를 수행하는 것이다.

특히 세탁물서비스에 있어서 가장 중요한 과정이 세탁물의 분류작업이라고 할 수 있는데, 만일 세탁물의 분류가 잘못되어 드라이클리닝해야 할 것을 물세탁한다든가 해서 세탁물을 망쳐버리는 결과를 초래한다면, 고객의 불평은 물론 호텔의 이미지도 나빠질 뿐만 아니라, 손해배상으로 인한 재정적 손실도 가져다주게 되므로 세심한 주의를 요한다고 하겠다.

II 세탁관리부문의 구성 및 업무내용

1. 세탁물 관리업무

세탁물(laundry)서비스는 호텔의 규모나 운영특성에 따라 세탁전문 용역업체와의 계약에 의하여 운영되는 형태와 호텔 내 세탁시설을 구비하여 운영되는 형태가 있다. 고객의 세탁물서비스는 세탁물의 수거에서 시작하여 세탁물의 분류, 계산서(bill)의 작성, 세탁물의 배달에 이르는 일련의 세탁과정이 정확하고 신속하게 이루어져야 고객으로 하여금 만족한 서비스를 제공받았다는 평가를 받을 수 있다. 세탁물서비스는 호텔에 따라 담당자가 다를 수 있는데, 보통 일반적인 경우에는 주로 룸 메이드(room maid)나 하우스맨(houseman), 혹은 플로어키퍼(floor keeper) 등이 맡는 경우가 많다. 여기서는 한 단계를 더 거치는 외부 용역업체와의 계약에 의해 운영되는 세탁부문의 과정을 살펴보겠다.

1) 세탁물 수거

세탁물을 수거하는 과정은 다음과 같이 3가지의 경우가 있다.

(1) 객실에서 고객이 세탁을 의뢰한 경우

① 객실번호를 확인하고 벨을 누른다.

② 인사를 한다.

③ 세탁물을 수거한다. 이 경우 반드시 다음의 사항을 확인한다.

- 세탁 빌(bill)에 객실번호 및 서명 확인
- 품목 및 수량 확인
- 물세탁, dry cleaning, pressing(다림질) 구분
- 정확한 배달시간 기록

④ 정중히 인사하고, 객실 문을 닫는다.

⑤ 수거한 세탁물 bag을 지정장소로 모은다.

⑥ 객실 출입대장에 객실번호, 시간 등을 기록한다.

(2) 외출 중인 객실의 세탁물 수거

① 세탁 빌(bill)이 작성되었는지를 확인한다.

② 세탁물 bag에 빌(bill)이 들어 있어도 객실번호를 기재하지 않는 경우가 있으므로 꼭 꺼내어 확인한다.

③ 품목별 수량을 확인한다(생략하는 경우도 더러 있다).

④ 객실 출입 시에는 반드시 객실출입대장에 기록하여야 한다.

(3) 특별한 경우

다음과 같은 특별한 경우가 생길 때에는 그에 따라 세탁물을 수거한다.

① 점검원이나 room maid가 객실 점검증을 발견, 통보하여 객실에서 수거하는 경우
② 점검원이나 room maid가 수거하여 각층 리넨실에 보관 중인 세탁 물
③ 고객의 통보를 받고 해당 객실에 도착하였으나 이미 고객이 외출한 경우에는 점검원이나 담당 room maid를 찾아 출입문을 열고 세탁물을 수거한다.
④ bell desk나 프런트 데스크의 통보가 있을 경우(고객이 외출하면서 맡기는 경우)

〈표 5-2〉 세탁물 기록표

Date :														
PICK-UP								DELIVERY						
Rm. No.	Guest Name	Time	Kind			By	L/D	Rm. No.	Kind			By	Remarks
			L	D	P				L	D	P		

2) 세탁물 발주

세탁물의 발주와 납품은 1일 2회로 하며, 세탁물의 발주 시 호텔과 용역업체 쌍방 간에 동시에 확인한다.

(1) 필요한 사항을 확인

① 의복 주머니에 소지품의 유무를 확인한다. 만일 현금이나 귀중품 및 기타 소지품이 들어 있는 경우에는 바로 고객에게 전달한다.
② 물세탁과 드라이클리닝을 구분한다. 만일 고객이 분류하지 않은 것은 세탁주임이 분류하며, 고객이 분류하였더라도 타당하지 않은 것은 정정한다.
③ 품목별 수량을 확인한다. 만일 확인과정 시 잘못된 것이 있으면 정정하고 수량의 차이(특히 부족 시)가 있을 때에는 고객에게 확인하고 정정한다.

④ 고객이 주문한 특별사항을 확인하고 기재한다.

- 오점부분
- 수선(재봉실에서 수선 후 세탁)
- 다림질 시 주의사항(바지, 스커트 등의 주름)
- 특수한 제품 및 색상

(2) 특수 세탁물로 정규시간 이내에 세탁이 불가능한 것(가죽종류, 짜깁기 등)은 장기투숙객이 아니면 세탁완료 예정일자를 고객에게 통보한 후 처리한다.

3) 계산서 작성

① 계산서(bill)는 주문명세서에 의해 발행한다.

② 계산서는 1조 3매로 발행하며, 발행 시 다음의 사항을 확인한다.

- 날짜와 객실번호 기재
- 품목별 정확한 수량
- 정확한 세탁비 계산
- 할인 여부

4) 배달(Delivery)

① 완료된 세탁물은 bill과 일치하는지를 확인한다.

② 고객이 문을 열면 세탁물을 확인시킨다.

③ 외출 중인 객실은 담당 메이드에게 문을 열도록 하고 세탁물은 반드시 침대 위에 놓는다(옷장에 걸거나 다른 장소에 놓으면 외출에서 돌아와 바로 눈에 보이지 않기 때문이다).

④ D. N. D. 표시가 걸려 있는 객실은 배달을 하지 않고 세탁소로 내려온다.

⑤ 세탁물을 배달하러 갔으나 빈 객실(완전 청소된 상태)일 경우에는 사무실에 확인한다.

- 객실 변경(room change)인 경우 해당 객실로 확인
- check-out인 경우에는 세탁소에 보관

이상의 업무순서를 요약하면 아래의 그림과 같다.

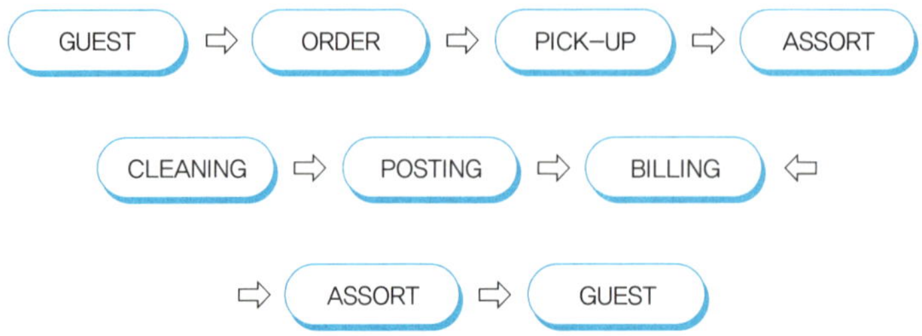

[그림 5-2] Laundry Service Flow

2. 리넨 업무

리넨(linen)이란 원래 마직류를 말하는데, 호텔에서 리넨이란 면(cotton)류나 화학섬유로 만들어진 타월(towel), 냅킨(napkin), 시트(sheet), 담요(blanket), 유니폼(uniform), 커튼(curtain), 식탁보(table cloth), 그리고 도일리(doily)[24] 등을 가리킨다. 이러한 리넨은 모두 소모품이므로 매일 세탁하여 교체하지 않으면 안된다. 객실마다 매일같이 많은 숫자가 수거되고 다시 새로운 리넨들이 세팅되므로 리넨을 보관하고 지급하는 과정은 엄격히 통제·감독할 필요가 있다.

호텔의 리넨서비스는 고객의 만족도를 높이는 데 매우 중요하다. 깨끗하게 손질된 리넨의 적절한 공급은 호텔의 분위기를 밝게 해주고 잘 정돈된 느낌을 주어 보다 편안한 분위기를 연출할 수 있다. 수선이나 대체 또는 부적절한 세탁 등으로 생기는 리넨의 부족현상은 호텔고객의 불만의 근원이며, 관심의 결여로 인정된다. 그리고 호텔의 리넨지출이 전체 지출에 큰 비중을 차지하기 때문에 관리부문에서 리넨투자에 엄격한 통제를 가하여야 한다. 게다가 호텔의 리넨서비스의 결함은 호텔서비스의 다른 부문에 있어서 즉 음식(food)이나 음료(beverage)서비스부문에 있어서의 효과를 감퇴시킨다.

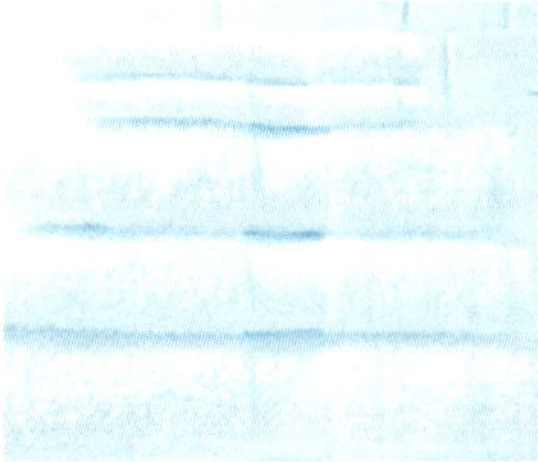

24) Doily란 '작은 냅킨'으로 손을 씻거나 식탁 위에 깔고 세팅할 때 사용한다. 식탁 위에 세팅할 때 쓰는 Doily는 일반적으로 무늬가 있다. 보통 원형의 Doily는 물컵이나 주스, 맥주 등을 서브할 때 밑받침으로 사용된다.

1) 리넨의 수거

객실에서 사용한 리넨류는 룸메이드(room maid)가 담당 객실에서 수거하여 각층 리넨실에 모으고, 리넨원은 각층 리넨실에서 세탁된 리넨을 수거하며, 수거한 품목별로 수령한 만큼 지급한다.

① 1일 2회 수거 및 지급한다.
② 품목별로 수량을 정확히 파악하여 리넨 장부에 기록한다.
③ 수거 시 품목별로 구분하여 상태가 불결한 것은 따로 분류한다.
④ 수거한 세탁물은 세탁물 카트를 이용하여 검수 사무실에 모은다.
⑤ 특수 리넨, 즉 담요(blanket), 커튼(curtain), 휘장(drapery) 등은 수거시에 별도로 구분하여 그 취급에 주의를 요한다.
⑥ 리넨을 수거할 때에는 수량을 정확하게 확인하고, 파손된 리넨을 구분하여 오점의 정도 등을 파악하여야 한다.

2) 리넨의 지급

각 층에서 수거한 리넨은 품목별로 해당 수량만큼 세탁이 완료된 리넨류를 지급해야 하는데, 수거와 지급과정에서 품목별 수량을 정확히 하여 각 층에서 사용하는 데 불편이 없어야 한다.

① 층별로 필요로 하는 리넨은 지급 시 반드시 확인하고 서명을 받는다(〈표 5-3〉 참조).
② 세탁된 리넨류는 매일 2회 리넨실에서 메이드가 수령하며, 각 층별 담당 리넨창고에 품목별로 정돈하여 입고한다.
③ 청결상태를 확인한다(냄새, 불순물의 유무, 다림질 상태 등).
④ 수선의 필요 여부를 확인한다. 리넨상태가 노후되었을 때에는 세탁 후 상태를 확인하기 위하여 bed spread, bed pad, sheet, curtain 등을 재봉실로 보내어 점검한 뒤에 사용하도록 한다.
⑤ 전표에 의해 매월 말에 총사용량을 조사한다.

다음의 〈표 5-3〉은 리넨 보급 시 서명을 확인해야 하는 리넨 지급현황표이며, 〈표 5-4〉는 각 객실당 비치되어야 할 리넨류의 비치기준표이다.

〈표 5-3〉 리넨 지급현황표

ITEM / SIZE	DEPT. :				
	SHEET	RECEIVER	SIGNATURE	DATE	REMARKS
54' × 54'					
100' × 100'					
TRAY MAT					
GLASS TOWEL					
BED SHEET					
날짜 :	점검자		확인 :		

〈표 5-4〉 각 객실당 리넨류 비치기준표

ITEMS	SIZE	QUANTITY		REMARKS
		TWIN	KING	
BED SPREAD(S)	110 × 270 × 28	2		
BED SPREAD(K)	180 × 270 × 28		1	
BED PAD(S)	90 × 180	2		
BED PAD(K)	170 × 180		1	
BLANKET(S)	180 × 240	2		
BLANKET(K)	260 × 240		1	
SHEET(S)	180 × 280	2		
SHEET(K)	260 × 280		1	
PILLOW	50 × 70	3	3	
PILLOW CASE	50 × 90	3	3	
BATH TOWEL	60 × 120	2	2	욕실당 2매
HAND TOWEL	40 × 80	2	2	욕실당 2매
WASH CLOTH	30 × 30	2	2	욕실당 2매
FOOT TOWEL	50 × 70	1	1	욕실당 1매

3. 종업원 유니폼 세탁업무

일반적으로 서비스업에 종사하는 사람들 중에서도 호텔에서 근무하는 사람들을 가장 깔끔하고 세련되게 서비스하는 사람으로 꼽는다. 세련된 매너를 통한 수준 높은 서비스는 고객으로 하여금 호텔 전체에 대해 좋은 인상을 갖게 한다. 종업원들의 수준 높은 서비스는 세련된 매너뿐만 아니라 맵시 있게 디자인된 유니폼을 깨끗하게 차려입었을 때 더욱 빛을 발할 수 있다.

1) 유니폼의 관리

유니폼의 관리는 다음과 같이 각 사항별로 분류 · 조치해야 한다.

① 세탁을 요하는 유니폼: 개인별 대장에 기록 후 수량을 확인하고 세탁
② 수선을 요하는 유니폼: 파손부위를 확인하고 조치
③ 퇴직사원의 유니폼: 사이즈를 파악하여 신입사원이 이용할 수 있도록 관리

2) 유니폼의 보관

① 좁은 공간을 유효하게 활용할 수 있도록 옷걸이대를 비치하고, 사이즈별로 보관
② 주기적인 청소와 방역으로 청결을 유지하면서 유니폼의 수명을 유지한다.

4. 창고관리

객실정비부서의 업무가 호텔의 안살림과 같은 역할을 담당하므로 다양한 고객용품을 비롯하여 잡다한 소모품, 청소용품 등 취급하는 품목의 종류와 수량이 상당하다. 특히 각 객실에서 사용하는 고객용품들은 그 디자인이 정해져 있으며 언제 파손될지 알 수 없으므로 항상 여유분을 갖추고 있어야 한다. 이러한 모든 물품들은 하나하나가 호텔의 중요한 재산이므로 언제든지 사용할 수 있을 정도의 상태로 유지 · 관리해야 한다. 창고관리부문의 업무내용은 다음과 같다.

1) 각종 전기제품

냉장고, TV, 가습기, 에어컨 등은 고장을 일으킨 제품의 교체를 위해 여유물품이 항상 완전히 보수된 상태를 유지해야 한다.

2) 고객용품의 관리

각 층, 각 객실로 지급되는 고객용품들은 지정된 보유물량을 보충하는, 즉 소모된 부분만을 보완할 수 있도록 지급한다. 이러한 서비스용품은 정확한 소비량을 측정하고 매월 확인함으로써 계획에 의거하여 보충물량을 구매한다.

3) 청소용품 및 잡품

세제류, 청소용 장비 및 직원용 신발류와 우비 등의 주기적인 구매로 적기에 공급이 이루어지도록 한다. 못 쓰게 된 리넨류는 행주나 걸레로 재활용하여 낭비를 줄인다.

4) 램프 갓, 방석 등

얼룩진 갓, 방석 등은 항상 깨끗한 것으로 교체가 가능하도록 샴푸된 물품을 준비하여 창고에 보관한다. 2~3일에 한번씩 샴푸를 의뢰하여 준비해 둔다.

5) 세제류 관리

각종 세제를 지정된 희석도로 각 층에 지급하고 지급기록과 통계로 제때에 구매하여 공급에 차질이 없도록 한다.

6) 월말 재고조사

비품 및 소모품은 매월 말을 기준으로 하여 재고조사를 실시하고 보고서를 작성한다. 또한 이 보고서에 근거하여 구매시기를 결정하고 적정한 구매량을 파악하며, 다음 회계연도의 예산수립에 대한 근거자료로 삼는다.

7) 창고의 주기적 정리

창고의 주어진 공간을 보다 효율적으로 이용하는 방법은 오래되어 사용하지 못하게 된 물품은 분류하여 상사의 결재를 받아 반납 혹은 폐기함으로써 공간을 확보하는 것이다. 그리고 주기적으로 청소·관리하여 항상 정돈된 상태를 유지한다.

제4절 미니 바

I 미니 바의 의의

오늘날 고급호텔의 객실에는 미니 바(mini-bar)를 설치하는 것이 보편적인 현상이다. 대부분의 호텔에서 객실 내에 칵테일의 기본이 되는 소형(적은 용량)의 양주류(hard drink)와 냉장고에는 음료 종류(soft drink) 및 안주류를 진열·전시함으로써 고객이 자신의 기호에 맞는 음료를 선택하여 이용할 수 있도록 하고 있다. 처음에는 혼자서 투숙하는 손님들의 편의를 위해 만들어진 면이 없지 않지만, 호텔의 추가적인 매출행위로 이어져 수입원(收入源)으로서의 역할을 톡톡히 하고 있다.

II 미니 바의 물품관리

1. 품목의 설정 및 변경

품목별 판매자료의 통계에 따라 새로운 품목을 추가로 비치하거나 고객으로부터 인기가 없는 품목은 다른 품목으로 변경하여 상황에 따라 품목을 정리한다.

2. 구매 및 공급

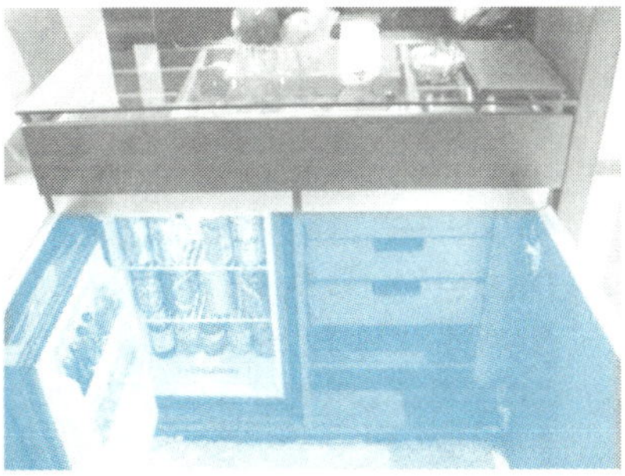

미니 바에 비치된 안주류와 음료수의 종류는 직접 구매하여 공급하며, 양주류 및 알코올 음료는 식음료부 음료과에서 구매하여 음료창고에서 출고·공급한다.

3. 물품의 출고

물품보고에 의하여 각 층별로 판매 · 소모분을 출고함으로써 층 보유분량을 보충할 수 있도록 한다.

Ⅲ 미니 바의 점검

각 층의 미니 바 담당자들은 출근 이전에 일찍 퇴숙(check-out)하는 고객을 위해 야간근무 룸보이(room boy)와 협력하여 미니 바의 점검업무를 담당한다.

점검은 신속 · 정확하게 이루어져야 하며, 확인 즉시 프런트로 우선 통보함으로써 계산서의 발행과 수납이 정확히 진행되도록 해야 한다. 점검이 진행되는 대로 점검표에 객실별로 물품의 수량을 기재한다. 점검 시 손님의 입회 여부, 점검자의 성명 및 점검시간 등을 빠짐없이 기재하며 D.N.D.[25] 객실은 캐셔(cashier)에 통보하여 재점검을 실시할 수 있도록 한다.

미니 바 점검 시의 유의사항은 다음과 같다.

① 항상 객실에 고객이 투숙 중임을 생각하며, 고객이 응답할 수 있는 충분한 시간을 기다려야 한다. 급한 마음에 서둘러 객실문을 열면 안된다.

② 공손히 아침 인사를 한 후 정중하게 양해를 구한 다음 신속히 점검을 마치고 기재한다. 상냥한 작별 인사도 잊지 말아야 한다.

③ 고객의 동반 손님이 점검 후에도 잔류할 경우에는 판매분의 현찰지급을 당부드리고, 재점검해야 할 객실로 표시하여 둔다.

④ 퇴숙 객실(check-out)은 지나치며 소등하고, 열려 있는 객실문은 닫는다.

25) D.N.D.는 'Do Not Disturb'의 약어로 '방해하지 마시오'라는 뜻이다. 보통 객실에서 방해받지 않고 조용히 쉬거나 생각해야 할 일이 있을 때, 고객은 객실 내에 비치되어 있는 이 팻말을 객실의 손잡이에 걸어 놓게 된다. 객실문의 바깥 손잡이에 이 팻말이 걸려 있으면, 별다른 통지가 있기 전까지는 청소 등 기타 특별한 일이 있더라도 종사원들은 이 객실에 출입할 수 없다.

Ⅳ 미니 바의 재고조사

1. 일일 결산

전일 재고분량에서 당일의 판매분을 출고 후에 빈 카드의 수량과 현품을 대조 · 확인한다.

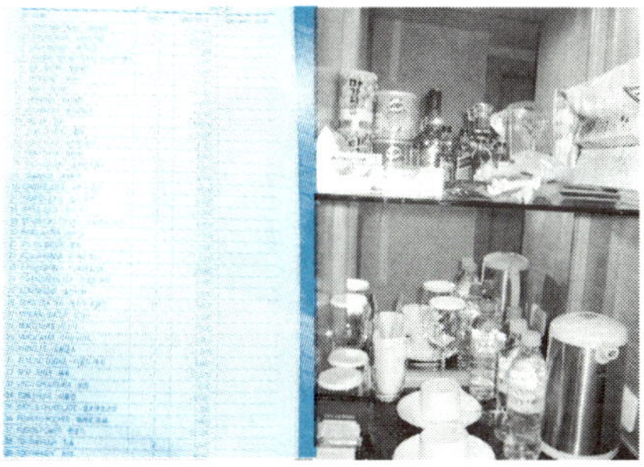

2. 월 결산

월 재고 실사일을 다음달 1일로 자재과와 미니 바 담당이 협력하여 진행하고, 각 층별 창고의 보유량 및 객실에 설치된 분량을 확인한다. 또한 전월 말일까지의 객실비치분과 층 창고의 재고량을 합산하여 집계된 자료를 기초로 실사보고서(inventory report)를 작성하여 자재과로 제출한다.

3. 전월의 미니 바 손실 체크

스키퍼(skipper) 등의 처리분을 품목별로 체크하여 자재과로 제출한다. 스키퍼는 본래 계산을 하지 않고 퇴숙(check-out)한 고객을 의미하지만, 여기서는 미니 바(mini- bar)의 체크를 지연시킨 후 먼저 check-out하면서 계산을 하지 않고 나간 고객을 의미한다. 흔한 일은 아니지만, 음료나 양주류의 내용물을 마시고 여기에 이물질을 넣어 두는 경우도 간혹 발생하므로 미니 바의 점검 시에는 철저를 기해야 한다.

제5절 하우스키핑과 타 부서의 관계

I 객실부와의 관계

하우스키핑(housekeeping)과 객실부(front office)와는 밀접한 관계가 있다. 고객 서비스와 관련한 모든 정보를 즉시 교환해야 하기 때문이다. 두 부서 간에 커뮤니케이션이 제대로 이루어지지 않으면 객실판매에 큰 장애를 가져오고 객실정비가 제대로 이루어지지 않아 고객에게도 큰 불편을 끼쳐 불만을 사게 된다. 또한 일일객실현황을 수시로 연락하여 객실에 대한 착오가 없도록 함은 물론, 간혹 스키퍼(skipper)가 발생하는 경우가 있어 이를 방지하는 데에 커다란 도움이 될 수도 있다. 아울러 객실 내 수리사항이나 비수기(off-season)를 통한 대청소(spring cleaning) 등 원활한 관계를 유지해야 한다. 그리고 이 모든 결과는 당연히 매출과 연결될 것이다.

아래에 나열하는 사항은 하우스키핑과 프런트 오피스 간에 수시로 파악되어 공유해야 할 중요한 정보들이다.

- 객실 점유율
- VIP 현황
- early check-in 현황
- late check-out 예정 현황
- 객실정비 완료 여부
- 고객의 투숙기간
- out of order 현황
- sleep-out 현황
- 특별 요구사항
- unservice 현황

- 빈방 현황
- 분실물 및 습득물 보고
- 사고 보고
- 기타 협조사항

front office에서 투숙률이 저조할 경우 여러 층에 나누어 고객을 투숙시키게 되면 하우스키핑의 인력과 시간의 낭비를 초래하게 되므로 상호 간에 긴밀하게 협조하여 특정 층만 사용하도록 하여야 한다. 또한 고객의 불만처리에 있어서 서로 간에 책임을 전가하여 불협화음이 생긴다면 고객과 직원 모두가 불편하게 된다. 그러므로 호텔에 따라서는 하우스키핑과 프런트 오피스를 하나의 부서로 묶어서 관리하기도 한다. 상호 간에 협조를 원활하게 하고 효과적인 비용관리를 위한 목적이기도 하나, 규모가 큰 호텔일수록 분리하여 전문성을 기하는 것이 일반화되어 있다.

Ⅱ 시설부와의 관계

엔지니어링 부서(engineering department)는 시설부, 영선부 또는 시설관비부 등의 명칭으로 불리고 있으나 그 기능 면에서는 별 차이가 없다. 하우스키핑에서는 객실 시설물 또는 가전제품, 가구 등이나 공공지역의 시설 등에 하자가 발생할 경우 객실판매가 불가능하므로 수리요구서(maintenance order)를 작성하여 기술부서에 요청하고, 빠른 시간 내에 처리하여 객실판매에 지장이 없도록 하여야 한다. 하우스키핑에서 기술부서에 수리를 요청하는 내용에는 다음과 같은 것들이 있다.

- 가전제품의 고장 수리
- 가구제품의 수리
- 카펫의 훼손부분 수리
- 방수 요청
- 에어컨의 조정 및 수리(객실의 온도와 관련)
- 벽지 수리

- 환기시설 수리
- 화장실 시설 수리
- 기계, 기구의 고장 수리
- 전화기, 팩스의 설치 및 수리
- 전구 교환
- 기타 객실 및 공공지역 시설물의 고장 수리 등

Ⅲ 식음료부와의 관계

하우스키핑과 식음료부문(food & beverage department)은 영업장에서 서비스를 하는 직원들의 유니폼을 항상 깨끗하게 해주며, 테이블의 리넨도 업장의 종류에 따라 항상 다른 색과 디자인으로 꾸며주어야 하고, 또 영업장의 청소문제로도 밀접한 관계를 가진다. 특히 호텔 내의 각 영업장은 성격에 따라 오전 6시부터 그 다음날 새벽 2시까지 사이에 영업이 계속되지만 시작시간과 종료시간은 일정하지 않다.

따라서 하우스키핑에서의 영업장 청소시간은 그 영업장의 영업시간 전후(前後)와 중간 휴식시간을 이용하여 시행하게 된다. 그 밖에 연회장은 대 · 중 · 소 연회 시작 전후에 하게 되므로 일정한 시간이 정해져 있지 않다. 식음료영업부서장은 필요할 경우 하우스키핑 부서장에게 청소 또는 유지관리에 대한 사전 정보를 주어 영업장이 늘 청결하고 쾌적한 분위기를 유지할 수 있도록 협조해야 하며, 또한 하우스키핑의 인력을 최대한 절약할 수 있도록 간단한 진공청소 등은 자력으로 하는 것이 좋다. 하우스키핑에서는 식음료영업장의 카펫, 가구, 장식품, 꽃꽂이, 화분 등의 관리책임을 맡아 일하는데 식음료부 직원의 절대적인 협조가 필요하다. 상호 협조가 없이는 효과적인 관리를 할 수 없기 때문이다. 따라서 규모가 작은 호텔 또는 영업장의 규모가 작은 호텔에서는 영업장 청소 일체를 해당 영업장에서 모두 책임지고 하는 경우도 있다. 한편, 미니 바(mini-bar) 관리를 하우스키핑에서 하는 경우는 미니 바 운영에 대하여 식음료부서장과 하우스키핑부서장 간에 수시로 이에 관한 의견을 교환(미니 바의 품목, 가격, 수량)하면서 운영하게 된다.

Ⅳ 세탁부와의 관계

호텔에 따라서는 자체 세탁소(laundry department)를 보유하고 있는 곳도 있고 용역업체를 이용하는 곳도 있지만, 반드시 리넨(linen)의 원활한 공급과 세탁소의 생산성과 효율성에 대한 책임을 져야 한다. 세탁소에서는 모든 리넨을 주의깊게 다루어서 그 수명을 연장시키고 새로운 제품에 대한 세탁방법을 테스트한 후에 객실정비부서장에게 보고하여야 한다.

Ⅴ 경리부와의 관계

경리부(accounting department)에서는 각종 청구서(bill)와 종업원의 임금 및 재고관리를 위하여 객실정비의 협조를 구하게 된다. 또 모든 객실비품은 이 부서의 통제하에 지급된다. 객실정비부장은 예산에 의거하여 해당부서의 운영비를 집행하여야 한다.

Ⅵ 구매부와의 관계

구매부(purchasing department)는 모든 하우스키핑의 비품 및 소모품을 구매하게 되므로 두 부서 간의 관계는 긴밀할 수밖에 없다. 무슨 물자를 구매하려고 하면 그것의 브랜드(brand), 수량, 사이즈(size) 등을 정한 후 객실정비과장과 구매부는 그 물건의 성격 및 가격 그리고 공급자 등을 결정하는 데 있어서 협력해야만 한다.

Ⅶ 판매부와의 관계

객실정비부서는 판매부(sales department)에서 고객들에게 약속한 사항들이 수행될 수 있도록 협력하여야만 한다. 특히 대형 호텔에서는 각종 컨벤션(convention)행사와 단체 투숙객이 많기 때문에 많은 어려움이 따른다. 하우스키핑과 객실부 및 판매부는 단체 투숙객에게 제공될 객실이 준비되는 데 대하여 함께 확인할 책임이 있는 것이다.

Ⅷ 접객종사원과의 관계

호텔종사원의 대부분은 유니폼(uniform)을 입게 되므로 하우스키핑은 유니폼이 좋은 상태로 적절히 공급되도록 하여야 한다. 객실정비부서장은 각 부서장들과 협력하여 유니폼의 관리가 효율적으로 잘 이루어질 수 있도록 해야 한다. 특히 호텔의 외곽 및 객실층을 순찰하며 도난 및 화재사고를 예방하고 투숙객의 안전을 담당하고 있는 경비부서와의 관계 그리고 일부 호텔에서 운영하고 있는 용역 즉 공공지역과 객실청소를 담당하고 있는 외부 용역회사와의 관계 등 객실정비부서와 관련이 없는 부서는 거의 없다고 하겠다.

CHAPTER

6

식음료관리

제1절 식음료부문의 개요

I 식음료부문의 의의와 중요성

식음료란 음식(food)과 음료(beverage)를 의미하는 합성어로서 Food & Be- verage 또는 간략히 F&B라고 표기되며 식음료부서를 F&B부서라고 통칭하고 있다. 호텔의 식음료부문(F&B department)은 호텔이라는 특정한 공간 내에서 불특정 고객에게 음식과 음료를 제공하기 위하여 일정한 접대시설과 종사원 그리고 요리나 조리를 위한 시설을 갖추고 영리를 목적으로 인적·물적 서비스를 제공하는 곳을 말한다. 호텔의 식음료부문은 음식을 만든다는 측면에서는 제조업에 속하지만 최종 소비자에게 직접 판매한다는 측면에서는 소매업에 속하며, 인적 서비스가 제공된다는 면에서는 서비스업에 속하는 복합적인 특징을 가지고 있다.

따라서 식음료사업은 복합사업이며 호텔의 숙박객 및 이용객들의 호텔에 대한 전반적인 평가가 대체로 식음료 서비스를 중심으로 이루어지고 있고, 호텔의 매력은 양식당, 중식당, 일식당, 바 등의 실내장식과 분위기 그리고 서비스에 집중되고 있으며, 호텔의 전반적인 이미지에 미치는 영향이 매우 크다는 점에서 호텔의 중요한 부문이라고 말할 수 있겠다.

과거 호텔의 식음료업장은 객실 투숙고객을 위한 부대시설의 하나로 인식되어 왔다. 그러나 최근에는 호텔의 경영이념 및 정책이 객실부문에서부터 식음료부문 위주의 경영으로 전환하고 있다는 평가까지 나오고 있는 실정이며, 앞으로도 호텔의 지속적인 발전을 위한 적정이윤의 창출원으로서 단순히 식음료와 휴식을 제공하는 기능에서 만남·집회, 문화·교육, 정보교환 등의 기능으로 확대되어 지역사회의 정치·사회·문화의 중심지 기능에서부터 건전한 외식문화의 선도자로서의 역할과 기능까지 담당할 것으로 전망된다.

Ⅱ 식음료부문의 역할

1. 새로운 고객의 창출

호텔은 숙박객에게 음식을 제공할 뿐만 아니라 호텔에서 개최되는 각종 모임이나 예술공연, 세미나, 비즈니스 회의, 전시회 등과 같은 행사에 참석하는 고객들에게도 추가적으로 음식서비스를 제공하게 된다. 즉 다양한 이유로 호텔을 찾는 사람들이 늘어나고 있는데, 이들에 대한 서비스의 제공은 그 만족도에 따라 새로운 가망고객을 창출할 수 있다. 숙박고객의 경우 호텔 내 각 부서의 유기적인 협조와 이를 통한 종합적인 서비스가 제대로 이루어져야 비로소 만족하지만(이 경우에도 어느 한 부문에서라도 잘못된 서비스가 이루어졌을 경우, 그 고객의 만족도는 떨어질 수밖에 없다), 호텔 내의 식당을 찾은 고객에게는 식음료부서만의 서비스가 만족도를 좌우하게 된다. 그리고 여기서 깊은 인상을 받은 만족한 고객들의 경우에는 구전을 통해 더 많은 신규고객의 창출로 연결된다.

2. 호텔수입에 기여

호텔의 객실은 고정자산이므로 수요에 대한 탄력성이 낮아 성수기와 비수기의 판매실적에 차이가 많이 나지만, 호텔 내의 식음료상품은 수요에 대한 탄력성이 높아 연중 큰 차이 없이 꾸준한 매출실적을 낳아 호텔의 안정적인 수입을 돕는다. 이러한 이유로 오늘날에는 대규모의 호텔일수록 식음료 업종이 다양화되고 규모 또한 커지는 경향이 있다.

Ⅲ 식음료부문의 조직구성

일반적으로 호텔의 식음료 서비스조직은 호텔 이용객들의 식사 서비스를 제공하는 식당부문과 주류를 비롯한 음료를 제공하는 서비스를 담당한 주장부문, 그리고 각종 회의, 세미나, 리셉션, 가족 모임 등의 행사와 관련한 업무를 담당하는 연회부문으로 나눌 수 있다. [그림 6-1]은 대규모 호텔에 있어서 식음료부문의 조직구성을 보여준다.

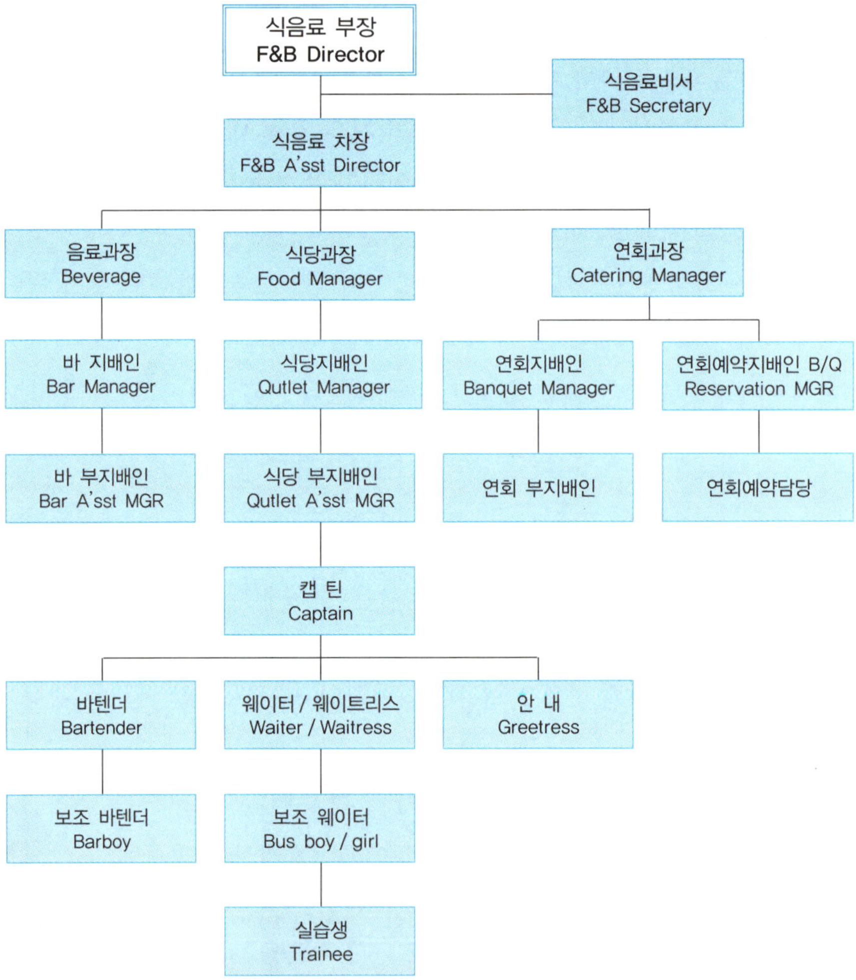

[그림 6-1] 일반적인 호텔 식음료부문의 조직도

이와 같은 호텔 내 식음료부문의 조직도 각 식당별로 제공되는 음식의 종류와 내용이 다르고 각 식당의 특수한 사정 및 상황에 따라 조직의 구성도 달라질 수 있는데, 다음의 3가지로 구분할 수 있다.

1. 셰프 드 랑 시스템(Chef de rang system)

국제적 서비스 시스템 혹은 프렌치 서비스 시스템이라고도 부른다. 가장 정중하고 최고급의 서비스를 제공하는 고급식당에 적합한 조직이다. 식당의 지배인 아래 헤드 웨이터(head waiter or maitre d'hôtel)가 있고, 그 밑에 3~4명의 웨이터가 근무조를 이뤄 일정한 테이블을 담당하여 서브(serve)하는 제도인데, 이는 팀워크의 조화가 잘 이루어져서 구성원의 책임이 각기 다른 업무를 조화롭게 수행할 수 있다.

이 시스템의 장점으로는 ① 수준 높은 서비스를 제공할 수 있고, ② 근무조건에 만족도가 높으며, ③ 충분한 휴식시간을 가질 수 있고, ④ 영업상황에 따라 근무인원을 증감시킬 수 있다는 점이 있다.

단점으로는 ① 전문적인 기능을 가진 인력이 필요하고 인건비의 지출이 크다는 점과 ② 고급식당의 편성에만 적합한 조직이라는 점이 지적되고 있다.

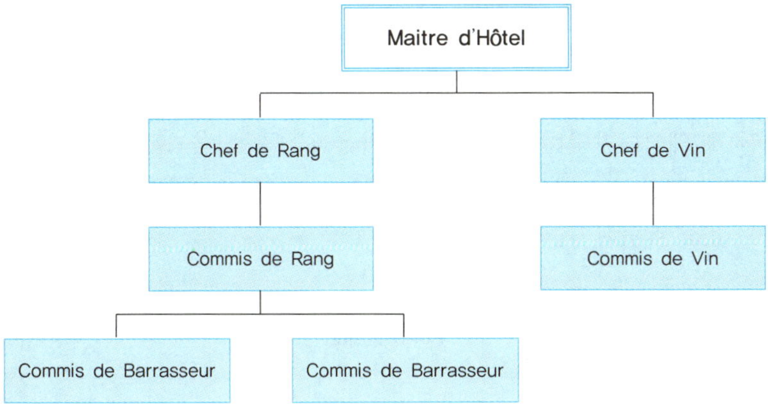

[그림 6-2] 셰프 드 랑 시스템

2. 헤드 웨이터 시스템(Head waiter system)

이 시스템은 일반 식당에서 가장 적합한 방식이라 할 수 있다. 이 방식은 헤드 웨이터

밑에 식사담당(meals waiter)과 음료담당(drinks waiter)을 두어 테이블 서비스를 하는 제도이다. 셰프 드 랑 시스템(chef de rang system)을 축소시킨 형태로 비교적 적은 인원으로 서비스를 제공함으로써 인건비의 지출을 절감할 수 있다. 물론 그만큼 전문적이며 양질의 서비스를 제공하는 데에는 부족한 점이 있다.

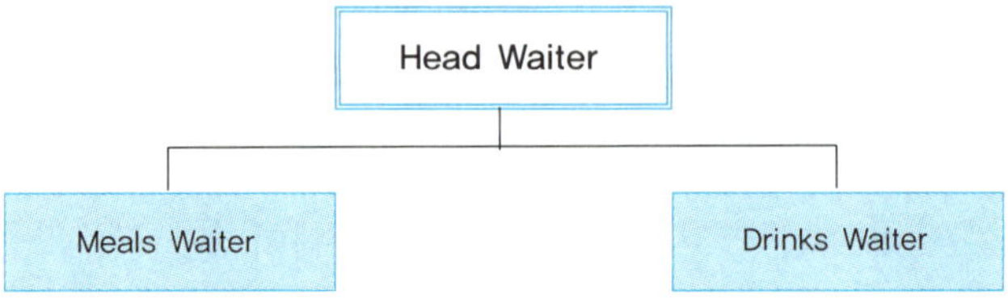

[그림 6-3] 헤드 웨이터 시스템

3. 스테이션 웨이터 시스템(Station waiter system)

주로 휴양지에 위치하여 계절별로 이용고객 및 매상고의 현저한 차이가 있는 식당이나 나이트클럽, 극장식당과 같은 특수한 식당에 적합한 시스템이다. 책임자로 헤드 웨이터가 있고, 그 밑에 근무하는 웨이터들은 각각 한 담당구역만을 맡아서 근무하는 원 웨이터 시스템(one waiter system)으로서 한 명의 웨이터가 자기가 담당한 테이블에 한해서 주문을 받고 서비스를 제공한다.

이 방식의 장점으로는 ① 한 사람의 웨이터가 일정한 수의 고객을 상대로 식음료 서비스를 제공하므로 서비스의 일관성을 기할 수 있고, ② 인건비의 지출이 적다는 점이다.

단점으로는 ① 웨이터가 식사의 주문과 운반을 위해 주방을 출입하거나 음료준비로 담당구역에서 자주 이탈해야 하며, 따라서 ② 서비스를 제공하는 데 시간이 많이 소요되므로 고객의 불평을 야기할 수 있다는 점이다.

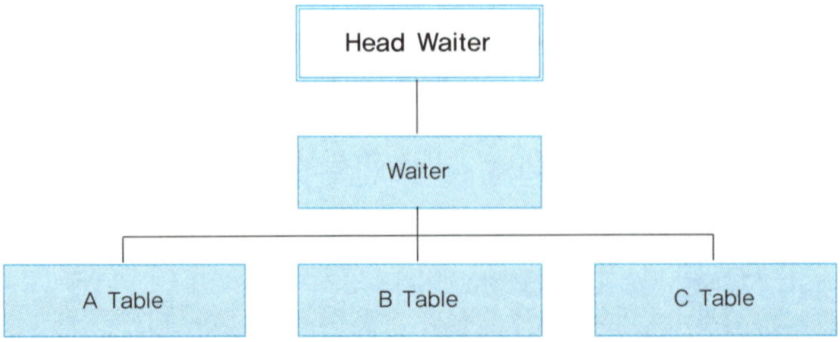

[그림 6-4] 스테이션 웨이터 시스템

Ⅳ 식음료부서 종사원의 직무

1. 지배인(Manager)

식당 내의 모든 서비스와 직원에 대한 책임 및 그에 따르는 권한을 행사하며 근무 스케줄에서 교육훈련에 이르기까지 전체를 총괄한다. 구체적인 역할은 다음과 같다.

① 영업 및 서비스에 관한 제반사항을 지휘 · 통제하며 책임을 진다.
② 직원의 근무시간표를 작성한다.
③ 예약사항과 준비사항을 점검하고 각 담당자의 임무에 대한 세부사항을 지시한다.
④ 영업장의 영업활성화를 위한 특별행사 등을 계획 실시한다.
⑤ 고객의 영접과 안내를 하며 고충처리에 대한 책임을 진다.
⑥ 직원들의 교육훈련 및 인사관리에 책임을 진다.
⑦ 직원들의 서비스 담당구역을 할당하고 영업준비를 확인 · 점검한다.
⑧ 영선부, 객실정비, 객실부 등 타 부서와의 협조가 필요할 때 필요사항을 의뢰하거나 대책을 강구한다.
⑨ 주방요원과 서비스 요원 간의 협동이 이루어지도록 업무조정을 한다.

오늘날 호텔에서 식음료 판매에 의한 수입증대에 따라 식음료부서의 중요성이 점차 증대되고 있기 때문에 지배인은 원가관리, 메뉴작성, 불만처리, VIP고객 접대, 교육훈련 등에 충분한 경험이 있어야 한다. 또한 용모단정하고 인격을 갖춘 자로 부하 직원들을 통솔할 수 있는 리더십이 있어야 한다.

2. 부지배인(Assistant manager)

평상시에는 지배인을 보좌하여 영업장을 운영관리하고 특히 대고객 서비스 관리를 주된 업무로 하며, 지배인의 부재 시에는 지배인의 업무를 대행한다.

3. 캡틴(Captain)

일명 헤드 웨이터(head waiter)라 부르기도 하는데, 중소규모의 식당에서는 부지배인 없이 캡틴이 그 역할을 대신하기도 한다. 캡틴은 접대책임을 맡고 있는 책임자로서 웨이터나 실습생을 관리 · 감독하며 식음료서비스에 있어서 주문과 서비스를 담당한다. 캡틴의 직무를 살펴보면 다음과 같다.

① 영업시작 전에 담당구역의 서비스 준비사항과 구성인원을 점검한다.
② 웨이터에 대한 작업지시와 감독을 한다.
③ 고객을 영접하며 주문을 접수한다.
④ 판매하는 메뉴와 각 품목의 조리시간을 숙지하고 순서에 따라 서비스한다.
⑤ 웨이터 및 실습생에 대한 메뉴와 서비스에 대한 교육훈련을 실시한다.
⑥ 각종 집기 및 리넨류를 관리한다.
⑦ 고객에게 주된 요리를 제공한 후 고객의 반응을 살핀다.
⑧ 고객을 전송한 다음 테이블을 재정비하도록 지시한다.

4. 웨이터(Waiter) / 웨이트리스(Waitress)

캡틴을 보좌하며 주문된 식음료를 고객에게 직접 제공하는 역할을 하는 사람을 말한다. 뿐만 아니라 각자의 책임구역이 있어 맡은 구역에 대한 정리와 정돈도 해야 한다. 구체적인 업무내용은 다음과 같다.

① 영업시간 전에 영업에 필요한 사항 준비
② 메뉴, 할당된 구역, 부수적인 업무와 테이블 번호 등을 숙지하여 서비스 준비
③ 담당 테이블의 영접, 식음료 주문접수, 그에 따른 식사의 제공
④ 고객의 식사 시 추가적인 필요사항 응대
⑤ 고객의 식사 후 계산서 제공 및 이상 유무 확인
⑥ 다음 고객을 접대하기 위한 테이블 재정비
⑦ 지배인 및 담당 캡틴의 지시사항 이행 및 동료직원과 협조
⑧ 보조 웨이터의 지시와 감독 및 지원

5. 그리트리스(Greetress)

일명 리셉셔니스트(receptionist)라고도 하는데 예약업무 및 좌석안내 등을 하는 사람을

말한다. 그 구체적인 업무를 요약하면 다음과 같다.

① 각 지역(station)에 배치된 캡틴과 웨이터 및 테이블 숙지
② 예약업무, 좌석안내 등과 관련한 지배인의 지시사항 준수
③ 예약의 접수 및 예약내용의 기록(예약자의 정확한 성명, 인원수, 도착시간, 특별한 요구사항, 전화번호 등 확인)
④ 서비스 인원의 부족 시 웨이터 및 웨이트리스 지원

6. 기 타

1) 버스보이(Busboy / girl)

보조 웨이터를 말한다. 일반적인 직무는 캡틴이나 웨이터의 지시에 따라 테이블로부터 기물의 철거 및 교체, 테이블의 정리 · 정돈 등을 맡고 있다. 세부적인 업무는 다음과 같다.

① 웨이터나 웨이트리스의 업무 보조
② 업장에 필요한 각종 기물류 등의 보급
③ 고객에게 음료, 버터, 빵 등의 서비스
④ 테이블의 정리 · 정돈 및 사용한 리넨류의 교체와 테이블세팅
⑤ 업장 내 가구류의 청소 및 정리 등

2) 소믈리에(Sommelier)

와인전문가로 식사와 잘 어울리는 와인을 추천하여 주문을 받고 고객에게 와인을 직접 서브하는 종업원을 말한다. 식당의 음료와 관련한 매상의 증진에 크게 영향을 미치는 사람으로 sommelier가 없는 식당에서는 wine waiter가 그 역할을 대신하기도 한다.

3) 바텐더(Bartender)

음료(beverage)에 대한 충분한 지식을 가지고 칵테일을 조주할 수 있는 종업원을 말한다. 현란한 기술과 몸짓으로 바텐더에 대한 인식이 새로워지고 있다.

4) 셀러 맨(Cellar man)

와인 보관창고에서 와인의 상태를 체크하고 관리하는 종사원을 말한다.

5) 베이커(Baker)

주방에서 roll, bread, cake 등을 전문적으로 구워내는 사람이다.

6) 스튜어드(Steward)

식당의 기물 및 비품을 정리하는 사람이다.

제2절 호텔식당의 분류

호텔 내에서의 식당은 그 명칭, 목적, 국적뿐만 아니라 제공되는 내용이나 서비스 형식 등에 따라서 다양하게 나눌 수 있다.

I 명칭에 의한 분류

1. 레스토랑(Restaurant)

일반적으로 식당의 대명사로 인식되고 있으며, 식탁과 의자를 마련하여 놓고 종업원들이 식사와 음료를 제공하거나 혹은 고객 앞에서 간단히 조리하여 주는 고급 시설을 갖춘 식당을 말한다. 이때 제공되는 음식에 따라 양식당(Western style restaurant)과 한식당(Korean style restaurant), 일식당(Japanese style restaurant), 중식당(Chinese style restaurant) 등으로 구분한다. 또한 양식당은 다시 세분하여 제공되는 음식의 국적별로 프랑스식 식당(French style restaurant), 이탈리아식 식당(Italian style restaurant), 미국식 식당(American style restaurant), 스페인식 식당(Spanish style restaurant) 등으로 구분한다.

2. 커피숍(Coffee shop)

보통 고객의 왕래가 빈번한 장소에서 커피를 비롯한 각종 차와 음료 등을 판매하면서 아침이나 간단한 경양식 등을 판매하는 영업장을 말한다. 월별, 계절별, 혹은 특정한 의미를 가진 날에는 각종 이벤트를 마련하여 스페셜 메뉴를 준비하기도 한다. 보통 아침 6시부터 밤 12시까지 지속적으로 영업한다.

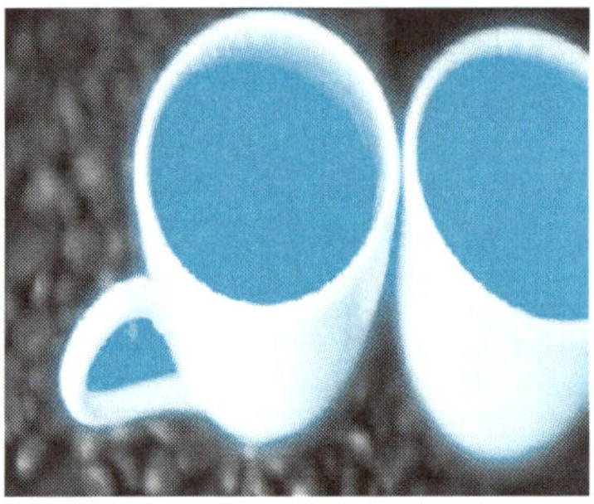

3. 카페테리아(Cafeteria)

음식물이 진열되어 있는 진열식탁에서 몇 가지 메뉴를 선택하여 고객이 요금을 지급하고 이용하는 셀프서비스식 간이식당을 일컫는다. 품목별로 가격이 정해져 있어 일반 뷔페식당과는 차이가 있다.

4. 다이닝 룸(Dining room)

오후에 영업을 하며 정해진 시간(Lunch : 12:00~15:00, Dinner : 18:00~21:00)에, 그리고 메뉴는 주로 정식(table d'hôte)을 제공하는 식당으로 주로 점심과 저녁식사만 할 수 있다. 그러나 최근에 이 명칭은 사용되지 않고 고유의 명칭을 붙인 전문요리 레스토랑과 그릴로 형태가 바뀌었으며, 정식뿐만 아니라 일품요리도 제공하고 있다.

5. 그릴(Grill)

일반적으로 일품요리(à la carte)를 제공하는 식당으로 고객의 기호와 편의를 고려하여 그날의 특별요리(daily special menu)를 제공하기도 한다. 아침과 점심, 저녁식사를 모두 할 수 있다.

6. 런치 카운터(Lunch counter)

식탁 대신 조리과정을 직접 볼 수 있는 카운터 테이블에 앉아서 고객이 조리사에게 직접 주문하여 식사를 제공받는 식당을 말한다. 고객이 조리과정을 지켜볼 수 있기 때문에 기다리는 시간의 지루함을 덜 수 있고 식욕을 촉진시킬 수 있는 셀프서비스 식당으로, 일식당의 Sushi counter가 대표적 예라 할 수 있다.

7. 리프레시먼트 스탠드(Refreshment stand)

시간이 바쁜 고객들을 위하여 간이음식을 만들어 진열장에 미리 진열해 놓고 고객의 요구에 따라 판매하는 식당이다.

8. 드라이브 인(Drive-in)

자동차 여행자를 위한 식당으로 교통이 편리한 도로변에 위치하고 있으며, 숙박을 겸한 영업을 한다. 계절영업을 하는 곳에서 운영되며 넓은 주차장을 필요로 한다.

9. 다이닝 카(Dining car)

철도사업의 부대사업으로 기차를 이용하는 여행객을 위하여 식당차를 여객차와 연결하여 그곳에서 식사를 제공하는 기차의 식당칸을 말한다. 메뉴는 다양하지 못하지만 비교적 가격이 저렴한 것이 특징이다. 미국에서는 1850년 이후에 성행하였다.

현재 우리나라는 무궁화호와 새마을호에 프라자호텔이 운영하는 열차식당이 다이닝 카에 속한다.

10. 스낵 바(Snack bar)

서서 먹는 간이식당으로 가벼운 식사가 제공된다. 가게의 면적이 좁고, 셀프서비스가 특징이라 할 수 있다.

11. 인더스트리얼 레스토랑(Industrial restaurant)

회사나 공장의 구내식당으로 비영리 목적의 급식식당을 말한다. Feeding Facilities라고도 하며, 학교, 병원, 기업체의 구내식당이 여기에 해당한다. 셀프서비스가 특징이다.

12. 백화점 식당(Department store restaurant)

백화점을 이용하는 고객들이 쇼핑 도중에 간이식사를 할 수 있도록 백화점 구내에 위치한 식당을 말한다. 대개 셀프서비스 형식을 취하며, 회전이 빠른 식사가 제공된다.

13. 드럭스토어(Drugstore)

고속도로 주변에 위치하여 간단한 식사를 서비스하는 식당을 말한다.

14. 자동판매기(Automatic vending machine)

기계 속에 현금을 넣고 필요한 품목을 누르면 음식이 나오는 것을 말한다. 식사를 제대로 할 수 없을 정도로 바쁜 직장인이 언제든지 필요할 때, 혹은 식당이 문을 닫은 시간에 이용할 수 있는 장점이 있으나 메뉴가 다양하지는 않다.

15. 스모가스보드와 뷔페식당(Smorgasbord & buffet restaurant)

음식물이 진열된 식탁에서 균일한 요금을 지급하고 마음대로 선택해서 먹을 수 있는 셀프서비스 식당을 말한다.

Ⅱ 제공상품에 의한 분류

제공되는 상품에 따라 분류하는 방식이다. 동양식과 서양식으론 크게 나눌 수 있으며, 동양식은 다시 한국식, 일본식, 중국식 등으로, 그리고 서양식은 이탈리아식, 프랑스식, 미국식, 스페인식 등으로 나눌 수 있다.

1. Italian restaurant

14세기 초 마르코 폴로가 중국의 원나라에서 배워 온 면류가 스파게티(spaghetti)와 마카로니(macaroni)로 정착하여 이탈리아식 요리의 원조가 되었다. 이탈리아식 요리의 특징은 지중해 연안의 풍부한 해산물과 올리브유를 많이 사용하고, 마늘을 많이 넣는 것이다.

Italian restaurant	지중해 연안의 풍부한 해산물과 올리브유를 많이 사용하는 이탈리아 요리를 제공하는 식당
French restaurant	고급 레스토랑의 대명사로 프랑스요리를 제공하는 식당
American restaurant	미국인들의 식사는 실질적이고 영양 위주의 메뉴로 구성
Spanish restaurant	올리브기름과 포도주를 주재료로 많이 쓰는 스페인요리를 제공하는 식당
Chinese restaurant	북경요리, 남경요리, 광동요리, 사천요리 등 중국의 요리를 제공하는 식당
Japanese restaurant	주로 어패류와 신선한 생선을 재료로 하는 요리가 발달하여 일본 요리를 제공하는 식당
Korean restaurant	최근 대형 호텔에서 복잡한 상차림을 개선한 한식요리를 제공하는 식당

이탈리아식 식당에서는 이 면류를 총칭하여 파스타(pasta)라고 하는데, 수프(soup) 대신 식사 전에 먹는다. 코스(course)로는 아페리티보(apperitivo : 식전주), 안티파스토(antipasto : 전채), 육요리, 인살라타(insalata : 야채, 과일, 커피)의 순서로 점심식사를 즐긴다. 스파게티, 마카로니 외에도 피자, 라자냐, 라비올리 등이 유명한 이탈리아식 음식이다. 최근에는 특급 규모의 모든 호텔에서 이탈리아식 식당을 운영하고 있다.

2. French restaurant

이탈리아에서 유래되어 16세기 앙리 4세 때부터 요리가 시작된 프랑스 요리는 전 세계적으로 유명하여 오늘날 고급 레스토랑의 대명사로 자리잡았다. 요리에 사용되는 소스의 종류만 하더라도 수백 가지가 넘으며, 샤토브리앙(chateaubriand), 바닷가재 요리(lobster), 생굴요리(oyster), 달팽이요리(snail), 오르되브르(hors d'oeuvre) 등이 유명하다. 그리고 요리에 wine이 제공되며, 우아한 실내장식과 요리의 높은 수준과 어울리는 정중하고 품격 높은 서비스가 팀워크를 이룬 웨이터와 웨이트리스에 의해 제공되는 점도 특징으로 꼽을 수 있다.

3. American restaurant

미국인들의 식사는 실질적이고 영양위주의 메뉴로 구성되어 있다. 재료들은 주로 빵과 곡물, 고기와 계란, 낙농식품과 과일 및 야채 등으로 식사는 간소하게 차려진다. 주요 요리로는 비프 스테이크(beef steak), 햄버거(hamburger), 바비큐(barbecue) 등이 있다. 요리의 체제나 구성보다는 맛과 영양, 그리고 풍성함을 중요시하는 특징이 있다.

4. Spanish restaurant

올리브기름과 포도주를 주재료로 많이 쓰는 스페인요리는 생선요리가 특히 유명하다. 새우, 가재, 새끼돼지 요리 등을 비롯하여 토르티야(tortilla), 세고비아나(segoviana), 안달루시용(andalusion), 가스파초(gaspacho), 코시도 마드릴레노(cocido-madrileno) 등이 유명하다.

5. Chinese restaurant

중국은 지역이 넓어 음식의 종류와 맛, 조리법 등도 매우 다양하며 요리의 수준도 세계 제일이라 할 수 있다. 중국요리의 특징은 첫째, 식재료가 가금류를 비롯하여 야생조류, 야수, 어패류, 해조류, 야채류, 과실류, 계란, 콩 등 무궁무진하다는 점과

둘째, 조리기구는 간단하고 사용하기 쉬우며 기름을 이용하여 볶거나 지지고 튀기는 요리가 많다.

셋째, 조미료와 향신료가 풍부하여 음식의 모양이 화려하고 풍요롭다.

넷째, 넓은 영토로 인해 지역적으로 특색 있는 요리도 발전하였는데 북경요리, 남경요리, 광동요리, 사천요리 등으로 요약된다.

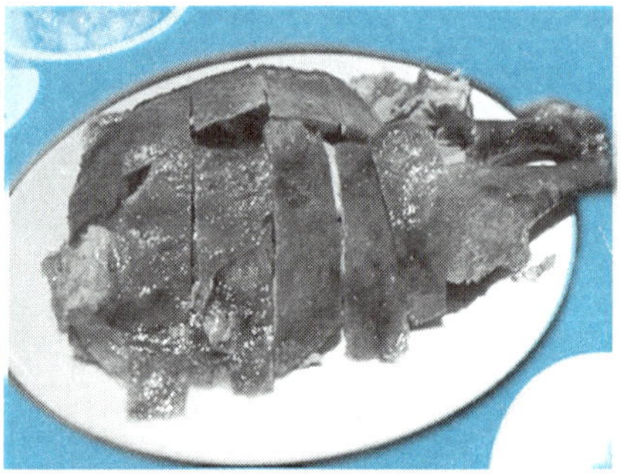

6. Japanese restaurant

일본은 계절 변화가 뚜렷하고 사방이 바다로 둘러싸인 특수성 때문에 주로 어패류와 신선한 생선을 재료로 하는 요리가 발달하였다. 대표적인 일본요리는 생선을 재료로 하는 생선회, 초밥, 그리고 튀김요리 등으로 깔끔하고 세련되게 장식되어 제공되는 것이 특징이다.

일식당은 다른 식당에 비해 여름철에는 비수기(off season)라 할 수 있는데, 주로 신선한 생선을 요리재료로 이용하므로 상할 염려가 많기 때문이다.

7. Korean restaurant

한식요리로는 옛 궁중요리를 비롯한 불고기, 신선로, 전골요리 등을 대표적으로 꼽을 수 있겠으나, 최근에는 대형 호텔에서 한국 음식의 표준식단을 개발하여 한정식의 복잡한 상차림을 개선하여 간단한 코스로 구성된 Set Menu를 내놓았다. 이 Set Menu는 대중화하고 맛과 향도 부드러워 외국인들의 입맛에도 잘 맞아서 인기를 끌고 있다.

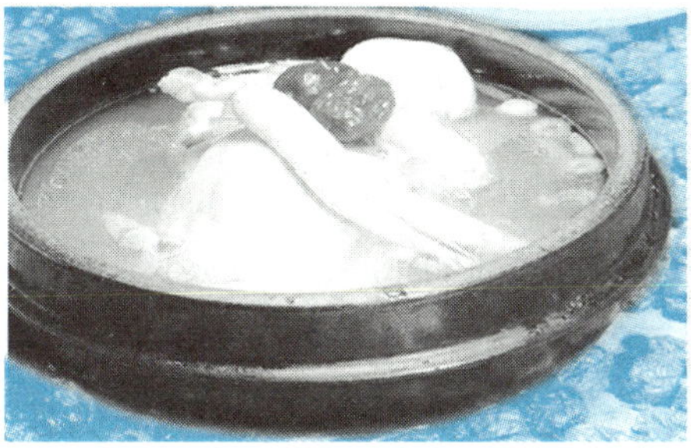

Ⅲ 서비스 형식에 의한 분류

식사 서비스의 형식은 음식의 재료만큼이나 나라에 따라 다양한 형태로 발전되어 왔다. 여기서는 가장 일반적인 프랑스식, 미국식, 러시아식과 영국식을 살펴보겠다.

French service	고객이 보는 요리를 준비. 숙련된 웨이터들로서 팀을 이루어 효율적이고 격조 높은 서비스를 제공하며, 요리나 서비스를 여유 있게 즐길 수 있는 서비스
American service	기능적이고 실용적이며, 효율성과 신속성 등을 강조하는 서비스
Russian service	요리의 서비스를 웨이터가 혼자 한다는 것과 모든 요리는 주방에서 서브되기 전에 완전히 준비되어 나온다.
English service	Family service라고도 하는데 미국식 서비스를 약간 변형시킨 형태로 주방에서 완전히 이루어지며, 요리가 놓이면 고객 각자가 적당량을 덜어서 먹거나 때로는 웨이터가 이를 도와주는 서비스

1. French service

프랑스에서는 주방에서 음식이 나올 때 접시에 담겨서 나오는 것이 아니라 silver platter에 담겨 테이블로 옮겨지며, 고객이 보는 앞에서 gas나 alchol lamp를 이용하여 요리를 준비한다. 생선요리는 가시를 발라내고 소스를 만들어 서브한다. 그리고 steak는 flaming하여 제공하고 dessert는 gueridon에서 직접 조리하여 제공한다.

서비스를 담당하는 사람들도 chef de rang, commis de rang, chef de vin 등의 숙련된 웨이터들로서 팀을 이루어 효율적이고 격조 높은 서비스를 제공하며, 여유 있게 요리나 서비스를 즐기는 점도 특징이다.

gueridon을 이용하는 서비스는 주된 요리나 디저트 코스에 주로 사용되며, flaming할 때 사용하게 된다. flaming은 식사분위기를 한층 더 화려하게 만들며 고객에게 강한 인상과 식욕을 돋워주는 역할을 하게 된다. 고객 앞에서 flaming하는 웨이터의 모습은 다른 여러 고객들로부터 주목을 받고 또한 다른 고객들도 같은 요리를 주문하는 경우가 많기 때문에 숙달된 솜씨로 아주 멋있고 우아하게 서비스해야 한다.

2. American service

American service는 서비스에 있어서 기능적이고 실용적이며, 효율성과 신속성 등을 강조한다. 미국의 기능적이고 실용적인 사고방식은 사회의 역동성만큼이나 바쁜 서비스를 요구하여 오늘날 snack bar, coffee shop, counter service 등과 같은 새로운 양식의 식당과 서비스를 낳았다.

American service는 French 혹은 Russian service에 비해 화려하지는 않지만 식당에서 일반적으로 이루어지는 스타일로 자리잡았다. 즉 음식은 주방에서 접시에 담겨 tray나 cart에 실려 손님의 테이블에서 신속하게 제공된다. tray를 사용하지 않고 직접 손으로 들고 식탁까지 와서 서비스하기도 한다. 이러한 서비스의 가장 큰 특징은 주문받은 요리를 빠른 시간 내에 제공할 수 있으며, 웨이터의 숙련도가 그다지 요구되지 않는다는 점이다. 따라서 고급 식당보다는 고객의 회전이 빠른 식당에 적합한 서비스방식이다.

3. Russian service

일명 Platter service라고도 하는데, French service와 유사한 점이 많다. 하지만 요리의 서비스를 웨이터가 혼자 한다는 것과 모든 요리는 주방에서 서브되기 전에 완전히 준비된다는 점이 French service와 다르다.

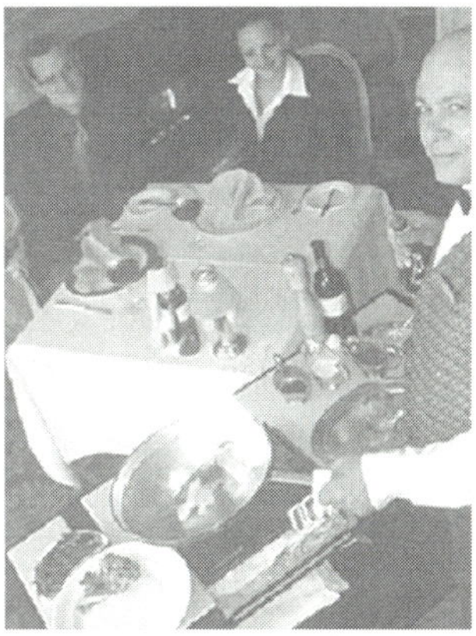

주방에서 Silver platter에 우아하게 담긴 음식을 테이블 근처의 Side board에 놓고 Platter만을 들고 고객의 왼쪽에서 요리를 보여준 후 적당량을 서비스한다. 전형적인 Banquet service이며, 웨이터 혼자서 우아하고 멋있는 서비스를 할 수 있고 특별한 기물을 준비할 필요 없다는 것이 장점이다.

4. English service

일명 Family service라고도 하는데 미국식 서비스를 약간 변형시킨 형태이다. 즉 요리는 주방에서 완전히 이루어지며, bowl이나 platter에 담겨 식탁의 중앙에 놓인다. 요리가 놓이면 고객 각자가 적당량을 덜어서 먹거나 때로는 웨이터가 이를 도와서 서비스한다. 이 방법의 특징은 서비스 내용이 단순하여 숙달되지 않은 웨이터도 충분히 담당할 수 있고, 또한 웨이터 혼자서 많은 고객을 대상으로 서비스할 수 있다는 점이다.

Ⅳ 식사시간에 의한 분류

식사를 시간에 따라 breakfast, brunch, lunch, afternoon tea, dinner, supper 등으로 분류할 수 있다.

1. 조식(Breakfast)

서양에서는 하루 중 가장 가벼운 메뉴로 구성되는데, 유럽에서의 아침식사는 더욱 간단하며 Breads와 Coffee 정도로 이루어지는 경우가 많다. 미국식과 대륙식으로 나누어 그 구성요소를 살펴보겠다.

조식(Breakfast)	가장 가벼운 메뉴로 구성. 미국식과 대륙식으로 구성됨
브런치(Brunch)	Breakfast와 Lunch의 합성어로 아침과 점심 사이에 먹는 식사
점심(Lunch)	저녁식사에 비해 메뉴가 3~4코스 정도로 간단히 제공됨
Afternoon tea	Tea time이라고도 하며, 이는 영국의 전통적인 식사습관이다. 점심과 저녁 사이에 먹는 간식
저녁(Dinner)	동서양을 막론하고 하루의 식사 중 저녁은 충분한 시간을 가지고 성찬으로 구성
Supper	격조 높은 만찬. 정찬을 위미

1) 미국식 아침식사(American breakfast)

계란요리를 중심으로 하여 Fresh fruit, Fresh juice, Cereal, Cake, Beverage, Bread 등으로 이루어지는데 메뉴 작성에 따라 한두 가지가 생략될 수도 있다.

(1) Fruits

Apricots, Apples, Cherries, Nectarines, Peaches, Pears, Plums, Oranges, Gra- pefruit, Lemons, Limes, Strawberries, Raspberries, Blueberries, Grapes, Melons, Mangoes, Kiwi, Papaya, Pineapple, Banana

(2) Fresh juices

Orange juice, Apple juice, Pineapple juice, Grapefruit juice, Strawberry juice, Mango juice 등의 과일주스와 Tomato juice, Vegetable juice가 제공된다.

(3) Cereal

주로 아침식사에만 제공되는 곡물 죽 종류로 뜨겁게 제공되는 hot cereal이 있다. 차가운 cereal은 cornflake나 puffed rice와 같이 건조한 상태의 재료이므로 dry cereal이라고도 하며, 이때 차가운 우유가 함께 제공된다. cold cereal은 oatmeal, cream wheat와 함께 따뜻한 우유가 제공된다.

(4) Egg

계란은 계절에 관계없이 경제적이고 가장 널리 알려진 요리재료이다. 계란은 음식재료를 응고시키거나 발효시키는 데 주로 사용되며, 슈크림이나 반죽 등에 탄력을 주기 위해 사용되기도 한다. 또한 계란은 맛과 향기를 증가시키고 음식물을 코팅하여 황금색이 나도록 한다. 미국식 아침식사에서는 계란요리가 main dish로 제공되는데 조리방법에 따라 그 명칭이 다르다. 따라서 주문 시에는 정확한 명칭을 사용하여야 한다.

- Plain egg : 날것으로 제공되므로 매우 신선하고 위생적으로 처리된 위생란을 이용한다.
- Boiled egg : 계란을 껍질째 끓는 물에서 삶는 것으로 soft boiled(반숙)와 hard boiled(완숙)가 있다. soft boiled는 노른자가 흐르지 않을 정도로 고정되어야 하고 흰자위는 완전히 불투명한 상태로 익히되, 크림같이 부드러운 상태여야 한다. hard boiled는 흰자와 노른자가 단단해질 때까지 완전히 익도록 삶는 것을 말한다. 그러나 너무 오래 끓이면 노른자가 너무 단단해지고 푸르스름한 회색빛이 나게 된다. boiled egg는 고객으로부터 주문을 받을 때 조리시간을 물어보는 것도 좋은 방법이다.
- Poached egg : 서서히 끓는(not boiled) 물 또는 기타 용액에서 3~5분간 계란의 껍질을 깨어 익히는 조리방법이다. 만일 계란이 신선하지 않다면 흰자가 노른자 주변에 응집되지 않고 넓게 퍼져서 실패하게 된다. simmering하는 용액은 물뿐만 아니라 milk, soup, tomato juice, vegetable cocktail juice, broth 등이 사용될 수도 있다. 계란이 다 익으면 국자로 건져낸 후 paper towel로 물기를 제거한 후 melba toast 위에 얹어 서비스한다.
- Scrambled egg : 계란을 깨어 밀크, 크림, 물을 섞어 가끔 휘저어가며 익힌다. 이때 너무 자주 휘저으면 너무 작은 조각으로 되어 건조하고 부스러지게 된다. 밀크와 크림을 넣으므로 보송보송하고 더욱 부드러운 요리가 된다. 이것 역시 melba toast 위에 제공될 수 있다.
- Fried egg : 계란 껍질을 깨고 프라이팬에서 한쪽 면만 익히는 것으로 흰자의 가장자리는 바삭바삭하고 단단하며, 노른자는 뜨겁지만 완전히 익지는 않은 상태를 말하는 것으로 sunny side up이라고 불리며, 양쪽면 모두 흰자는 익혔으나 노른자는 덜 익힌 것을 over easy라고 하며, 노른자까지도 완전히 익힌 것을 over hard라고 한다.
- Baked egg : 2개의 계란을 껍질을 깨어 ramekin이라고 하는 작은 용기에 눌어붙지 않도록 버터를 바르고 오븐에서 구워내는 것이다. 소금, 후추, 파프리카 등으로 간을 맞추고 15분 정도 조리하는데 계란 흰자는 완전 불투명해질 때까지 익혀야 하고 노른자는 부드러울 정도로 익혀 제공한다.
- Omelette egg : 계란을 깨어 우유, 양파, 버섯 등 기타 양념을 넣고 잘 섞어서 omelette pan에서 적당히 낮은 온도로 조리한다. omelette은 완성되면 지체 없이 서브되어야

하며, 고객이 원하는 재료를 첨가해서 주문받는 것도 좋은 방법이다.

(5) Cakes

계란요리 대신에 cake 요리가 제공되기도 하는데, 그 종류로는 pan cake, waffle, French toast 등이 있으며, cake가 제공될 때에는 honey나 syrup이 함께 제공된다.

(6) Breads and roll

아침식사에 빼놓을 수 없는 것이 빵 종류이다. 여기에는 toast용 식빵과 roll빵이 제공된다. roll에는 croissant, brioche, danish pastry, muffin 등이 제공되며, bread가 제공될 때에는 butter와 jam, mamalade 등이 함께 제공된다.

(7) Beverage

아침식사 시 제공되는 음료에는 coffee, tea, milk 등이 있는데 주로 커피를 가장 많이 마시며, 커피는 고객의 요구에 따라 식사 전부터 서브하는 경우가 많다.

(8) Bacon, ham, sausage

미국식 아침식사에서 계란요리가 제공될 때 곁들여지는 요리로 고객의 선택에 의해 베이컨, 햄, 소시지의 3가지 중 1가지가 제공된다.

2) 대륙식 아침식사(Continental breakfast)

일명 유럽식이라고도 하는데 American breakfast에 비해 매우 간단하다. 계란 및 육류가 제공되지 않고 juice, bread, coffee 정도의 간단한 메뉴로 구성된다. 시간이 없는 고객이나 객실에서 룸서비스를 통해 식사를 제공받는 것이 보통이다.

2. Brunch

breakfast와 lunch의 합성어로 아침과 점심 사이에 먹는 식사를 말한다(우리나라에서는 일반적으로 '아점'이라고 한다). 늦게 일어났거나 아침식사를 놓친 고객을 위해 낮 12시 이전에 제공된다. 주로 doughnut, sandwich, egg 요리 등으로 구성된다.

3. 점심(Lunch)

lunch 혹은 luncheon이라고도 한다. 저녁식사에 비해 메뉴가 3~4코스 정도로 간단히 제공되며, soup, entree dessert, beverage 정도로 구성된다.

4. Afternoon tea

Tea time이라고도 하며, 이는 영국의 전통적인 식사습관이다. 점심과 저녁 사이에 먹는 간식으로 tea에 milk를 섞어 마시는 milk tea와 melba-toast를 함께 먹는다. 오늘날에는 영국뿐만 아니라 전 세계적으로 오후의 Tea time을 많이 즐기는데 독일, 오스트리아, 미국 등지에서도 Jause(야우제) 혹은 Pan-cake house 같은 곳에서 많은 고객들이 애호하고 있다.

5. Dinner

동서양을 막론하고 하루의 식사 중 저녁은 충분한 시간을 가지고 성찬으로 메뉴를 구성하여 여유 있게 즐긴다. 양식에 있어서 dinner는 보통 5~6코스로 제공되며, 정식 디너(table d'hôte)는 full course로 구성된다.

6. Supper

Supper란 원래 격조 높은 만찬·정찬을 의미하였으나, 오늘날에 와서는 늦은 시간에 제공되는 식사를 의미한다. 대개 2~3코스의 가벼운 메뉴가 제공된다.

제 3절 음료의 분류

I 음료의 의의

인간을 비롯한 생명체의 몸을 구성하는 신체 구성요소 가운데 약 70% 이상이 수분이라고 한다. 그중에서 15% 정도만 감소하게 되더라도 생명이 위험할 정도에 이른다. 쉴 새 없이 움직임으로써 땀을 통해 끊임없이 발산되는 수분은 적절한 시간에 적당한 양의 공급이 있어야 생명체를 계속 유지할 수 있다. 일반적으로 건강한 성인이 호흡 및 땀을 통해 배출하는 수분은 1일 평균 약 1.9L로, 이를 보충하기 위해서는 개인마다 약간의 차이는 있겠지만 2.35~ 2.82L가 필요하다. 이처럼 인간의 생명은 물을 떠나서는 생각할 수 없을 정도로 물, 즉 수분은 생명을 유지하는 데 필수적인 요소이다. 인간은 이렇게 필요한 수분 중 39%를 매일매일 각종 음식물의 섭취를 통해, 14%는 인체의 생화학작용인 호흡의 부산물로, 그리고 나머지 약 47%는 실제적인 음료수를 통해 보충한다. '물이 달다'는 표현은 목마를 때 한 잔의 물이 가지는 가치가 얼마나 큰지를 가장 직접적으로 예시한다고 하겠다.

II 음료의 종류

인간의 생명을 유지하기 위한 가장 필수적이고 기본요소인 음료(beverage)는 그 구성성분에 알코올을 함유하고 있느냐의 여부에 따라 알코올성 음료와 비알코올성 음료로 나누어진다. 알코올을 함유한 알코올성 음료(alcoholic drink)는 하드 드링크(hard drink), 즉 술을 의미하며 제조방법에 따라 양조주(fermented liquor)와 증류주(distilled liquor), 혼성주(compounded liquor), 그리고 조주(cocktail)로 나눌 수 있다. 알코올을 함유하지 않은 음료를 비알코올성 음료(non-alcoholic drink) 또는 소프트 드링크(soft drink)라고 하는데, 이는 다시 청량음료, 영양음료, 기호음료 등으로 나눌 수 있다.

1. 알코올성 음료(Alcoholic drink)

1) 양조주(Fermented)

양조주는 곡류와 과실 등을 원료로 하여 양조한 술을 말한다. 양조주를 다시 그 원료에 따라 ① 당분이 함유된 원료를 이용하여 만든 술(포도 : wine, 사과 : cider, 배 : perry)과 ② 전분을 당화시켜 주정을 얻어내는 발효과정을 요하는 것(맥주 및 우리나라의 전통 약주)으로 나눌 수 있다. 양조주의 알코올 도수는 다른 술 종류에 비해 낮다.

2) 증류주(Distilled)

곡류와 과실 등을 원료로 하여 1차 양조한 양조주를 증류하여 보다 강한 알코올 성분이 함유되어 있는 술을 말한다. 증류는 알코올과 물을 끓는점의 차이를 이용하여 고농도의 알코올을 만드는 과정으로, 양조된 술을 서서히 가열하면 끓는점이 낮은 알코올이 먼저 증발하는데, 이 증발하는 기체를 모아서 냉각시키면 고농도의 알코올을 분리해 낼 수 있다. 증류할 때의 알코올 도수는 약 80 정도이지만 병에 넣을 때에는 40 정도로 도수를 낮추며, 처음 증류할 때에는 무색이지만 oak통에서 저장과 숙성을 시키는 동안 색과 향기, 특성 등이 형성된다.

증류주에는 위스키(whisky), 브랜디(brandy), 보드카(vodka), 럼(rum), 진(Gin), 테킬라(tequila) 등이 있다.

3) 혼성주(Compounded)

증류주에 방향성 초목이나 과실의 향미 등을 착향시키고 착색료를 첨가하여 만든 술로서 주로 식후주(after drink)로 많이 사용되며, 주방에서 요리를 만들 때 맛을 돋우기 위해 많이 애용되는 술이다.

이와 같은 혼성주는 사용하는 식물의 원료에 따라 약초, 향초류(herbs & spices), 과실류(fruits), 종자류(beans & kernels) 등으로 분류할 수 있다. 혼성주에는 gin과 sloe gin, cointreau, kahula 등의 liqueur 종류는 수없이 많다.

2. 비알코올성 음료(Non-alcoholic drink)

비알코올성 음료는 다시 청량음료와 영양음료, 기호음료 등으로 나뉜다.

1) 청량음료(Soft drink)

청량음료는 칵테일을 조주할 때 많이 사용되는 부재료로서 마실 때 청량감을 주는 음료를 말한다. 이 청량음료는 다시 탄산음료(carbonated drink)와 비탄산음료(non-carbonated drink)로 나눌 수 있는데, 탄산음료는 cola, soda water, tonic water, cider, gingerale 등의 탄산가스가 포함된 음료를 말하며, 무탄산음료는 무색 · 무취 · 무미한 자연수를 말하는데 Mineral water, Vichy water, Evian water 등의 생수가 여기에 포함된다.

2) 영양음료(Nutritious drink)

영양성분을 함유한 음료를 말한다. 우유와 주스 종류로 나눌 수 있는데, 주스 종류에는 생과일(fresh Fruits)로 만든 각종의 주스류와 야채 주스(vegetable Juice)가 있다.

3) 기호음료(Favorite drink)

식사 전이나 식사 후에 즐겨 마시는 커피나 차를 말하며, 커피는 일반커피와 카페인이 없는 커피로 다시 나눌 수 있고, 차에는 홍차, 녹차, 인삼차 등이 있다.

Ⅲ 대표적인 음료

호텔 내에서 서비스되는 가장 주된 음료인 와인과 맥주를 중심으로 살펴보겠다.

1. 와 인

와인은 식욕을 돋우고 소화작용을 돕는 건강적인 측면뿐만 아니라 아름다운 색과 조화된 맛, 그리고 향기를 지닌 예술품으로서 미적 가치까지 지닌 격조 높은 술로 평가받으면서 오늘날 현대인들에게 더욱 사랑받고 있다. 와인은 특히 저녁식사에서 빼놓을 수 없는 밀접한 관계가 있으며, 전 세계적으로도 생산지역이 광범위하고 그 종류도 수없이 많다.

1) 와인의 제조

와인은 포도를 발효시켜 만든 양조주이다. 포도에는 천연 당분이 함유되어 있으며, 효소 또한 자연적으로 만들어지는데 포도 껍질 위에 흰색가루로 덮여 있다. 잘 익은 포도를 으깨어 포도즙을 만들고, 이 포도즙이 효소와 작용하여 와인으로 숙성되어 가는 과정을 발효라고 한다. 이를 공식으로 표시하면

$$\text{Sugar} + \text{Yeast} = \text{Alcohol} + \text{Carbon Dioxide}(CO_2)\uparrow$$

와 같다. 포도즙 속의 모든 당분이 알코올로 변화됨으로써 발효과정은 끝나게 되는데, 이때 효소는 다 소진되고 알코올 농도가 대략 15% 정도의 수준에 이르게 된다. 발효과정이 끝나면 탄산가스는 더 이상 발생하지 않는데, 샴페인이나 sparkling wine은 특수한 공정을 거쳐 탄산가스를 함유하게 하는 방법을 사용한다.

품질이 좋은 와인이 만들어지기 위해서는 다음과 같은 기본적 조건들이 갖추어져야 한다.

- Geographic location(지리적 입지)
- Soil(비옥한 토양)
- Weather(적합한 날씨)
- Grapes(포도의 질)
- Vinification(the actual wine making process) : wine을 제조하는 실질적인 양조기술

2) 와인의 성분

와인 1병(700~750㎖)을 만드는 데 들어가는 포도의 양은 1,000~1,200g이므로 와인 1병을 마시는 것은 포도 1,000~1,200g을 먹는 셈이다. 그렇지만 와인은 발효과정을 거치는 동안 포도의 성분이 다른 물질로 변하여 포도의 성분과는 다르지만 알코올과 수분, 그 외 비타민과 무기질 성분 등 어느 종류의 술보다도 영양적인 성분을 많이 가지고 있다. 그러나 와인은 취하기 위해 마시는 술이 아니고 식사와 함께 식욕을 돋우는 역할을 하는 술이다. 와인은 대략 12% 정도의 알코올과 85% 정도의 수분, 그리고 나머지 3% 내외의 극소수 성분이 와인의 맛을 좌우하고 건강을 돕는 데 커다란 역할을 한다. 이 3% 중에는 당분, 유기산, 타닌성분, 비타민, 아미노산, 그리고 무기질인 나트륨, 칼륨, 마그네슘, 인 등 다양한 성분들이 많이 들어 있다.

3) 와인의 분류

와인은 그 기준에 따라 다양하게 분류할 수 있다. 일반적으로는 색, 용도, 맛, 그리고 성분 등에 따라 분류한다.

(1) 색에 의한 분류

- Red wine : 붉은 포도로 만드는 레드와인은 화이트와인과는 달리 색이 중요하므로 포도 껍질에 있는 붉은 색소를 추출하는 과정에서 씨와 껍질을 함께 넣어 발효시키므로 붉은 색소뿐만 아니라 씨와 껍질에 있는 타닌성분까지도 함께 추출되므로 화이트와인과는 달리 떫은맛이 강하다. 레드와인의 일반적인 알코올 농도는 12~14% 정도로, 화이트와인과는 달리 섭씨 18~20℃의 상온에서 맛과 향이 풍부하다.
- White wine : 화이트와인은 잘 익은 청포도는 물론이고 일부 적포도를 이용하여 만드는데, 포도를 으깬 뒤 바로 압착하여 나온 즙을 발효시킨다. 이렇게 만들어진 화이트와인은 타닌성분이 매우 적어서 맛이 깔끔하고 순하며, 황금색이나 연녹색을 띠기도 한다. 화이트와인의 일반적인 알코올 농도는 10~13% 정도이며, 마실 때에는 7~10℃ 정도로 차게 해서 마셔야 화이트와인 본래의 맛을 즐길 수 있다.
- Rose wine : 핑크색을 띠고 있는 로제와인의 제조과정은 레드와인과 비슷하며 포도 껍질을 제거한 채 과즙만을 가지고 발효시킨다. 숙성기간이 짧으면서 오래 보존하지 않고 마시게 되는 로제와인은 레드와인보다 화이트와인에 더 가깝다.

(2) 용도에 의한 분류

- Aperitif wine : 아페리티프와인은 본격적인 식사를 하기 전에 식욕을 촉진시키기 위해 마시는 와인으로 한두 잔 정도 가볍게 마실 수 있도록 산뜻한 맛이 나는 와인이 좋은데 달지 않은 dry sherry가 유명하다.
- Table wine : 보통 '와인'이라고 하면 테이블와인을 의미하는데, 테이블와인은 식욕을 증진시키고 분위기를 좋게 하는 역할 외에도 음식의 맛을 잘 느낄 수 있도록 식사 중 입 안의 음식냄새나 기름기 등을 제거하므로 입 안을 개운하게 하고 음식 고유의 맛을 느낄 수 있도록 해준다.
- Dessert wine : 식사 후 입 안을 개운하게 하기 위해, 혹은 식후 소화를 돕기 위해 마시는 와인으로 약간 달콤하고 도수가 약간 높은 와인이다. port wine이 유명하며, 샴페인도 sparkling wine으로 소화촉진에 좋다.

(3) 맛에 의한 분류

- Sweet wine : 단맛을 가지고 있는 와인이다. 주로 dessert 코스에 적합하며, port wine, cream sherry 등이 유명하다.
- Dry wine : 단맛이 없는 와인으로 수로 aperitif용으로 적합하며 sherry, dry vermouth 등이 있다.

(4) 탄산가스 유무에 의한 분류

- Sparkling wine : 일명 발포성 와인이라 불리는 스파클링 와인은 발효가 끝난 와인에 당분을 첨가해서 와인 속에 탄산가스가 생성되도록 만든 와인이다. 세계적으로 프랑스 샹파뉴 지방에서 생산되는 샴페인이 유명하며, 알코올 도수는 9~14%이다.
- Still wine : 스틸 와인은 비발포성 와인이라고 부르는데, 발효가 끝나 탄산가스가 완전히 제거된 정숙한 와인으로 대부분의 와인이 여기에 속한다고 할 수 있다. 알코올 도수는 10~20% 정도가 보통이다.

(5) 알코올 첨가 유무에 의한 분류

일반적인 스틸 와인에 알코올이나 브랜디, 또는 향료 등을 첨가하여 알코올 도수를 보강한 와인을 의미하며 sherry wine이나 port wine이 이에 속하는데, 이를 fortified wine이라고 하며 알코올 도수를 보강하지 않은 와인을 un-fortified wine이라고 한다. 또한 스틸 와인에 여러 가지 향료를 착향시킨 와인으로 vermouth를 들 수 있다.

4) 와인의 테이스팅

와인을 맛보는 데에는 기본적으로 네 가지 방법이 있는데, 색(color)과 잔을 돌림(swirl), 냄새(smell), 맛(taste) 등이다.

(1) 색(Color)

와인의 색을 감상할 수 있는 가장 좋은 방법은 흰 냅킨이나 흰 테이블 클로스를 이용하는 방법으로, 글라스에 담긴 와인을 흰 배경에 두는 것이나, 이러한 방법으로 볼 수 있는 색의 범위는 한정되어 있다.

〈표 6-1〉의 레드와인과 화이트와인의 색에서 많은 다양한 색을 찾아낼 수 있는데, 그 예로 화이트와인은 오래될수록 색을 더 얻게 되며, 레드와인은 오래될수록 색을 잃어간다.

〈표 6-1〉 와인에서 볼 수 있는 색

White Wine	Red Wine
Pale Yellow-green	Purple
Straw Yellow	Ruby
Yellow Gold	Brick Red
Gold	Red-brown
Old Gold	Brown
Yellow-brown	
Brown	

(2) 잔을 돌림(Swirl)

와인을 테스트하는 과정에서 와인의 잔을 돌리는 이유는 와인에 산소를 공급하기 위해서이다. 와인에 포함되어 있는 에스테르, 에테르, 알데히드 등의 방향성 물질이 잔을 돌리는 과정에서 발생하는 산소와 결합하여 와인 특유의 향기를 내게 되는 것이다.

(3) 냄새(Smell)

와인을 테스트하는 순서 중 가장 중요한 부분이다. 일반적으로 사람들은 몇 가지 향기밖에 감지하지 못한다고 한다. 그러나 와인전문가는 평균적으로 2,000여 가지의 냄새를 구별할 수 있다고 한다. 와인을 빙빙 돌리고 난 후 향기가 방출되면 적어도 3번 이상은 맡아보아야 한다. 이 3번째 맡는 향기에서 비로소 어떤 와인에서 나는 어떤 종류의 Nose인지 알 수 있기 때문이다. 여기서 'Nose'란 와인을 감별하는 사람들이 사용하는 전문용어로 '특수한 향기나 달콤한 향'을 의미한다. 정확히 말해서 Nose란 '냄새를 통해 다른 와인과 구별할 수 있는 특성'으로 해석할 수 있다. 와인의 냄새를 설명할 때 공통적으로 사용되는 단어들이 있는데 대략 500여 가지로 알려져 있다.

와인 제조과정에서 이산화유황(sulfur dioxide)은 많은 용도에 이용되는데, 이는 박테리아를 죽이며 불필요한 발효작용을 억제하기도 한다. 그러나 좋은 와인을 만들기 위해서는 절대 이산화유황을 사용해서는 안된다. 왜냐하면 와인을 마실 때 코에서 타는 듯한 강렬한 냄새와 가려움증을 느끼기 때문이다.

(4) 맛(Taste)

일반적으로 사람들은 단맛, 신맛, 쓴맛, 짠맛 등 네 가지 맛밖에 감지하지 못한다고 한다. 와인의 맛을 본다는 것은 혀의 중간과 혀의 끝부분으로 입속에서 돌려가며 맛을 느끼는 것이다. 한 모금 쭉 마시는 것은 모든 중요한 미각을 지나쳐 버리기 때문에 와인의 맛을 본다고 할 수 없다. 와인에서 쓴맛이 느껴지는 것은 대부분 높은 알코올 함유량과 높은 타닌(tannin)성분에서 생겨난다. 단맛은 와인을 발효시킨 후 residual이라는 설탕을 첨가해서 생기는 맛이며, 신맛은 acidity(tart로도 사용됨)를 가리키는 것이다.

〈표 6-2〉 와인의 냄새를 묘사하는 단어

A / B	C ~ H	L ~ R	S ~ Y
Acetic	Character	Legs	Seductive
Aftertaste	Corky	Light	Short
Aroma	Delicate	Maderized	Soft
Astringent	Developed	Mature	Stalky
Austere	Earthy	Metallic	Sulphury
Baked-burnt	Finish	Mouldy	Tart
Balanced	Flat	Nose	Thin
Big-full-heavy	Fresh	Nutty	Tired
Bitter	Grapy	Off	Vanilla
Body	Green	Oxidized	Woody
Bouquet	Hard	Ptillant	Yeasty
Bright	Hot	Rich	Young

- Sweetness : 혀의 끝 쪽에서 느껴진다.
- Acidity : 혀의 측면에서 느낄 수 있으며 뺨 부분, 또한 목구멍 뒤쪽에서도 느낄 수 있다.
- Tannin : 타닌 부분은 혀의 중간부분에서 시작된다. 레드와인에는 대부분 함유되어 있으며, 화이트와인에서는 나무로 만든 통에서 숙성될 때 나타난다.

- Aftertaste : 와인에 천부적인 맛과 균형이 잘 조화되어 있는지를 평가하는 상태로 좋은 와인일수록 뒷맛이 오래간다. 좋은 와인은 1분에서 3분까지 뒷맛이 이어진다. 이러한 와인들을 조화가 잘된 와인이라고 말한다.

5) 와인의 서빙

Appetizer Wine은 차갑게 서브해야 하지만 농도가 진해야 하기 때문에 얼음을 넣지 않는다. White Wine과 Red Wine은 다음과 같은 차이점이 있으므로 그에 맞게 서빙해야 한다.

- White wine : 차갑게 서빙한다. 전통적으로 화이트와인은 가금류, 생선, 해산물과 같이 육질이 흰색인 음식과 잘 조화된다.
- Red wine : 상온에서 적당한 맛이 나므로 실내온도에 맞게 서브된다. 레드와인은 붉은색의 육류와 잘 어울린다.
- Sparkling wine : 항상 차갑게 서빙되며, 어떠한 상황이나 음식에도 잘 어울리고 무난하게 제공된다.
- Sweet dessert wine : 디저트와 함께 차갑게 제공되는데, 저녁식사 후나 가벼운 음식 사이에 마시게 된다.

일반적으로 맛이 가벼운 와인은 가벼운 음식과 함께 하고, 보다 무거운 와인은 조미료나 향신료가 들어간 음식(스테이크 등)과 함께 제공되도록 한다.

6) 와인과 조리

사용하기 간편하고 가격도 저렴한 와인은 수프를 만들 때나 생선을 구울 때, 또는 굽거나 끓이는 요리를 할 때 그 맛을 향상시킨다. cooking 와인은 약간의 간이 있기 때문에 마셔서는 안된다. 수프에 맛을 내기 위해 와인을 첨가하기도 하는데 보통 콩소메(consommê)에는 스페인산 백포도주인 셰리(sherry)를 넣고, 야채 등을 넣는 수프에는 적포도주인 버건디(burgundy) 또는 클라렛(claret)을 넣어 요리한다. Rhein 와인은 버터가 녹아 있거나 생선을 굽거나 조리하기 전에 생선 위에 와인을 바른다. 그리고 해산물을 데칠 때 셰리를 넣는다. 가금류 등을 구울 때에는 프랑스산 백포도주인 소테른(sauterne)을 조금 첨가하면 맛을 향상시키고 거위나 오리를 굽거나 요리할 때 버건디나 키안티(chianti)를 첨가하면 깊고 풍부한 맛을 즐길 수 있다. 또한 레드와인은 쇠고기에도 특별한 맛을 더한다.

7) 와인 글라스

와인과 식사를 집에서 즐기든 혹은 레스토랑에서 즐기든 간에 silverware, chinaware, linen, glassware 등의 식사 시에 필요한 기물들이 아름답고 좋은 것이라면 식사의 기쁨을 증대시켜 준다. 가장 적당한 와인 글라스의 조건은 투명한 유리에 빙글빙글 돌릴 수 있는 만큼의 공간을 가지고 있는 것이 좋다. 화이트와인이나 레드와인은 10온스가 담길 수 있는 글라스가 좋으며, 풍선모양의 큼직한 글라스는 레드와인을 마실 때 적당하다. champagne 글라스는 튤립(tulip)형태와 champagne flute형이 많이 사용되며, 이 폭이 좁은 글라스들은 4온스에서 8온스 사이의 크기이며, 기포가 한쪽에서 솟아오르도록 한다. 또한 tulip형은 향기를 집중시키는 데에도 아주 좋다. port형과 sherry형은 적은 양을 담을 수 있다.

2. 맥 주

맥주는 보리와 대맥아(melted barley), 호프(hop)를 주원료로 하여 만든 담색을 띠는 음료이다. 알코올 성분은 4~6도 정도이다. 일반적으로 병맥주(lager beer)와 생맥주(draft beer)로 분류하는데, 병맥주는 열을 가하여 살균과정을 거쳐 병에 넣어 장기간 보존할 수 있게 만든 것이고, 생맥주는 저온살균하여 효모활동을 중지시킨 것이다. 병맥주는 살균되어 있는 상태이므로 실내의 저장온도에 따라 맛과 성질이 유지되는 반면에 생맥주는 효모가 살아 있어 맥주 고유의 맛은 병맥주보다 우수하나 살균되지 않은 것이므로 운반이나 저장에 저온을 유지해야 하므로 저장관리가 복잡하다.

1) 병맥주(Lager beer)

(1) 저장방법

① 직사광선을 피할 수 있는 지하실이 좋으며, 습기가 없는 건조한 장소에 보관하는 것이 좋다.

② 5~20℃의 실내온도에 통풍이 잘 되는 곳이 좋다.

③ 영하의 온도에 노출되어 맥주가 언다든가 하면 김빠진 맥주(flat)가 되기 쉬우므로 판매할 수 없다.

④ 약간 얼었다 녹았더라도 그 색이 맑고 아래위로 흔들어 보아 상태가 좋다고 생각되는 제품만 판매해야 한다.

⑤ 흔들어 보아 색이 혼탁하거나 거품이 없을 때에는 상품가치를 상실한 것이므로 판매해서는 안된다.

(2) 서비스

① 입고 순서에 따라 선입선출방법(FIFO system : first in first out)에 따라 신선도를 유지한 맥주를 서비스한다.

② 약 3.5~4℃의 온도로 보관하였다가 5℃ 정도의 온도로 서비스할 때가 가장 적당하다.

③ 맥주의 거품이 2~3㎝ 정도 덮이도록 따르는 것이 맥주의 신선한 향을 느낄 수 있고 또한 탄산가스가 오래 보존되어 청량감을 맛볼 수 있다.

④ 맥주 글라스는 비눗물에 닦고 뜨거운 물과 맑은 물에 헹궈 air dry에 말려 사용한다.

⑤ 잘 손질된 글라스(beer clean glass)는 불쾌한 냄새나 연기, 먼지, 기름기가 없고 환기가 잘 통하는 장소에 보관한다.

⑥ 글라스를 차게 할 때는 냄새가 전혀 없는 냉장고에서만 frosting해야 한다.

2) 생맥주(Draft beer)

(1) 적당한 온도

① 미살균 상태이므로 항상 적정온도(2~3℃)를 유지한다.

② 7℃ 이상으로 더워지면 맥주의 맛이 시어지게 되므로 항상 온도유지에 주의한다.

③ glass에 서비스할 때에는 3~4℃가 적당하다.

(2) 정확한 압력

① 술통(keg) 속의 압력은 12~15pound를 유지한다(맥주 온도 3℃ 기준).

② 계기 압력이 12pound이면 천연 탄산가스가 노출됨이 없이 적당한 압력을 가지고 있다고 인정한다.

(3) 순환 : 선입선출방법(FIFO system : first in first out)에 따라 서비스할 수 있도록 배달되는 생맥주통은 번호나 날짜를 즉시 표시한다.

제4절 식음료 원가관리

I 식음료 원가관리의 의의

식음료의 원가관리는 수많은 시행착오 끝에 어렵게 개발한 새로운 요리가 맛과 향, 분위기 그리고 서비스 등을 통해 고객에게는 만족감을 주고 호텔 측에는 영업상의 이익을 올릴 수 있도록 최저비용을 계산해 내는 절차를 말하는데, 원가를 구성하는 요소를 종류별로 또는 원자재가 소비되는 장소별로, 더 나아가서는 제품단위마다 계산하는 것이다.

II 식음료 원가관리의 형태

식음료의 원가관리형태에는 여러 가지가 있지만 사업의 규모나 성격에 따라 적당한 방법을 택해야 한다.

주인이 직접 운영하는 소규모 식당에서는 식음료원가가 총매출에 대해 어느 정도인가를 아는 정도로 충분하지만, 호텔과 같은 대규모의 식음료사업에서는 식음료 원가율을 계속 점검하여 원가율의 과대 여부를 판단하고 원가율이 과대하다고 판단되면 그 원인이 어디에 있는가를 밝혀 조치를 취해야 한다.

1. 비율에 의한 원가관리(Percentage control system)

식료의 매출원가를 매출로 나눔으로써 계산되는 식료의 원가율을 기초로 하는 것으로 식료원가가 매출의 일정 범위 내에 있도록 관리하려는 통제적 개념의 원가관리제도이다.

이 방법은 구체적인 원가수치가 아닌 전체의 비율에 의해 원가관리를 도모하는 것이므로 메뉴의 원가나 원가변동에 관계없이 그 비교가 가능할 뿐 아니라 높은 식료원가

여부를 밝히는 데 매우 효과적이다. 그러나 메뉴 품목의 어디에서, 또는 어떤 품목이 과대한 원가를 발생시키는지에 대해서는 밝혀내지 못하는 단점이 있다.

비율에 의한 원가관리 (Percentage control system)	식료의 매출원가를 매출로 나눔으로써 계산되는 식료의 원가율을 기초로 하는 것으로 식료원가가 매출의 일정 범위 내에 있도록 관리하려는 통제적 개념이 원가관리제도
표준원가관리 (Standard cost system)	재료비를 미리 산정하여 놓고, 이것을 목표로 실제원가와 비교함으로써 원가를 관리하는 방법
판매분석에 의한 원가관리	예측된 판매수량을 실제의 판매수량과 비교함으로써 그 적정 여부를 판단, 관리하고 장래의 새로운 예측을 위한 자료로 활용하는 원가관리방법
상품군별 원가관리 (Commodity group control)	재료원가의 계산을 위해서는 당일의 구매와 저장고로부터의 재고 인출분을 그룹별로 구분 · 기록하여 과대한 원가가 발생하고 있는지를 발견해내는 원가관리방법
단위원가관리 (Portion cost control)	식료상품그룹 중에서 고원가 품목을 알아내는 데 이용되는 관리방법

2. 표준원가관리(Standard cost system)

표준원가관리란 재료비를 미리 산정하여 놓고, 이것을 목표로 실제원가와 비교함으로써 원가를 관리하는 방법으로 이상적 여건하에서라면 얼마만큼의 원가를 절감할 수 있는가를 알려준다.

3. 판매분석에 의한 원가관리

특정 품목에 대한 과거의 매출기록을 자료로 이용함으로써 보다 더 정확한 장래의 매출예측과 이에 따른 생산량을 예측할 수 있다. 또한 예측된 판매수량을 실제의 판매수량과 비교함으로써 그 적정 여부를 판단, 관리하고 장래의 새로운 예측을 위한 자료로 활용하는 원가관리방법이다.

4. 상품군별 원가관리(Commodity group control)

어느 식료상품그룹에서 과대한 원가가 발생하고 있는지를 발견해 내는 데 효과적인 원가관리방법으로 재료원가의 계산을 위해서는 당일의 구매와 저장고로부터의 재고 인출분을 다음과 같이 각 그룹별로 구분하여 기록해야 한다. 즉 육류(meat), 야채류

(vegetables), 해산물류(seafood), 과실류(fruits) 및 기타 잡류(groceries) 등으로 식료상품을 구분한다. 이 기록을 기초로 하여 각 그룹별 원가와 전체의 합계된 식료원가를 계산하여 매일 지배인에게 보고한다.

단점으로는 많은 경비, 시간 및 노력이 소요된다는 점이다.

5. 단위원가관리(Portion cost control)

저원가 식료품목에 대한 이윤을 잠식하는 고원가 품목으로 인하여 야기되는 문제를 해소하고 식료상품그룹 중에서 고원가 품목을 알아내는 데 이용되는 관리방법이다. 즉 구매, 검수, 조리, 서비스 등을 표준화시키고 각종 단위의 크기에 대한 단위원가를 분석하여 전체의 메뉴품목 중에서 가장 높은 원가를 발생시키는 품목을 밝혀낼 수 있으므로 비교적 정확한 식료원가관리방법이라고 할 수 있다. 다만, 각 분야별로 표준화가 먼저 시행되지 않는다면 무의미한 원가관리방법이라고 할 수 있다.

6. 식료군별 원가관리와 단위원가관리의 비교

식료군별 원가관리와 단위원가관리방법은 매월의 수치를 알게 됨으로써 모든 문제를 해소하고 원가수치가 무엇을 의미하는가에 대해 올바른 판단을 하고 거기에 알맞은 수정조치를 즉각적으로 취할 수 있는 방법으로 모색되었다. 두 제도는 각각 고원가를 야기하는 식료, 상품군과 품목을 가려내는 데 기여한다. 그런데 동일 식료그룹 내에서라면 저원가품목이 고원가를 평균시키는 기능을 수행하는 한편 계절적인 식료원가의 변동에 따라 식료그룹의 원가수치가 다르게 표시되기도 한다. 그러므로 결국 상품그룹의 원가로는 어떤 품목 또는 몇 개의 품목이 원가차이를 발생시키는지 원가관리자가 알 수 없게 된다. 단위원가 관리방안은 이상과 같은 문제를 해소하여 계절적인 가격변동을 조정할 수 있게 하지만, 대부분의 경우에는 일별 단위원가 수치(daily portion cost)가 부정확하고 이 제도에 따른 업무수행에는 많은 시간과 경비의 지출이 따른다는 단점이 있다.

제5절 식자재관리

I 식자재관리의 의의

최상의 요리는 기본적으로 최상의 상태인 재료가 밑바탕이 되어야 한다. 요리의 재료인 식자재란 음식을 만들기 위해 직접적으로 투입되어 소모되는 재료를 말한다. 좋은 음식을 만들기 위해서는 식자재가 최상의 상태를 유지해야 하는데, 이를 위해서는 과학적이고 체계적인 관리가 필수적이다. 식자재관리란 식자재의 과학적이고 합리적인 관리를 통해 고객들에게 항상 최상의 요리를 서비스할 수 있도록 하는 식음료관리의 하나로 식자재의 구매에서부터 시작된다.

호텔식음료 영업장에서는 식자재 원가가 매출액의 30~40% 정도를 차지하는 만큼 식자재의 관리는 매우 중요하다. 그러므로 필요한 식자재를 알맞게 구매하여 최선의 상태를 유지함으로써 이윤 창출에 공헌하고 낭비되는 자재를 줄이는 것이 식자재 관리의 목적이라 할 수 있다.

II 구매관리

1. 구매관리의 의의

구매관리란 경영주체가 그 영업장의 기능을 수행하기 위하여 필요한 원재료와 여타 주변 자재들을 필요한 시기에 최소한의 비용으로 다른 경제주체로부터 획득하기 위한 관리활동을 말한다.

이것은 완제품의 질과 직접적으로 관련이 되고 원가관리에도 중대한 영향을 미치기 때문에 식음료 영업장을 운영함에 있어 구매는 특별하게 주의를 요하는 부분이다. 식음료 영업장의 구매관리에 어려움을 가중시키는 것 중 하나는 판매시장의 급속한 변화를 들 수 있는데, 구매자는 그 변화에 대처하여 신속히 움직일 수 있는 능력을 구비하여야 한다. 즉 구매를 제대로 수행하기 위해서는 식자재 마케팅과 조리, 생산부분에 이르기까지의 많은 노하우(know-how)를 가지고 있어야 하며, 더 나아가 해당 영업장의 메뉴와 그 가격체계뿐만 아니라 거시적인 호텔식음료의 구조나 특성에 대한 이해를 갖추고 있어야 효율적인 구매관리를 기대할 수 있게 된다.

구매담당자는 식자재 가격에 영향을 주는 가격변동요인과 최저가격에 최상품의 식자재를 구입할 수 있는 장소 등에 대해서도 항상 조사해야 한다. 그러기 위해 유능한 구매담당자는 끊임없이 음식의 질과 서비스를 향상시키기 위해서 보다 나은 질의 식자재를 찾아내려고 노력하며, 비용과 구매절차를 향상시킬 수 있는 모든 요소들을 탐색하는 데 게으르지 않아야 한다. 또한 구매업무를 수행하여 이익을 보장할 수 있는 사람에게 맡겨야 하므로 높은 윤리적 원칙도 필요하다.

2. 구매관리의 기능

식음료 구매관리란 식음료 원가관리의 기초가 되는 단계로서 단순히 필요한 물품만을 구입하는 업무가 아니라 식음료사업을 계획 · 통제 · 관리하는 경영활동으로 인식되어야 한다. 구매관리는 호텔이나 식당의 독립된 부서로 제 기능을 발휘할 수 있지만, 더 나아가 경영관리 측면에서 생산 · 판매부서와 유기적 관계를 유지하면서 경영기능의 차원에서 전개되어야 한다.

3. 구매관리의 목적

식음료 구매관리의 기본적인 목적은 식음료사업에 필요한 원재료를 적시에 적량을 구입하여 식음료의 준비와 조리 등 생산과 판매활동을 원활히 하는 것이다. 이렇게 함으로써 식음료 상품의 준비에 있어 재료부족으로 야기되는 경영상의 손실을 방지하고, 식음료 품질정책에 부합되는 재료의 품질수준을 유지하며 대외경쟁력을 강화시켜 궁극적으로는 경영목적을 달성하게 된다.

식음료 구매업무를 원활히 하기 위해서는 다음과 같이 구매품목의 영역을 사전에 분류해 관리하는 것이 바람직하다.

① 육류(meat)

② 가금류(poultry)

③ 생선(fish)

④ 과실류(fruits)

⑤ 야채류(vegetables)

⑥ 낙농제품(daily products)

⑦ 빵 · 과자류(bakery items)

⑧ 케이크류(cakes)

⑨ 커피(coffee)

⑩ 아이스크림(ice cream)

⑪ 후식(dessert)

⑫ 잡화류(groceries)

⑬ 주류(wines)

⑭ 기타 음료류(beverages)

4. 구매계획의 수립

구매의 능률을 기하기 위해서는 철저한 계획의 수립이 우선시되어야 하며, 또한 그 계획은 내용이 충실하고 정확한 것이어야 한다. 식재료 구매의 충분한 요건은 적당한 가격과 적절한 시기에 적절한 공급자로부터 적당한 양과 양질의 재료를 어떻게 구입하느냐 하는 것이다. 식재료의 관리는 구매, 입하, 저장, 상품의 준비 및 생산, 제공, 수익 등의 절차에 따라 이루어진다.

Ⅲ 검수관리

식음료의 검수관리란 구매명세서의 주문에 따라 배달된 식재료를 검사하고 수령하여 관리하는 제반활동을 말한다. 납품업자가 보낸 식자재가 수령장소에 도착하는 것부터 검수원이 모든 구매식자재의 수량, 무게, 색이나 향 등 자재의 질이 구매명세서와 일치하는가를 일일이 살피는 것까지의 과정이다.

검수관리가 제대로 운영되지 못하면 품질관리 면에서나 생산과정에서 투여된 구매목적을 제대로 달성할 수 없게 되어 경영상의 손실을 입게 된다.

1. 검수절차

호텔이나 레스토랑의 규모나 영업방침에 따라 약간의 차이는 있을 수 있으나 대체로 다음과 같은 절차를 따르는 것이 원칙이다.

① 1단계 확인조사 : 구매발주서대로 현물(식재료)을 확인 · 대조한다.
② 2단계 확인조사 : 구매 시 적용한 구입명세서와 차이가 없는지 확인 · 대조한다.
③ 송장 확인 : 식재료의 양과 질, 가격 등을 확인한다.
④ 검수일지 작성 : 송장을 근거로 수령일보를 작성한다.
⑤ 입고 확인 : 구매한 식재료가 제자리에 입고되었는지 확인한다.

검수는 납품자재에 대한 주문서(매입전표) 접수 및 처리, 거래명세서 접수 및 확인, 현품검수, 처리 · 협의 등의 절차를 거치며, 거래명세서를 완성하고 검수관계서류를 원가관리과나 관재과에 송부한다. 또한 미입고 및 반품통보서의 작성과 송부, 일일 검수결과 보고서 작성 및 보고, 사후검수 등을 행하게 된다.

2. 식재료의 검수업무 내용

식재료의 검수업무에는 납품, 입고, 자재의 품질, 수량납기검사 및 납품단가, 금액 등에 대한 기록의 확인과, 납품자재의 배달관리, 검수장 및 검수장비 관리, 자재시장 관리, 검수 관계서류의 작성 및 관리, 기타 관련업무 등이 포함된다.

3. 식재료 검수방법

식료자재나 저장 식음자재와 같은 국내자재는 사내에서 오전 중에 검수하며, 저장 식음료로 된 수입자재는 수시로 출장하여 검수한다. 또한 일일검수 결과보고서나 월간 검수실적 분석보고 등은 상무이사의 수준에서 결재를 하며, 기타 검수조사보고서나 수납조서 등은 부장의 수준에서, 또한 미입고 및 납품통지서나 반출증은 과장의 수준에서 결재한다.

Ⅳ 저장관리

1. 저장관리의 의의

식재료의 저장관리란 검수과정을 거쳐 입고된 식재료를 손실없이 보관하여 출고가 원활히 이루어지도록 관리하는 것이다. 생산에 지장이 없도록 적정 재고관리가 유지되기 위해서는 도난이나 부패를 방지하고 능률적인 재고 및 출고관리가 이루어지도록 특정인에게 책임을 위임하여 관리할 수 있는 제도장치가 마련되어야 한다.

또한 식재료 보관은 식재료의 영양가와 맛 등 식품고유의 특성을 보존하고 위생상의 위해방지, 식품의 손실방지, 식재료의 원활한 유통과 비축에 관리성을 기할 수 있도록 하여야 한다.

이를 위해서는 다음의 사항에 항상 유의하여야 한다.

① 창고에 라벨이 부착되어 있는가?
② 물품이 제자리에 정돈되어 있는가?
③ 냉장고와 냉동고가 올바른 온도로 유지되고 있는가?
④ 선입선출에 의한 관리가 되고 있는가?
⑤ 적절한 데이터와 라벨이 사용되는가?
⑥ 냉동고에서 꺼내는 품목이 정확히 관리되는가?
⑦ 올바른 해동절차를 거치는가?
⑧ 오염을 방지하기 위하여 분리 해동절차를 거치는가?
⑨ 구매명세서가 올바르게 사용되는가?
⑩ 재고조사는 지속적으로 행해지고 있는가?

2. 식품의 가공과 저장방법

식품의 변질을 방지하고 오래 저장하기 위해 식품을 가공 · 저장한다. 즉 식품의 수확기는 일정하고 단시간에 대량으로 생산되므로 그대로 두면 부패하기 쉽고 장시간의 저장이 곤란하지만, 이러한 식품의 저장성 · 기호성 · 운송성을 높이는 데 가공 및 저장의 목적이 있다.

1) 건조법

식품에서 수분을 제거하고 건조시켜 저장하는 방법을 말한다.

① 일광건조법 : 햇빛을 이용한 천일건조법으로 옛날부터 행해져 왔다. 곡류, 해조류, 어류, 야채, 과일 등의 건조에 이용된다.
② 풍건조법 : 가열한 공기를 보내서 건조시키는 방법으로 일반적으로 건조식품제조에 이용된다.
③ 배건법 : 직화(直火)로 건조하는 방법이다.
④ 고온건조법 : 90℃ 이상의 고온으로 건조시키는 방법으로 전분의 α화를 유지하면서 건조하는 방법이다. 건조밥, 건조찰떡 등에 이용된다.
⑤ 냉동건조법 : 동결 후 건조한 공기를 보내서 건조시키는 방법으로 한천, 건조두부, 당면 등의 제조에 이용된다.
⑥ 감압건조법 : 감압해서 저온으로 건조하는 방법으로 분유의 제조, 계란, 야채류의 건조에 주로 이용된다.
⑦ 증발법 : 액체식품을 증발 · 농축시켜 저장성을 높인다. 연유, 엿, 과즙의 제조에 주로 이용되는 방법이다.

이러한 건조법 외에도 고주파 건조, 적외선 건조법 등이 있다.

2) 냉장 · 냉동법

① 냉장법 : 식품을 냉장하면 조직의 효소작용이 억제되고 미생물의 번식이 억제되어 신선하게 저장할 수 있다. 냉각제로는 드라이아이스, 암모니아, 탄산가스, 프레온가스 등이 사용된다. 식품의 적당한 냉장온도는 과일 · 야채의 경우 0~4℃, 육류의 경우 6~12℃이다. 과일 · 야채의 냉장 보관 시 호흡작용이 억제되어 신선도를 유지할 수 있다.
② 냉동법 : 냉동은 냉장원리를 응용해서 식품을 동결시키는 방법으로 냉각기관을 직접 냉동실에 설치하는 직접냉동과 냉각한 공기를 불어넣어 7~15℃로 냉각하는 공기냉동, 그리고 식염수와 함께 식품을 냉각시키는 염수냉동법이 있다. 식품을 급속동결시키면 식품 중에 생기는 얼음의 결정이 작고, 천천히 동결시키면 결정이 크다. 얼음의 결정이 크면 세포가 파괴되어 내용물이 유출되는 드립(drip)현상 때문에 식

품의 품질이 저하된다. 식품을 냉동법에 의해 저장하면 미생물의 침해를 받을 염려가 없고 냉장보다는 오래 저장할 수 있다.

3) 가열법

식품에 부착하는 미생물을 가열에 의해 사멸시키고 병조림 · 통조림 등으로 밀봉하여 일정시간 완전히 저장하는 방법이다.

4) 훈연법

염장한 육류 · 어류 등을 목재나 왕겨의 연기로 건조 · 살균하는 방법으로 훈연 중에 수분이 빠져 건조되고 살균물질이 침투되어 외관의 육색을 변화시키고, 또는 유리아미노산이 감소한다. 지질의 산화가 방지되어 방부성이 증가된다.

V 재고관리

1. 재고관리의 의의

식음료 재고관리란 식재료의 제조과정에 있는 것과 판매 이전에 있는 보관 중인 것을 말한다. 식재료는 필요 이상으로 과다하게 보관될 경우 자금이 묶여 유리한 투자기회를 상실하게 되고, 식재료의 손실을 초래하며, 과다한 자본이 재고에 묶이게 되어 필요 이상의 유지관리비가 요구된다. 또한 필요 이상의 공간을 차지하게 된다. 반대로 재고량이 너무 적으면 식음료 상품구성이 지연되거나 판매기회를 상실하는 손실을 입게 된다.

식음료상품은 장기간 보존이 불가능하고, 고객의 주문생산에 의존하는 특성을 갖고 있기 때문에 식음료상품의 특성에 맞는 재고관리가 적절히 이루어지지 않으면 안된다. 재고관리란 한마디로 상품구성원과 판매에 지장을 초래하지 않는 범위 내에서 재고수준을 결정하고, 재고상의 비용이 최소가 되도록 계획하고 통제하는 경영기능을 의미한다.

이 같은 관점에서 볼 때 재고관리의 목표는 첫째, 언제 주문할 것인가와 둘째, 1회 주문량을 얼마로 할 것인가를 결정하는 문제라 할 수 있다. 즉 주문시기와 주문량의 결정문제라 하겠다.

2. 재고관리 비용

재고관리 시 발생하는 비용은 크게 다음의 세 종류가 있는데, 재고관리의 기능은 이 비용을 최소화하는 데 두고 있다.

첫째, 주문비용인데, 이는 식재료를 보충·구매하는 데 소요되는 비용으로 청구비·수송비·검사비 등이 포함된다. 이 비용은 고정비의 성격을 띠고 있기 때문에 주문량의 크기와는 무관하다.

둘째, 재고유지비용인데, 재고보유과정에서 발생하는 비용으로 보관비·세금·보험료 등이 포함된다. 주문비용이 고정비의 성격인 반면, 이는 변동비의 성격을 띠고 있다.

셋째, 재고부족비용인데, 충분한 식재료를 보유하지 못하여 발생하는 비용을 말한다. 즉 식재료 부족으로 인한 생산기회나 판매상실·생산중단 등으로 업소에서 입게 되는 비용을 가리킨다. 따라서 적정 주문량은 이들 비용이 균형을 이루도록 총비용이 최저가 되는 시점에서 결정되어야 한다.

3. 재고관리의 목적

재고조사 및 관리는 다음과 같은 목적을 위해 이루어져야 한다.

첫째, 유동자산 가치의 파악

둘째, 재고품 양태의 파악

셋째, 식재료 원가비용과 미실현 비용의 파악

넷째, 재고회전율의 파악

다섯째, 신규주문 대비

이 밖에 재고관리는 고객을 위한 서비스가 재고비용과 균형이 이루어지도록 적정한 재고를 유지하는 것이 주요 목적이라고 할 수 있다.

CHAPTER

7

메뉴관리

제1절 메뉴관리의 개요

I 메뉴의 정의

'웹스터사전(Webster's Dictionary)'에 의하면 메뉴란 "A detailed list of the foods served at a meal"이라 설명되어 있고, '옥스퍼드사전(The Oxford Dictionary)'에서는 "A detailed list of the dishes to be served at a banquet or meal"로 설명되어 있다. 이를 종합하면 메뉴란 '식사로 제공되는 요리를 상세히 기록한 목록표'라 정의할 수 있다.

우리 말로는 일반적으로 식당에서 사용하는 '차림표' 또는 '식단목록표'의 의미로 사용되고 있다. 식사를 위해 식당을 찾는 고객들은 가장 먼저 메뉴를 보고 음식을 선택하게 된다. 따라서 메뉴는 고객과 식당을 연결하는 판매촉진의 매체로써 기업이윤과 직결되며, 또한 고객과 최초의 대화 및 홍보의 도구로서의 역할을 하고 있다.

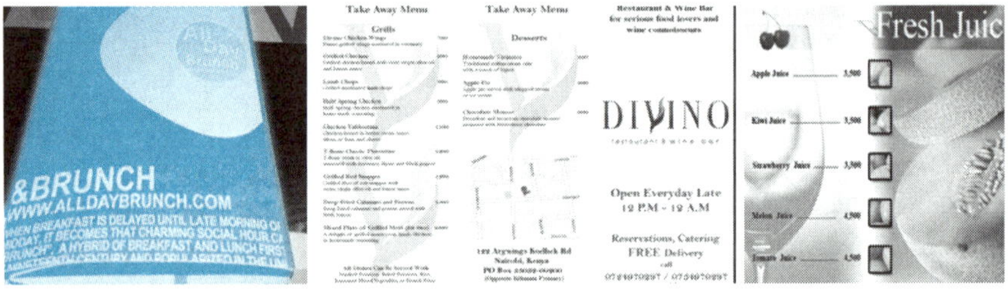

II 메뉴의 역할

메뉴는 식음료부문의 운영 전반에 영향을 미치는 중요한 작업문서로서, 주방의 설비자가 주방의 구조물이나 주방기구를 설치함에 있어 그 영업장의 메뉴에 근거하지 않으면 제대로 된 작업을 할 수 없는 것과 마찬가지로, 메뉴를 기초로 하지 않은 음식의 판촉

또는 상품화 계획은 생각할 수 없다. 따라서 이러한 메뉴의 가장 기본적인 역할은 '알리는 데' 있다고 하겠다. 고객에게 제공할 수 있는 음식의 종류와 가격을 알려줌으로써 고객의 비용지출 계획에 따른 음식을 선택할 수 있도록 하고, 직원들에게는 해당 고객에게 서비스하고 또 조리해야 할 음식을 알려주는 것이다. 이처럼 메뉴는 단순히 제공할 음식의 품목과 가격을 적어 놓은 목록 이상의 고객과 영업장을 연결하는 판매원(源)으로서도 중요한 의미를 지닌다.

이러한 메뉴의 역할을 요약하면 다음과 같다.

1. 경영방침의 집약

메뉴를 토대로 예상고객의 규모에 따라 식당의 위치 및 규모를 먼저 결정하게 되고, 이어서 주방의 설비, 서비스할 적정 인원의 직원모집, 식재료의 선택 등이 결정된다. 이처럼 메뉴에는 식당을 어떻게 경영해 나갈 것인가를 결정하는 경영방침이 집약된다.

2. 고객과의 약속

고객은 메뉴에 표시된 선택할 수 있는 음식의 종류와 가격을 통해 예상되는 품질과 그 서비스의 수준을 예상하고 자신의 기대치에 따라 음식을 주문하게 된다. 이처럼 식음료는 고객이 실체를 보고 구매할 수 없기 때문에 주문생산을 원칙으로 하고 있다. 주문생산의 가장 기본적인 토대는 고객과 영업자 사이의 무언의 약속인 것이다.

3. 무언의 서비스맨과 세일즈맨

메뉴는 무언 중에 고객에게 준비할 수 있는 요리에 대해 안내를 하고 있으며, 고객은 메뉴에 의해서 요리를 선택하고 주문한다. 이 같은 메뉴의 소리 없는 판매행위를 일컬어 'Best Silent Salesman'이라고도 한다.

4. 식당의 개성표현을 통한 이미지 조성

서비스되는 음식품목, 가격, 특제요리 등이 기록된 메뉴는 요즘 들어 재료 및 서비스 방식까지 상세하게 기입하는 형태도 나타나고 있는데, 이러한 메뉴는 그 식당의 특징과 개성을 표현해 주며, 나아가서는 식당의 고유한 이미지를 조성하는 기초가 된다.

5. 새로운 요리연구의 자료

식당 이용객의 주문이 많은 음식과 그렇지 않은 음식을 분석 · 연구하는 기본적인 요리연구의 자료로서도 메뉴의 역할을 무시할 수 없다.

제2절 메뉴의 분류

I 품목변화의 정도에 의한 분류

메뉴에 표시된 음식이 변하지 않고 지속적으로 제공되는지, 혹은 월별 · 계절별 등과 같이 일정한 주기를 가지고 변하는지 여부에 의한 분류방법이다.

고정메뉴(Fixed menu)	메뉴 품목이 변하지 않고 지속적으로 제공되는 메뉴 형태
순환메뉴(Cyclic menu)	월별 또는 계절별로 일정한 주기를 가지고 메뉴 내용이 변하는 형태
가변메뉴 (Changing menu)	영업상황 또는 식자재 가격의 변동 등을 감안하여 불규칙적으로 품목이 바뀌는 메뉴 형태

1. 고정메뉴(Fixed menu)

메뉴품목이 변하지 않고 지속적으로 제공되는 메뉴형태를 말한다. 고정메뉴의 장단점을 비교하면 다음과 같다.

1) 장 점

① 적은 인원이 서빙하므로 노동력이 감소된다.

② 같은 품목을 고정적으로 판매하므로 적절한 수요예측을 통해 재고가 감소된다.

③ 적은 품목의 판매는 갑작스런 대규모 고객의 주문에도 통제나 조절이 용이하다.

④ 준비하는 식자재의 품목이 적어 대량구매로 식자재 비용이 낮아진다.

⑤ 적은 판매상품에 대한 전문지식을 가질 수 있다.

⑥ 교육훈련의 필요성이 상대적으로 감소된다.

2) 단 점

① 메뉴에 싫증을 느낀다.

② 계절별로 메뉴조정이 잘되지 않아 판매수익에 차이가 많이 난다.

③ 시장이 제한적이다.

2. 순환메뉴(Cyclic menu)

월별 또는 계절별로 일정한 주기를 가지고 메뉴내용이 변하는 형태를 말한다. 순환메뉴의 장단점을 비교하면 다음과 같다.

1) 장 점

① 고객에게 변화된 느낌을 줄 수 있다.
② 계절적으로 메뉴의 조정이 가능하므로 판매수익에 안정감이 있다.
③ 고객에게 항상 노력한다는 인상을 심어줄 수 있다.

2) 단 점

① 각종 요리에 숙련된 조리사가 필요하다.
② 변화되는 품목에 따른 식자재의 구매가 어렵다.
③ 식자재의 재고가 남을 수 있어 재활용이 어렵고, 원가가 높아질 수 있다.
④ 고정고객을 잃을 수 있다.

3. 가변메뉴(Changing menu)

영업상황 또는 식자재 가격의 변동 등을 감안하여 불규칙적으로 품목이 바뀌는 메뉴 형태를 말한다. 장단점을 살펴보면 다음과 같다.

1) 장 점

① 메뉴에 대한 싫증이 해소된다.
② 새로운 메뉴에 대한 아이디어를 상품화할 수 있다.
③ 계절별, 월별 또는 매일 메뉴의 변화가 가능하여 안정된 수익을 꾀할 수 있다.

2) 단 점

① 식자재의 재고가 증가된다.
② 숙련된 인력이 필요하다.
③ 메뉴의 변화에 따른 통제가 어렵다.
④ 종업원의 인건비가 증대된다.

Ⅱ 서비스방법에 의한 분류

정식메뉴 (Table d'hôte)	코스별로 구성되어 있는 메뉴가 식사 순서에 따라 서빙되는 형태로, full course라고도 하며 음식의 코스가 세트화되어 있어 고객의 선택이 용이
일품요리 메뉴 (À la carte)	정식메뉴의 순으로 되어 있으며, 각 코스별로 여러 가지 종류를 나열해 놓고 고객으로 하여금 기호에 맞는 음식을 선택하여 먹을 수 있도록 만들어진 메뉴
뷔페 메뉴	정식의 코스별로 음식 종류를 다양하게 차려놓고 일정액을 지급하면 고객의 기호에 따라 마음껏 먹을 수 있는 메뉴
데일리 메뉴 (Daily menu)	그날의 메뉴로서 daily special menu, 고객들의 기호에 맞추고 주방재고품의 판매를 감안하여 일품요리보다는 양을 적게 하여 저렴한 가격으로 제공
특별메뉴 (Special menu)	특별한 재료를 구입하여 주방장이 최고의 기술을 발휘함으로써 고객의 식욕을 돋우는 메뉴
스모가스보드 (Smorgasbord)	규모가 큰 셀프서비스식 식사, 먹고 싶은 대로 마음껏 먹을 수 있게 하는 것이 본래의 의미

1. 정식메뉴(Table d'hôte)

정식 식사를 제공하는 식당에서 코스별로 구성되어 있는 메뉴를 식사 순서에 따라 서빙하게 되는데, 보통은 가격이나 메뉴의 내용에 따라 각 코스로 나누어 구분하기도 한다. 일명 full course라고도 하며 음식의 코스가 세트화되어 있어 고객의 선택이 용이하다. 기본적으로 appetizer, soup, fish, main dish, roast, salad, dessert, beverage로 구성되어 있다. 하지만 상황에 따라 한두 코스를 생략하여 제공하는 경우도 있다.

정식 메뉴의 특징으로는 첫째, 가격이 정해져 있으며, 둘째, 원가절감 효과와 조리과정이 일정하여 효율적이다. 셋째, 음식 제공이나 회계처리가 간편하다. 넷째, Set Menu이기 때문에 주문이 용이하고 매출에 대한 기여도가 높다. 다섯째, 메뉴구성에 식재료나 소스 혹은 조리방법이 중복되지 않도록 한다.

2. 일품요리 메뉴(À la carte)

이 메뉴의 구성은 정식메뉴의 순으로 되어 있으며, 각 코스별로 여러 가지 종류를 나열해 놓고 고객으로 하여금 기호에 맞는 음식을 선택하여 먹을 수 있도록 만들어진 메뉴이다.

이 메뉴는 한번 작성되면 장기간 사용하게 되므로 요리준비나 재료구입 업무에 있어서는 단순화되어 능률적이라 할 수 있으나, 원가상승에 의해 이익이 줄어들 수도 있고, 단골 고객에게는 신선한 매력이나 맛을 느낄 수 없게 만들어 판매량이 줄어들 수 있으므로, 고객의 호응도를 감안하여 새로운 메뉴계획을 꾸준히 시도해야만 할 것이다.

3. 뷔페(Buffet) 메뉴

뷔페는 정식의 코스별로 음식종류를 다양하게 차려놓고 일정액을 지급하면 고객의 기호에 따라 마음껏 먹을 수 있는 메뉴를 말하는데, 보통 셀프서비스 형식으로 운영된다. 그러나 wine, whisky, 기타 음료 등 별도로 주문해서 마시는 음료는 따로 계산하도록 되어 있다. 일반적으로 호텔의 상설뷔페 레스토랑에서 일정액만 지급하면 이용할 수 있는 뷔페를 상설뷔페(open buffet)라 하고, 연회장(banquet room)에서 행사에 초대된 고객에 한해서 이용할 수 있는 뷔페를 주문뷔페(closed Buffet)라고 한다. 요즈음은 보통 커피나 음료 등은 웨이터의 서비스를 통해 제공되며 생선회, 생선초밥, 갈비 코너 등은 항상 조리사가 직접 조리하여 제공함으로써 고객의 욕구를 충족시키는 방향으로 운영되고 있다.

4. 데일리 메뉴(Daily menu)

이것은 그날의 메뉴로서 daily special menu라고도 하며, 주방장으로 하여금 특별히 고객들의 기호에 맞추고 주방재고품의 판매를 감안하여 계절적이며 지방색이 짙게 table d'hôte나 semi table d'hôte의 형식을 갖추어 일품요리보다는 양을 적게 하여 저렴한 가격으로 제공된다. 주로 entrée를 중심으로 하여 garnish와 dessert, coffee를 곁들이는 것이 일반적이다.

5. 특별메뉴(Special menu)

특별메뉴는 원칙적으로 매일 시장에서 특별한 재료를 구입하여 주방장이 최고의 기술을 발휘함으로써 고객의 식욕을 돋우는 메뉴이다. 이것은 기념일이나 명절과 같은 특별한 날이나 계절과 장소에 따라 그 감각에 어울리는 산뜻하고 입맛을 돋우게 하는 메뉴이다.

특별메뉴를 사용함으로써 다음과 같은 식당운영상의 장점을 가져올 수 있다.

① 매일매일 준비된 상품으로 신속한 서비스를 할 수 있다.
② 재료의 재고품 판매를 꾀할 수 있다.

③ 고객의 선택을 흥미롭게 할 수 있다.

④ 매출액을 증진시킬 수 있다.

6. 스모가스보드(Smorgasbord)

Smorgasbord는 스칸디나비아에서 전래된 것으로 buffet보다는 규모가 큰 셀프서비스식 식사이다. Smor + Gas + Bord의 합성어로서 Smor는 버터를 의미하고, Gas는 Goos 즉 거위를 의미하는데 이는 나아가서 가금류(Poultry)를 말하며, Bord는 table을 의미하여 이를 정리하면 '식탁 위에 가금류 종류를 roast하여 각종 garnish 빵, butter 등을 함께 진열하고 먹고 싶은 대로 마음껏 먹을 수 있게끔 하는 것이 본래의 의미이다.

근래에 와서 미국이나 일본 등지에서도 먹고 싶은 대로 먹지만 술이나 음료 등은 별도로 계산하도록 되어 있어, 식사는 저렴하더라도 beverage에서 이익을 올리고 있다.

제3절 양정식 메뉴

I 정식메뉴의 내용

메뉴의 내용은 국가나 지역별로 그 내용과 순서가 다를 수 있으나, 보통은 전채(appetizer)로부터 후식(dessert)까지의 내용으로 구성된다. 이 정식(定食)을 table d'hôte, 또는 full course라고 부른다.

원래의 정식메뉴는 종류가 매우 다양하여 Set Menu로 구성하기에는 양이 너무 많아서 중복되는 요리는 생략하거나 통합 · 정리하여 사용하기도 한다(1~3코스를 생략한 정식을 semi table d'hôte라고 한다).

1. 세분화된 정식메뉴

① 냉전채(cold appetizer)
② 온전채(hot appetizer)
③ 수프(soup)
④ 생선(fish)
⑤ 더운 주요리(hot main dish)
⑥ 찬 주요리(cold main dish)
⑦ 가금류 및 엽조류(poultry or games)
⑧ 더운 야채(hot vegetable)
⑨ 생야채(salad)
⑩ 더운 후식(hot dessert)
⑪ 찬 후식(cold dessert)
⑫ 생과일(fresh fruit)
⑬ 치즈(cheese)

⑭ 음료(beverage)

⑮ 식후생과자(pastry)

2. 정리된 메뉴

① 제1코스 : 전채(appetizer)

② 제2코스 : 수프(soup)

③ 제3코스 : 생선(fish)

④ 제4코스 : 주요리(main dish)

⑤ 제5코스 : 야채(salad)

⑥ 제6코스 : 후식(dessert)

⑦ 제7코스 : 음료(beverage)

* 격식을 갖춘 정찬일 경우 Roast 코스가 추가되어야 한다.

Ⅱ 정식메뉴의 구성

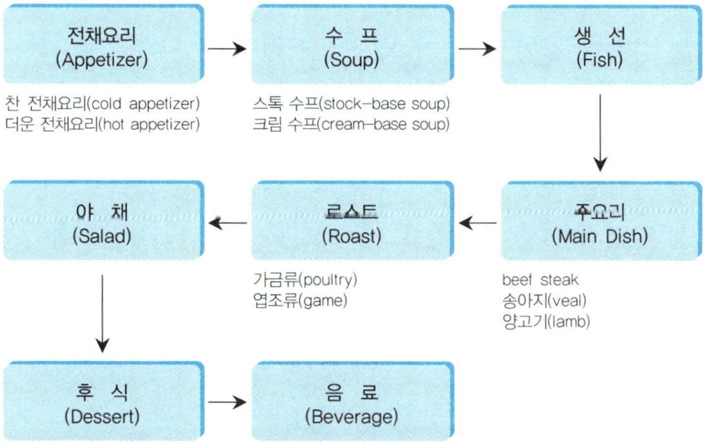

[그림 7-1] 정식메뉴(Table d'hôte menu)의 순서

전채요리 (Appetizer : Hors d'oeuvre)	가장 먼저 제공되는 요리로 식욕을 촉진시키는 역할을 함과 동시에 조리기술을 최대한 발휘하여 아름답게 제공
수프(Soup : Potage)	본격적으로 요리를 먹기 위한 처음의 코스가 되는 것, 양이 적어 위에 부담을 주지 않으며 영양이 풍부하여 건강에 좋은 요리
생선(Fish)	수프 다음에 제공되는 것이 원칙이나, 약식의 메뉴에서는 생략되는 경우가 많음. 비타민과 칼슘이 풍부한 건강식
주요리(Main dish : Entrée)	앙트레(entrée)라고도 하며 주로 육류요리를 의미. 쇠고기(beef), 양고기(lamb), 돼지고기(pork), 송아지고기(veal) 등
로스트(Roast : Rotis)	가금류(poultry)나 엽조류(game)를 재료로 하여 긴 꼬챙이에 끼워 숯불이나 직열(direct heat)로 구워내는 것
야채(Salad)	싱싱한 야채를 의미하는데, 이것은 소금이라는 뜻의 라틴어 'sel'에서 비롯됨
후식(Dessert)	후식은 코스 후에 제공되는 감미로운 것으로 찬 것(cold dessert), 더운 것(hot dessert), 치즈류(cheese), 과실류(fruits) 등
음료(Beverage)	마지막 코스로서 음료를 제공, 차가운 음료 또는 커피나 차처럼 뜨거운 음료를 제공

1. 전채요리(Appetizer : Hors d'oeuvre)

전채요리는 dinner 코스에서 가장 먼저 제공되는 요리로서 식욕을 촉진시키는 역할을 함과 동시에 조리기술을 최대한 발휘하여 아름답게 제공하면 우아하고 멋있는 식사분위기를 연출할 수 있다. 전채요리를 영어로는 'appetizer', 프랑스어로는 'hors d'oeuvre', 러시어에서는 'zakuski'라고 부른다. 이 요리는 주요리와 잘 어울려야 하며, 맛이 있고 식욕을 촉진시키기 위해 다음과 같이 몇 가지 특성을 지녀야 한다.

- 한입에 먹을 수 있도록 양이 적어야 한다.
- 맛과 영양이 풍부하고 주요리와 조화가 잘 이루어져야 한다.
- 타액 분비를 촉진시켜 소화가 잘되도록 짠맛, 신맛이 곁들여져야 한다.
- 메뉴 구성 시 계절적 요소와 지방색을 곁들이면 더욱 좋다.
- 시각적인 면에서 색감이나 체재가 아름다우면 좋다.

1) 찬 전채요리(Cold appetizer)

(1) Goose liver(거위 간)

거위의 간으로 만든 전채요리는 세계적으로 유명한데, 이는 각종 향신료와 야채, 와인(wine)과 브랜디(brandy) 등을 넣어 묵과 비슷한 pate 형식으로 제공된다. 거위 외에도 오리나 닭의 간을 이용한 pate도 많이 제공된다.

(2) Caviar(철갑상어 알젓)

세계적으로 희귀한 철갑상어의 알로 만든 것인데, 자연산은 요즈음 거의 멸종상태에 처해 있기 때문에 양식에 의존하고 있으며, 철갑상어의 알과 비슷한 대체용을 사용하기도 한다. 이 요리는 chopped onion, chopped egg white & yolk, lemon clip, melba toast 등과 같이 제공되며, 음료로는 차갑게 냉각된 white wine이나 vodka가 잘 어울린다.

(3) Smoked(훈제연어)

훈제연어는 색도 아름다울 뿐 아니라 맛도 뛰어나고 영양가도 높아 매우 인기있는 전채요리 중의 하나이다. 시각적인 면, 짜고 새콤한 맛 등이 식욕을 돋우며 white wine과도 잘 어울린다.

(4) Fresh oyster(생굴)

생굴요리는 영양이 풍부하고 맛이 상큼하여 식욕촉진 요리로 인기가 높다. 생굴은 껍질에 놓인 채로 잘게 부순 얼음 위에 올려져 lemon slice와 함께 차갑게 제공된다.

(5) Shrimp cocktail(새우 칵테일)

중간 크기의 새우를 삶거나(boiling) 혹은 steaming하여 익히고 꼬리부분 2~3마디의 껍질은 남기고 몸통부분은 껍질을 벗겨서 lemon slice, celery 등과 같이 차갑게 제공된다.

(6) Stuffed egg(스터프드 에그)

stuffed라는 요리는 삶은 계란이나 토마토 등의 내용물을 제거하고 빈속에 다른 내용물을 채워 만드는 요리이다. 모양도 아름답고 다양한 맛을 느낄 수 있다.

그 외에 차가운 전채요리로서 crab meat(게살), anchovy(멸치젓), smoked trout(훈제송어), fresh fruit(생과일), ham, cheese 등도 많이 이용된다.

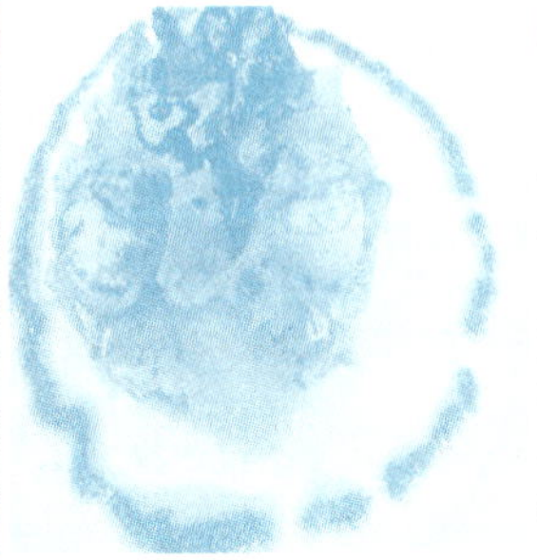

2) 더운 전채요리(Hot appetizer)

(1) Snail(식용 달팽이)

달팽이요리도 고급요리로서 French restaurant에서 단골메뉴이다. 이 요리는 뜨겁게 제공되는데 보통은 껍질째 요리하므로 칸막이가 되어 있어 달팽이가 구르지 못하게 되어 있는 snail plate에 담아서 제공되며 snail tong(달팽이 집게)와 white wine도 함께 서브된다.

(2) Boiled lobster(삶은 바닷가재)

바닷가재는 맛이 담백하고 영양이 풍부하여 미식가들로부터 각광받는 요리이다. 가격이 비싸므로 전채요리로 제공될 경우 적은 양이 서브되고 주요리로 주문할 경우에는 통째로 제공된다. 바닷가재는 껍질이 워낙 단단하므로 조리 시 고객이 먹기 편하도록 껍질을 갈라놓는다. 또한 다리부분의 살을 발라먹기 편하도록 가늘고 뾰족한 lobster pick을 setting하여 놓는다. 바닷가재는 구울 때 표면에 버터를 발라 구워 소스를 곁들여 먹으면 더욱 맛있다.

(3) Coquilles St. Jacques(가리비)

가리비는 패류의 일종으로 맛과 영양이 풍부하고 양이 적어 식욕촉진 요리로서 적합하다. 가리비 껍질을 이용하여 그 안에 가리비를 잘게 썬 후 양송이, 양파 등을 다져 넣고 그 위에 버터와 치즈가루를 뿌리고 오븐에서 구워낸다.

그 외에 더운 전채요리로서 baked oyster(구운 굴), fried mushroom(튀긴 양송이), fried sole(튀긴 넙치), frog leg(개구리 다리) 등이 있다. 또한 전채요리로 사용되는 재료로서 과실류(fruits)가 있는데, 생(fresh)으로 차게 서브하거나 굽거나 튀겨서 따뜻하게 제공할 수 있으며, 주스류(juices)로 과일이나 야채를 이용할 수 있다. 칵테일(cocktail) 종류로는 fruit cocktail이나 seafood cocktail 등이 있고, 카나페(canapes)와 딥스(dips) 등이 있다.

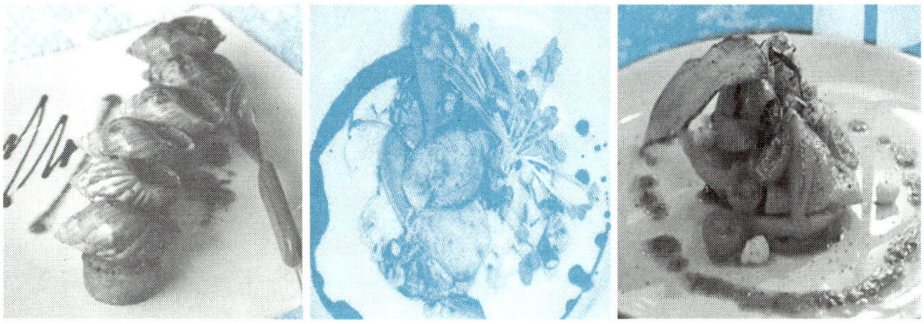

2. 수프(Soup : Potage)

수프는 본격적으로 요리를 먹기 위한 처음의 코스가 되는 것이며, 양이 적어 위에 부담을 주지 않으며 영양이 풍부하여 건강에 좋은 요리가 되어야 한다.

수프는 일반적으로 응용이 가능한 요리로서 육류, 생선, 과일, 야채 등 어느 재료를 이용하더라도 맛있는 수프를 만들 수 있다. 그러나 수프는 특히 겨울철에 광범위하게 응용될 수 있는데, 예를 들어 머그잔으로 한 컵 정도의 수프는 간식으로 적당할 수 있으며, 따뜻한 부용(bouillon)과 같은 맑은 수프는 추운 날씨에 음료로 매우 적합하다.

수프를 제공할 때 가장 중요한 것은 뜨거운 것은 뜨겁게, 차가운 것은 차갑게 제공되어야 하며, 미지근한 상태로 제공되는 수프는 아무런 의미가 없다.

수프의 종류는 일반적으로 육류, 생선, 가금류를 재료로 하는 스톡 수프(stock-base soup)와 크림 수프(cream-base soup)로 나뉘는데, 흔히 stock으로부터 다양한 종류의 수프가 만들어진다. 스톡(stock)은 고기와 뼈 등을 넣고 오랫동안 천천히 끓인다. 이때 육류 특유의 냄새나 생선의 비린내를 제거하기 위하여 야채와 각종 향신료를 넣고 함께 끓여 낸다. 육류와 뼈를 삶은 스톡은 신한 살색이 되고 송아지 및 닭고기, 생선의 스톡은 조금 옅은 색으로 된다. 이렇게 삶아낸 국물이 부용(bouillon)과 콩소메(consommé)로 나누어지는데, bouillon은 흰색 스톡(white stock)을 기본으로 하여 거기에다 고깃덩어리를 넣고 다시 삶아낸 국물인데, 이 국물을 미세한 천으로 여과시켜 위에 뜬 기름을 제거한다. 부용을 기본으로 맑은 수프(potage clear : clear soup)와 짙은 수프(potage lie : thick soup)가 만들어진다.

오늘날에는 일반 가정이나 식당에서 스톡이 필요할 때 통조림을 사용하는 것이 일반화되고 있어 예전과 같이 육류를 넣고 거품을 내며 육수를 끓이던 시절로 되돌아가기 어려워지고 있다. 육류와 맛 좋은 야채를 넣고 끓여낸 국물(bouillon)을 밀봉한 제품이 육수(stock) 대신 사용되고 있다. 이러한 인스턴트 부용의 맛을 높일 수 있는 방법은 양파, 당근, 셀러리, 월계수 등의 생야채와 인스턴트 부용을 혼합하는 것이다.

1) 수프의 종류

(1) 맑은 수프(Potage clear)

맑은 수프는 주재료가 부용(bouillon)이나 마찬가지이며 육류, 생선, 가금류 등 한 가지 재료를 넣고 끓인 진한 스톡(stock)을 맑게 한 것으로, 수프를 만들 때에는 부용에 고기를 잘게 썰어 넣어 야채 및 향신료를 첨가하여 서서히 끓이면서 계란 흰자를 넣고 빠른 속도로 저은 다음, 1~2시간 정도 끓인 후 백포도주나 sherry wine을 넣어 아주 좋은 맛을 낼 수 있으며, 완성된 후에는 2중 용기에 담아 식지 않도록 보관한다. 이렇게 만들어진 맑은 수프를 콩소메(consommé)라 하는데, 이 수프의 명칭은 수백 가지에 달한다고 한다.

(2) 짙은 수프(Potage lie)

포타주 리에(potage lie)는 짙은 수프를 말하며, 부용(bouillon)을 기본으로 야채, 녹말, 생선, 육류, 기름류 등을 주재료로 해서 양념을 첨가하여 농도가 진한 걸쭉한 수프를 말하는데, 이러한 진한 수프에는 다음의 세 가지 기본적인 수프가 있다.

- Potage puree(puree soup) : 대표적인 것으로 야채수프가 있으며, 각종 야채를 익혀서 진하게 만드는 수프로 모든 종류의 스톡(stock)으로부터 만들 수 있다.
- Potage cream(cream soup) : 밀가루를 버터로 볶아 우유를 넣어 만드는 수프로 white stock을 사용하거나 기타의 스톡으로 만들 수 있는데, 어느 것이든 베샤멜 소스(bechamel sauce : white stock + milk + 향신료 + onion)를 기본으로 하여 만든다.
- Cream Soup에는 mushroom soup, pea soup 등이 있다.
- Potage veloute(velvet sauce) : potage veloute도 크림 수프의 경우처럼 화이트 루(white roux : 밀가루를 버터에 볶은 것)를 기본으로 하여 여러 종류의 스톡을 넣어 만드는 것이다.

이상의 세 가지 기본적인 수프에서 발달하여 오늘날 세계적으로 만들어진 수프의 종류는 수백 종에 달하며, 그중에 유명한 것으로 다음과 같은 종류가 있다. 이 수프는 마시는 것이 아니라 식사의 한 코스로 먹는 것이다.

- Bisque : 새우, 야채, 화이트와인, 쌀, 치킨 부용(chicken bouillon), 그리고 향신료를 넣고 크림을 첨가하여 만든 수프

- Onion gratin : 와인을 넣은 육수에 슬라이스한 양파를 볶아서 넣은 후 French bread에 치즈를 얹고 오븐에서 구워낸다.
- Shrimp chowder : 육수에 새우, 치즈, 큐브 감자, 밀크를 넣고 끓인 후 잘게 다진 파슬리로 장식하여 제공한다.
- Mulligatawny : chicken bouillon에 베이컨과 야채를 넣고 끓인 수프로 커리향이 강하며 rice를 얹어서 서브한다.
- Minestrone : 전통적인 이탈리아 야채수프로 콩, 호박, 토마토를 넣어 끓인 야채로 가루치즈를 함께 제공한다.

3. 생선(Fish)

생선요리는 원래 격식을 갖춘 정식메뉴(table d'hôte)에서 수프 다음에 제공되는 것이 원칙이나, 약식의 메뉴에서는 생략되는 경우가 많다. 그러나 생선요리는 지방분이 육류에 비해 적고 비타민과 칼슘이 풍부하여 건강식이나 기호식으로 찾을 뿐만 아니라 수프, 샐러드, 주요리, 통조림 등 많은 종류의 요리에 이용되며 여성 고객들이나 노인, 혹은 종교적인 이유로 주요리로 제공되는 육류를 거부하는 고객들이 찾는 경우가 많다.

일반적으로 생선은 육류보다 섬유조직이 연하여 소화흡수가 용이하나, 그 신선도가 요리의 맛에 절대적 영향을 미치므로 구매와 저장에 각별한 주의를 요한다.

1) 생선의 분류

생선은 크게 바다생선(sea fish)과 민물생선(fresh water fish), 어패류(shell fish)로 구분하며 또한 생선의 경우 색에 따라 흰색 생선, 황색 생선, 붉은색 생선으로 나누기도 한다. 흰색의 생선에는 대구, 가자미, 넙치, 도미 등이 있고, 황색 생선에는 정어리, 멸치, 송어 등이 대표적이며, 붉은색 생선으로는 연어, 새우, 바닷가재, 게 등을 들 수 있다. 그리고 지방분의 많고 적음에 따라 지방이 많은 생선에는 연어, 고등어, 송어, 청어 등이 있는데 이러한 생선들도 지방 함유량이 15%를 넘지 않고 있으며, 지방이 적은 생선에는 대구, 가자미, 넙치 등이 있는데 2~5%의 지방을 함유하고 있다. 이 생선들의 지방분은 대부분 고도 불포화지방이다.

2) 생선 선별방법

(1) 색이 선명하고 탄력이 있어야 한다.

① 생선의 눈알이 막이 덮인 듯이 뿌옇고 탁하면 신선도가 떨어지는 것이고 맑고 투명하며 볼록하게 튀어나와 있으면 신선한 것이다.
② 내장이 들어 있는 배 부분이 팽팽하게 탄력이 있고 눌렀을 때 단단한 느낌이 든다면 신선한 것이고, 그 부분이 물렁하다면 신선도가 떨어지는 것이다.
③ 아가미를 보아 선홍색이면 신선한 것이고, 어두운 적갈색을 띠면 신선도가 떨어진다.
④ 생선에서 비린내가 심하고 역겨운 냄새가 나는 것은 오래된 것일 가능성이 높다.

(2) 포장해서 파는 생선은 기울여 본다.

포장해서 파는 생선은 토막 낸 생선을 통째로 구입할 때보다 신선도를 가늠하기가 어렵다. 비닐 랩으로 포장해 놓았기 때문에 광택을 살피기 어렵고 상점 내부조명 때문에 색을 관찰하기도 쉽지 않다. 이럴 때 손쉽게 알아보는 방법은 용기를 기울여 보는 것이다. 오래된 생선은 생선살에 배어 있는 즙이 흘러나와 용기에 고여 있게 되므로 용기를 기울였을 때 물이 흐르게 된다. 포장된 비닐 랩의 안쪽에 김이 서려 있으면 물이 생긴 생선을 다시 냉동한 것일 수도 있으니 주의해서 사야 한다.

(3) 게나 새우는 껍질모양을 본다.

게나 새우는 단단한 껍질에 쌓여 있지만 껍질 속의 조직이 약해 쉽게 상할 수 있다. 되도록 살아 있는 것을 구입하는 것이 신선하다. 어쩔 수 없이 냉동된 것을 구입할 때에는 껍질을 먼저 살핀다. 껍질이 단단하고 관절부분을 구부려보아 탄력이 있고 머리나 다리가 제대로 다 붙어 있다면 신선한 것이다. 게는 냄새가 어떤지 우선 맡아 보고 비린내가 심하면 피하는 것이 좋다. 조개와 같은 패류는 껍질 사이로 벌어진 틈을 건드려서 곧 껍질을 다물면 신선한 것이다.

3) 생선의 저장

생선은 매우 부패하기 쉬운 식재료이므로 다양한 저장방법이 이용되고 있으나, 대표적인 방법으로는 냉동(frozen), 절임(cured), 통조림(canned), 건조(dried), 훈제(smoked) 등이 있다.

바로 구입한 신선한 생선은 당일에 요리하는 것이 좋으며, 냉동된 생선은 냉동장치에 저장되어 있던 생선이므로 즉시 사용하지 않아도 된다. 주의할 점은 일단 냉동된 생선을 녹인 경우 다시 얼리면 안된다.

냉동 저장기간은 지방분이 적고 두껍게 자른 생선, 예를 들어 대구, 가자미, 넙치 등은 6개월 정도 보관이 가능하며, 지방분이 많고 두껍게 자른 생선으로 고등어, 농어, 연어 등은 3개월 정도 보관이 가능하다. 냉동된 생선을 녹이는 최상의 방법은 포장된 상태 그대로 냉장실에서 녹여 쉽게 나이프로 자를 수 있는 상태가 가장 이상적이다. 냉동된 생선을 실내 온도에서 녹일 경우 생선이 눅진눅진해지고 조직이 상하여 맛을 망치는 원인이 될 수도 있다. 해동된 생선은 수분이 많으므로 종이 타월을 이용하여 수분을 빨아들여 건조하게 해야 한다.

4) 생선의 조리법

생선의 조리방법은 여러 가지 생선의 모양, 조직과 그 밖의 요소에 의해 결정된다. 어떤 생선의 조리방법을 결정하는 데 있어서 가장 적합한 방법은 생선의 지방함유량을 참고하여 결정하는 것이다. 지방이 많은 생선은 직열 또는 베이킹하는 것이 좋은 조리법이며, 지방이 적은 생선은 건열조리법을 사용하고, 습열조리법은 모든 생선 종류에 사용될 수 있다. 또한 생선은 섬유질이 육류에 비해 연하므로 너무 조리하면 단백질이 너무 응고되어 질겨지고 생선이 갖고 있는 특유의 향미도 잃게 되므로 조리시간을 적당히 지켜주는 것이 매우 중요하다.

(1) Broiled or grilled fish

Broiler에서 굽는 스테이크나 생선은 두께 약 1인치 정도가 최상의 조건이다. 두꺼운 고기나 생선은 표면이 갈색이 되는 동안 속이 적당하게 익는데 얇은 고기나 생선은 너무 빨리 건조해진다. broiler에 굽기 전에 녹인 버터나 마가린, 또는 오일을 발라준다. 두꺼운 생선은 구우면서 가끔 뒤집어준다. 생선구이는 대략 10~15분 정도 시간이 소요되며, 이 조리방법에는 육질이 단단한 생선인 넙치나 연어, 고등어 등이 적합하다.

(2) Oven-fried fish

생선에 빵가루를 골고루 묻히고 450°F로 미리 가열된 오븐에서 굽는다. 약간의 샐러드 오일과 버터를 바른 팬에서 10~15분 정도 익히는데 생선살이 포크로 쉽게 들어갈 때까지 조리한다. 이 조리방법은 생선을 뒤집거나 기름을 바르는 것은 필요치 않으며, 생선에 빵가루를 입히는 것은 생선의 독특한 향미를 보존하기 위한 방법이다.

(3) Pan-fried fish

살코기나 얇은 스테이크 등의 조리에 이 방법이 많이 쓰인다. 생선은 보통 frying하기 전에 빵가루를 입힌다. 생선이 익어가면 도중에 한번 뒤집어준다. 두께에 따라 다르지만 조리시간은 대략 8~10분 정도 소요된다.

(4) Deep-fried fish

빵가루나 반죽을 입힌 살코기, 스테이크 등은 재료가 기름에 잠기도록 움푹 들어간 팬에서 조리하는 게 좋다. 빵가루를 입힌 생선은 빵가루가 떨어지는 것을 방지하기 위해 잠시 선반에서 건조시킨 후 350°F로 가열된 기름으로 익혀낸다. 생선튀김은 황금색이 되어 충분히 익은 상태에서 건져 종이 타월로 기름을 제거한다. 조리시간은 보통 3~5분 정도 걸린다.

(5) Baked fish

생선의 살코기나 스테이크는 350°F로 예열된 오븐에서 굽는 동안 생선을 뒤집을 필요는 없다. 생선을 굽는 동안 생선의 표면이 마르는 것을 방지하기 위하여 버터나 오일, 혹은 소스를 발라준다. 3파운드 정도의 생선은 조리시간이 약 30분 정도 소요되며, 스테이크는 12~15분 정도이며 만일 냉동된 상태에서 조리한다면 시간이 조금 더 걸릴 것이다.

(6) Poached fish

생선을 뚜껑이 있는 팬 또는 스튜냄비 속의 천천히 끓는 스톡에서 조리하는 방법으로 이 액체는 우유, 화이트와인, 소금, 물의 혼합물 또는 생선소스 등이 이용될 수 있다. 이 조리법에서 주의할 점은 스톡이 끓게 되면 생선조직이 질겨지거나 생선살이 부스러지게 되므로 적당한 온도를 유지하는 것이 매우 중요하다.

(7) Steamed fish

모든 생선 종류에 많이 사용되는 조리방법으로 선반이 있는 깊은 팬이나 steam cooker

에서 증기를 이용하여 생선을 익히는 방법이다.

(8) Braised fish

팬에 버터나 오일을 바르고 야채를 깐 다음, 그 위에 생선을 올려놓고 와인과 스톡을 넣고 뚜껑을 덮어 오븐에서 익혀내는 방법이다.

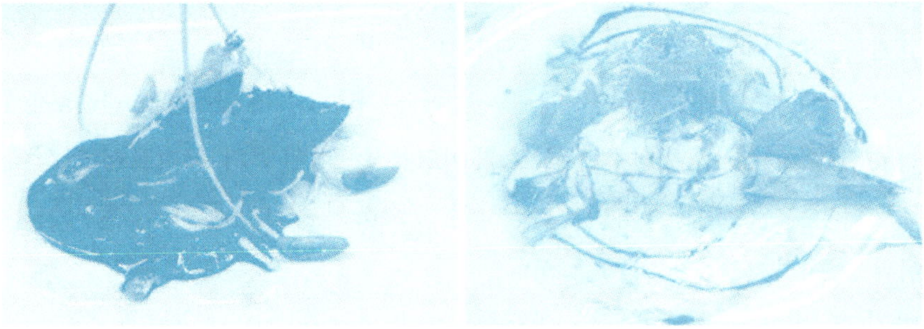

4. 주요리(Main dish : Entrée)

주요리는 앙트레(entrée)라고도 하며 주로 육류요리를 의미한다. 육류요리는 쇠고기(beef), 양고기(lamb), 돼지고기(pork), 송아지고기(veal) 등으로 정식에 있어서 중심 요리를 의미하는데, 오늘날에는 주요리로 제공되는 모든 요리를 entrée라고 한다. 앙트레로 제공되는 육류요리는 종류나 조리방법에 관계없이 1인분의 중량을 제공하고 있다.

육류는 흰색 육류(white meat)와 붉은색 육류(dark meat)로 구분한다. 흰색 육류로는 송아지고기, 새끼돼지, 새끼염소, 가금류 등을 들 수 있고, 붉은색 육류로는 쇠고기, 돼지고기, 양고기 등을 들 수 있다.

그 밖에 우리가 entrée로 사용할 수 있는 것으로 어패류, 생선, 계란 등을 들 수 있고, 이외에도 커리(curry), 파스타(pasta), 스파게티(spaghetti), 샐러드도 포함시킬 수 있다.

1) 육류요리의 종류

(1) Beef steak

정식에서 가장 대표적인 앙트레(entrée)요리로 쇠고기를 두껍게 잘라 구워낸 것으로서 고기의 부위에 따라 명칭도 다양하다.

① 안심 부위(Tenderloin) : chateaubriand, filet steak, tournedos, filet mignon, filet goulash

- Chateaubriand : 안심 부위의 가장 굵은 부분(head)을 4~5㎝의 두께로 두껍게 잘라 베이컨을 감아 broiling하거나 grilling하여 표면이 과도하게 조리되지 않도록 오븐 속에서 마무리하여 익혀낸다. 이것은 프랑스의 귀족 샤토브리앙이 즐겨 먹던 것으로 그의 주방장인 몽미레유(Montmireil)에 의해 고안된 것으로 최고급의 스테이크이다.
- Filet mignon : 필레미뇽은 소형의 스테이크라는 의미로 안심부위 중 꼬리부분의 고기를 잘라 베이컨에 감아서 구워낸다.

② 등심 부위(Sirloin) : sirloin steak, club steak, porter house, t-bone steak, rib steak

- Porter house steak : 포터 하우스 스테이크는 등심 부위의 고기로서 안심에 비하여 부드럽지는 않지만, 지방이 많아 맛이 고소하여 구미인들이 즐겨 먹는 스테이크이다.

③ 허벅지 부위(Round) : round steak, Swiss steak, ground round steak

④ 궁둥이 부위(Rump) : rump steak, roast rump steak

⑤ 배 부위(Flank) : flank steak, potted flank steak

Flank는 배 부위의 스테이크로서 지방과 살이 겹겹이 되어 있어 다른 부위에 비해 매우 고소한 맛이 난다.

(2) 송아지(Veal)

송아지고기는 어미 소의 젖으로만 기른 것으로 지방층이 적고 수분을 많이 함유하고 있어 육질이 매우 부드러운 것이 특징으로 생후 12주 이내의 것이 좋다. 좋은 육질의 송아지고기는 단단하고 좋은 조직을 지니며 크림색에서 연한 핑크색을 띤다. 흐늘흐늘하거나 너무 밝은색의 고기는 피한다. 송아지고기는 지방이 적고 매우 연하기 때문에 조심스럽게 적당한 온도에서 요리해야 한다. 너무 오래 굽거나 요리하면 쉽게 단단해지고 수분이 금방 줄어든다.

① Scaloppine : 송아지 다리 부위에서 잘라낸 작고 얇은 고기로 소금과 후추로 양념한 후 밀가루를 뿌려서 살짝 튀겨내어 소스를 곁들여 제공한다.

② Veal cutlet : 뼈를 제거한 송아지고기를 얇게 저민 후 소금과 후추를 뿌리고 계란, 빵가루를 입혀 버터에 튀겨 소스와 함께 제공한다.

(3) 양고기(Lamb)

양고기는 종교상의 문제로 중동지역이나 유태인이 즐겨 찾는데 1년 이하의 어린 양고기는 부드럽고 담백한 반면, 다 자란 양고기는 질기고 맛도 담백하지 못하다.

① Lamb chop : 양의 등심 부위를 약 2.5㎝ 두께로 잘라 소금과 후추, 향신료를 발라 구워내는데, 고기 속은 핑크색이고 표면은 갈색이 될 때까지 medium 정도로 익힌 맛과 향이 좋다.

② Leg of lam : 와인, 오일, 마늘, 소금, 후추, 로즈마리 등의 양념과 향신료를 섞어 2시간 정도 재운 후 구워낸다.

(4) 기타 앙트레

① Croquettes : 가금류나 생선 등을 갈아서 잘게 다진 야채 등을 섞어 원추형으로 모양을 만든 다음 밀가루, 계란, 튀김가루 등을 순서대로 묻혀 표면이 황금색이 될 때까지 튀겨서 익혀낸다.

② Cotelettes : 영어의 cutlet을 말하며 육류를 얇게 썰어 표면에 계란과 튀김가루를 묻혀서 튀겨낸 음식이다.

③ Coquilles : 가리비(scallop) 껍질 안에 해산물과 크림소스를 넣고 그 위에 버터, 치즈 등을 얹은 다음 오븐에서 구워낸다.

④ Bouchees : bouchees는 가금류, 생선 등을 소금, 후추, 와인, 향신료와 배합하여 갈아서 한입에 들어갈 만한 크기의 볼 형태로 만들어 황금색이 될 때까지 튀긴 다음 표면에 소스로 코팅하여 삶은 야채와 함께 제공한다.

⑤ Brochettes : 꼬챙이 구이를 말하는데 주로 가금류나 송아지, 새끼돼지 등의 간을 적당히 잘라 베이컨, 야채와 함께 꼬챙이에 끼워 소스를 발라가며 구워낸다.

⑥ Fricassee : 주로 가금류를 많이 이용하며, chicken stock에 dry white wine과 각종 향신료, 밀가루를 넣어 걸쭉한 크림소스를 만들고 그곳에 chicken을 넣어서 익혀낸 요리이다.

⑦ Blanquett : white stock에 송아지고기를 넣고 야채와 향신료를 첨가하여 익힌 다음 whipping cream을 넣어 걸쭉한 크림소스가 되면 소스를 위에 얹고, 준비해 두었던 면종류나 rice, 혹은 mashed potatoes와 함께 제공한다.

2) 스테이크 소스

① Bechamel sauce : white stock에 우유, 소금, 후추, 넛맥(nutmeg), onion, cloves, bay leaf, 루(roux : 밀가루에 버터를 넣어 볶은 것)를 잘 혼합하여 끓여서 만든 소스로 각종 소스의 기본이다.

② Espagnol sauce : brown stock에 onion, mushroom, celery, carrot을 버터로 볶아 넣고 갈색의 루(roux)를 만든 다음 토마토퓌레를 넣고 끓여 만든 것이다. 이것은 갈색 소스의 기본이 된다.

③ Veloute sauce : 스톡(stock)에 루(roux)와 미르포아(mirepoix : 각종 야채를 적당한 크기로 썰어 기름에 볶은 것), 향신료 등을 넣고 끓인 것으로 스톡의 색이나 재료에 따라 명칭이 정해진다.

3) 스테이크 서비스

스테이크는 정확한 분량으로 조리되어야 하고 주문받을 때에는 스테이크의 굽는 정도를 고객에게 정확히 물어 보아야 한다. 경우에 따라서는 스테이크와 함께 제공되는 가니쉬(garnish : 삶은 야채)의 종류와 조리방법에 대해서도 설명할 필요가 있다.

〈표 7-1〉 스테이크의 조리시간

스테이크 굽는 정도	조리시간(분)	상 태
Rare(saignant)	10	붉은 육즙이 보일 정도로 겉만 살짝 익힌다.
Medium(point)	15	겉은 갈색이나 속에는 붉은 육즙이 있을 정도로 익힌다.
Well done(bien cuit)	20	속까지 완전히 갈색이 되도록 익힌다.

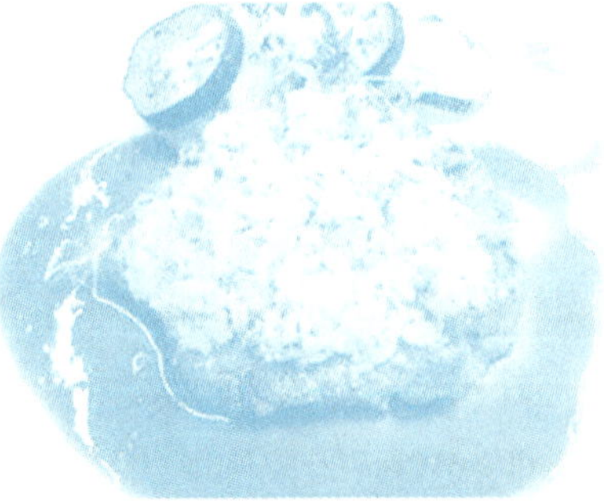

5. 로스트(Roast : Rotis)

로스트 코스는 일반적으로 가금류(poultry)나 엽조류(game)를 재료로 하여 긴 꼬챙이에 끼워 숯불이나 직열(direct heat)로 구워내는 것으로 되어 있으나, 요즈음에는 거의 오븐에서 구워내고 있다. 가금류 역시 다른 것과 마찬가지로 여러 가지의 영양분이 있지만, 어떠한 것은 지방질이 유난히 많이 함유되어 있어 많은 고객들이 즐겨 찾는데, 특히 철분과 인(燐)이 많이 함유되어 있다.

가금류의 범위는 1파운드의 암탉에서부터 무게가 24파운드가 넘는 큰 칠면조에 이르기까지 다양하다. 가금류에는 대표적으로 칠면조, 닭, 오리, 거위 등이 있으며, 사냥을 해서 얻은 엽조류에는 꿩, 산비둘기, 메추라기 등이 있다. 가금류는 서양에서 전통적으로 휴일과 축제일에 애용되는 요리이다.

1) 가금류의 선택

가금류를 선택할 때 외형, 중량, 나이가 중요한 요소이다. 가금류의 나이는 유연함을 결정짓는 요소 중의 하나인데, 어린 가금류는 부드러운 육질을 가지고 있어 직접 불에 굽거나 튀길 수 있다. 나이가 많은 가금류는 농후하고 맛이 있는 데 반해 고기는 덜 부드러워 오래 익히거나 약한 불로 액체에서 상당한 시간을 두고 끓여야 한다.

2) 가금류 녹이기

냉동실에 보관했던 가금류는 냉장실 안에서 서서히 녹는다. 그러나 다급하게 녹일 때에는 흐르는 찬물 속에서 녹이면 된다. 냉장고 안에서 서서히 녹이기를 원할 때 정확히 녹는 시간은 가금류의 크기와 냉장고 안의 온도에 의존하기 때문에 〈표 7-2〉를 참조할 수 있다.

〈표 7-2〉 냉동 가금류의 해동에 소요되는 시간

무게(pound)	녹는 시간(hour)	무게(pound)	녹는 시간(day)
1~2	12	6~12	1.5~2
2~4	12~24	12~20	2~3
4~6	24~36	20~24	3~3.5

3) 가금류 요리

① Roast turkey : 칠면조의 물기를 닦아낸 후 올리브오일과 로즈마리향을 바르고 안쪽

과 바깥에 소금과 후추를 뿌리고 몸통 안쪽에 레몬과 허브 등 향신료를 넣고 몸통을 묶은 다음 grill의 커버(cover)를 덮고 익히는데, 중간중간에 버터를 발라준다. 조리시간은 대략 2시간 30분 정도 소요된다.

② Herb roasted chicken : 소금, 오일(oil), 각종 향신료를 혼합하여 만든 소스를 치킨(chicken) 몸통의 표면과 속까지 골고루 잘 바른 후 적어도 12시간에서 하룻밤 정도를 냉장고에서 재워 3시간 정도 구워내는데, 굽는 동안 가끔씩 버터를 발라준다.

그 외에 roast goose, roast duck, roast game 등이 있다.

6. 야채(Salad)

샐러드란 싱싱한 야채를 의미하는데, 이것은 소금이라는 뜻의 라틴어 'sel'에서 비롯되었다고 한다. 따라서 야채를 주원료로 dressing을 가미하면 되는 것이다. 야채는 계절적으로 여러 종류가 있는데 양배추류, 식물의 어린 싹, 푸른 잎, 종자류, 뿌리인 구근류, 야채과일, 감귤류, 열대과일, 허브류, 향신료, 딸기류, 해조류, 종자의 싹 등이 쓰인다.

1) 양배추류(Brassicas)

① Broccoli : 영양가 많은 야채이며 식생활의 한 부분을 차지한다. 요리방법은 날것으로 먹을 수도 있으며, 만일 브로콜리를 요리할 때 살짝 데치거나 강한 불에 빨리 볶는 것이 영양가를 보존할 수 있고, 바삭바삭한 감촉과 밝은 녹색이 나오도록 한다.

② Cauliflower : 밝은 녹색 잎에 크림색의 꽃잎이 둘러싸여 있는 모양으로 날것으로 먹거나 굽거나 약간 데쳐 먹을 수 있으며 많은 영양가를 얻을 수 있다. 꽃양배추는 토마토와 향신료에 결합되어 부드러운 맛과 상쾌한 향을 가지는데, 지나치게 삶는

경우에는 유황냄새와 같은 불쾌한 향이 나므로 주의해야 한다.

③ Cabbage : 너무 지나치게 요리할 경우가 있는데 양배추는 날것이나 연할 정도로 요리해 먹는 것이 가장 좋다. 양배추는 강한 맛을 가진 주름진 잎으로 가득 차 있는데 조각조각 찢어서 날것으로 샐러드로 사용하거나 프라이팬에 센 불로 볶아서 사용하기도 한다.

④ Brussels sprouts : 이것은 기본적으로 양배추와 같은 작은 모양을 하고 있으며, 강한 견과향을 낸다. 방울다다기양배추는 약간 굽거나 데치거나 센 불에 볶으면 녹색을 띠며 바삭바삭한 느낌이 나는데 비타민과 미네랄을 많이 함유하고 있다.

2) 식물의 어린 싹(Shoot)

① Fennel : 짧고 뚱뚱한 구근은 셀러리와 비슷한 조직을 갖고 있고, 잎은 잘고 길게 갈라져 있으며 식용으로 사용할 수 있다. fennel은 날로 먹었을 때 순한 아니스(anise)향이 나는데 그것을 얇게 저미거나 잘게 다져서 샐러드에 곁들인다.

② Asparagus : 로마시대부터 식용으로 높은 가치를 갖게 되었으며 17세기부터 상업적으로 재배되었다. 두 가지 종류로 구분되는데 흰색의 아스파라거스는 그것이 흙 위로 싹이 트자마자 바로 채취한 것이며, 푸른색의 아스파라거스는 지표를 뚫고 나와 태양빛을 받고 자란 싹을 채취하는 것이다. 약간의 소금을 넣은 스튜냄비에서 살짝 데치거나 녹인 버터에 마요네즈, vinaigrette dressing과 함께 제공하면 더욱 맛있다.

③ Endive : 이 야채는 길고 단단한 잎으로 쌓여 있으며 흰색과 붉은색의 두 종류가 있다. 붉은 endive는 좀더 향이 강하고 흰색의 endive는 바삭바삭한 잎을 갖고 있다. 이 바삭바삭하고 약간의 쓴 향은 그것이 특별히 샐러드에 좋다는 것을 의미한다.

④ Artichokes : 속이 꽉 차고 솔방울 모양의 둥근 모양이며 자줏빛의 엷은 색조의 잎은 맛있는 향을 갖고 있다. 칼과 가위를 이용하여 줄기를 잘라내고 잎의 가장자리에 있는 가시를 잘라낸다. 이것은 손가락으로 각각의 잎을 따서 마늘 버터나 vinaigrette dressing에 찍어 먹거나 삶아서 bearnaise sauce와 곁들여 먹는다.

3) 푸른 잎사귀(Salad green)

① Watercress : watercress의 매운 후추향이 잎의 부드러운 맛을 보완해 주며 그 향은 신선한 오렌지와 잘 어울린다.

② Mache : 콘 샐러드로 잘 알려진 이 작은 양상추는 부드러운 맛의 작고 둥근 벨벳느

낌의 잎사귀를 가지고 있다. 이것은 자체만 제공되거나 다른 salad green과 함께 섞어 제공되기도 한다.

③ Radicchio : chicory류의 일종인 radicchio는 짙은 붉은색이며 조금 매운맛을 가진 잎들이 빽빽이 들어 차 있다.

④ Lettuces : 천년 동안 경작되어 온 양상추는 로마시대에 야채 샐러드로 처음 먹었다. 영양학적으로 양상추는 날것으로 먹는 것이 제일 좋지만 볶거나 쪄서 먹을 수 있다.

⑤ Butterhead lettuces : 부드러운 잎의 이 양상추는 평범한 맛을 가졌고 샌드위치의 내용물로 아주 적합하다.

⑥ Romaine lettuce : 이 양상추는 길고 억센 잎, 그리고 강한 맛을 가졌다. 속은 빽빽하게 작은 잎들로 싸여 있다.

⑦ Iceberg lettuce : 이 양상추는 둥글고 바삭바삭한 엷은 녹색의 잎과 단단한 원형 모양으로 되어 있다. 이것은 butterhead 양상추와 같이 부드러우며 조금 쓴맛이 나고 장식하는 데 이용되기도 한다.

⑧ Oak leaf : oak 잎은 붉은빛과 부드러운 잎사귀, 그리고 약간 쓴맛을 가진 인기 있는 양상추이다. 샐러드에서 맛과 색감을 위해 그린 양상추와 섞는다.

⑨ Chicory : chicory는 못처럼 뾰족하고 찢어지고 다 헤어진 잎을 가지고 있는데 겉쪽의 색은 짙은 녹색이고 중심부부터는 색이 바랜 듯한 연두색이다. 강한 맛의 드레싱과 곁들여 먹으면 chicory의 독특한 쓴맛을 높일 수 있다.

4) 콩 꼬투리와 종자류(Pods and seeds)

① Pea : 완두콩은 얼렸을 때 맛이 좋은 몇 안되는 야채들 중 하나이다. 왜냐하면 완두콩을 수확하면 바로 얼리기 때문에 얼린 완두콩은 신선할 때보다 더 영양적 가치가 있다. 또 다른 이점은 완두콩은 일 년 내내 쉽게 구할 수 있다. 어린 완두콩은 꼬투리째로 샐러드에 날로 또는 약간 데쳐서 제공한다. 완두콩은 purees나 soup에 맛을 더해준다.

② Fava bean : 누에콩은 어리거나 신선할 때 맛이 좋으며 작은 꼬투리는 통째로 먹을 수 있다. 다 자란 콩은 요리한 후에 껍질을 벗기는 것이 좋다. 이 콩은 날로 먹거나 약간 조리해서 먹을 수 있다.

③ Green bean : 껍질콩은 그린색이며 껍질에 골이 패어 있고, 연한 어린 콩은 껍질째

먹을 수 있다. green bean은 간단히 손질하여 살짝 익히거나 데친다. 이것은 뜨겁거나 차갑게 제공하며 레몬주스 혹은 vinaigrette dressing과 함께 제공한다.

④ Corn : 옥수수는 낟알이 굳기 전, 즉 천연당분이 녹말로 변하기 직전에 먹는 것이 당도도 높고 부드럽다. 녹색의 겉잎을 제거하고 통째로 요리하든가 날카로운 칼을 이용해서 낟알을 떼어내서 요리한다. 어린 옥수수는 날것으로 먹을 수 있으나 살짝 볶아 먹으면 더욱 좋다.

5) 뿌리와 구조류(Roots and tubers)

① Turnips : 이 뿌리야채는 건강에 도움을 주는 특성을 많이 가지고 있으며, 순무의 녹색 상부는 특히 영양가가 높다. 순무는 날것으로 먹을 수도 있고 찌거나 구워서 요리할 수도 있다.

② Radishes : 매운맛을 지닌 이 야채는 겨자과에 속하며 진홍색이나 빨간색의 둥근 모양을 하고 있다. 무는 샐러드로 이용되며 아삭아삭 씹히는 맛이 있다.

③ Horseradish : 혀와 코를 얼얼하게 하는 이 뿌리는 야채로는 사용할 수 없으며, 보통 갈거나 크림이나 오일 또는 식초를 섞어 사용한다. 이것은 요리의 첨가제로 사용된다.

④ Jususalem artichokes : 작고 울퉁불퉁한 모양의 뿌리는 견과류의 향기와 단맛을 가지고 있다. 껍질 벗기기가 어려우므로 문질러 세척하고 깎는 것만으로 충분하며, 감자와 같은 방법으로 사용되며 크림수프의 좋은 재료로 이용된다.

⑤ Potatoes : 수많은 감자 종류들은 그 특성에 따라 다양하고 특별한 요리방법이 있다. 감자는 부드러운 감촉이 있으며, 요리 후에도 그 모양이 계속 유지되며, 전형적으로 샐러드에 많이 이용된다. 감자는 지방분이 적기 때문에 치즈와 같은 것을 추가하여 그 성분이 더해지도록 한다. 끓이는 것보다는 찌는 것이, 그리고 튀기는 것보다는 굽는 것이 가치있는 영양분을 계속 유지할 수 있다.

6) 야채 과일(Vegetable fruit)

① Tomato : 토마토는 색, 모양, 크기에 의해 다양하게 선택한다. 잘 익은 토마토와 체리토마토는 달며 샐러드나 요리되지 않은 소스에 좋다. 토마토는 비프 스테이크의 맛을 내는 데 사용하며 샐러드에 좋다.

② Chile peppers : chile peppers는 미국이 원산이며 고추의 일종으로 인도, 타이, 멕시코, 남미를 비롯한 많은 나라에서 여러 종류의 요리법으로 중요한 부분을 차지하고

이다. 이 고추는 200가지의 여러 종류가 있으며 모양 또한 다양하다. 고추는 속이 꽉 찬 것이 맵고 맛이 좋다.

7) 감귤류(Citrus fruit)

① Orange : orange는 껍질을 벗기자마자 바로 먹어야 좋으며, 껍질을 벗긴 순간부터 비타민 C를 잃기 시작한다. 얇은 껍질의 오렌지는 수분을 가장 많이 함유하고 있다. Navel(꽃이 질 때 오렌지에 볼록하게 단추모양의 점이 있어 붙여진 이름)과 같은 품종은 달고 수분이 많아 인기가 있으며, Jaffa나 Valencia와 같이 신맛이 강한 오렌지는 마멀레이드를 만드는 데 쓰인다. 오렌지의 얇은 껍질은 달거나 달지 않거나 간에 모든 음식에 좋은 향을 풍기게 하는 오렌지만의 독특한 향이 나는 오일을 함유하고 있다.

② Grapefruit : grapefruit의 과육은 맑은 핑크빛, 진홍색, 흰색으로 구분되며 핑크빛과 진홍색의 품종이 더 달콤하다. grapefruit를 주스로 서브할 때 grapefruit를 2등분하거나 슬라이스로 썬다. grapefruit는 상쾌하게 하루를 시작할 수 있게 해주며 또한 청량감을 주기 위해 샐러드에 첨가하거나 음식을 돋보이게 하기 위해 첨가한다. 요리를 하거나 끓일 때에는 맛이 시큼해지는데 영양소가 파괴되지 않게 요리시간을 최대한 짧게 한다.

③ Lemons : 요리재료로 없어서는 안되는 레몬은 즙과 껍질 모두 샐러드 드레싱과 채소, marinades에 생기를 돋우기 위해 쓰인다. 또한 레몬주스는 몇몇 과일과 야채를 잘랐을 때 변색되는 것을 막기 위해 쓰인다. 레몬은 짙은 노란색을 띠며 단단하고 껍질에 녹색점이 없는 묵직한 것이 좋다.

④ Limes : lime juice는 레몬주스보다 더 강한 향이 있어 음식에 레몬 대신 라임을 사용한다면 좀더 적은 양을 사용해야 한다. 라임은 아시안 요리에 많이 쓰이며 껍질은 curry, marinade에 맛을 내기 위해 쓰인다.

8) 열대 과일류(Tropical fruit)

① Pineapples : 독특한 외관의 파인애플은 달콤하고 과즙이 많으며 황금색의 과육을 갖고 있다. 다른 과일과 달리 파인애플은 수확한 후에는 더 이상 익지 않는다. 만약 설익은 파인애플이 있어 며칠 놓아두면 그 산성이 감소할지 모른다.

② Papaya : paw paw로도 알려진 파파야는 배 모양의 과일이다. 익었을 때 초록색 표면에 노란색의 반점이 있으며 과육은 빛나는 오렌지 핑크색이다. 건조하였을 때 먹을

수 있는 많고 작은 검은 씨는 톡 쏘는 맛이며, 날카로운 칼이나 야채 껍질 벗기는 도구를 이용하여 껍질을 벗긴 후에 사랑스러운 아로마 향기와 달콤한 맛의 부드러운 과육을 즐길 수 있다. 익은 파파야는 그냥 먹는 것이 가장 좋고, 익지 않은 것은 요리해 먹을 수 있다.

③ Mango : 감미롭고 향기로운 망고의 표면은 노란색, 오렌지색, 또는 붉은색에서 초록색으로 분류할 수 있다. 망고의 모양 역시 매우 다양하다. 진한 초록색의 망고는 덜 익은 것이지만 아시아에서는 이것을 종종 샐러드에 사용한다. 망고는 슬라이스 혹은 주스로 서브하고 아이스크림이나 셔벗의 기본으로 사용한다.

④ Banana : 에너지 덩어리인 바나나는 귀중한 영양소로 가득 차 있다. 부드럽고 크리미한 바나나는 요거트와 섞어 짓이기거나 달콤하고 부드러운 드링크와 혼합할 수도 있으며 구울 수도 있다.

이제 드레싱에 대해 알아보겠다.

① French dressing : 식용유에 식초, 소금, 후추, 레몬주스, 겨자, 계란 노른자, 다진 양파를 혼합하여 만든다.

② Thousand Island dressing : 마요네즈 소스에 삶은 계란, 토마토케첩, 양파, 피클, 핫소스 등을 넣어 만든다.

③ English dressing : 소금, 후추, 겨자, 그리고 식초를 넣고 오일을 식초의 2배로 부어 만들고 약간의 설탕으로 맛을 낸다.

④ American dressing : English dressing과 거의 같은 것으로 기름과 식초를 혼합하여 만들고 설탕을 첨가하여 달게 만든 것이다.

7. 후식(Dessert)

후식은 entrée 코스 후에 제공되는 감미로운 것으로 찬 것(cold dessert), 더운 것(hot dessert), 치즈류(cheese), 과실류(fruits) 등이 있다.

1) 찬 후식(Cold dessert)

① Ice cream : 우유, 설탕, 향료를 첨가하여 미세한 거품을 만들어 냉각시켜서 그 맛이 매우 부드럽다.

② Sherbet : sherbet은 과즙에 수분과 설탕을 넣어서 냉각시킨 것으로 부드럽지는 않지만 아이스크림보다 시원한 청량감을 느낄 수 있다. 첨가되는 과즙에 따라 strawberry sherbet, pineapple sherbet, orange sherbet 등으로 불린다.

③ Mousse : 계란과 whipping cream을 혼합하여 만든 것으로 차갑게 하여 제공한다.

2) 더운 후식(Hot dessert)

① Souffle : mousse와 만드는 방법이 비슷하다. whipping cream에 egg white를 기본으로 넣는 향의 재료에 따라 chocolate souffle, orange souffle 등이 있다.

② Pudding : 밀가루, 설탕, 계란 등을 넣어 만든 반유동체의 과자로 부드럽고 달콤하다.

3) 치즈(Cheese)

치즈는 세상에서 가장 다양한 종류의 미묘한 맛을 지닌 음식 중의 하나이다. 치즈는 담백한 맛, 버터맛, 상큼한 맛, 풍성한 맛, 크림맛, 자극적인 맛, 쏘는 맛, 짠맛, 미묘한 맛 등 많은 다양한 맛을 느끼게 해주는 음식이다. 부스러기가 나올 정도로 딱딱한 치즈도 있으나 너무 연해서 숟가락으로 떠먹어야 하는 치즈도 있다. 건장한 사람의 속도 뒤틀어 놓을 정도의 역겨운 냄새를 가진 치즈도 있으나, 실제로 향이 있는지조차 느끼기 힘들 정도로 은은한 향을 지닌 치즈도 있다. 치즈는 포도주와 어울리는 최상의 음식이며 용도가 많은 음식 중의 하나이다. 이것은 스낵이나 주요리 또는 코스와는 별도로 샌드위치 속에 혹은 샐러드나 모든 종류의 요리에 곁들여 먹을 수 있다. 치즈는 우유 영양분의 대부분이 함유되어 있거나 육류나 생선, 달걀과 같이 질 좋고 높은 단백질이 모두 모아진 음식이다.

치즈를 후식으로 할 때에는 보다 많은 영양을 흡수하는 데 그 목적이 있으며, soft cheese에는 mozarella, camembert가, 그리고 hard cheese에는 parmesan, edam, gouda, emmental 등이 있다.

① 치즈의 선택

치즈 선택 시 치즈의 용도에 맞추어 구입해야 한다. 치즈는 종류가 매우 다양하기 때문에 맛보거나 경험을 통해서 알 수 있다.

치즈는 두 가지로 구분되는데 자연치즈와 저온살균치즈이다. 자연치즈는 우유에서 직접 만들어진 것인데, 어떤 것은 숙성된 정도에 따라 특유의 향과 조직이 형성되고 순한 맛과 매운맛과 같은 표시와 치즈가 익혀진 온도, 유통기한이 라벨에 표시된다. 반면에 자연치즈의 경우 덜 숙성된 것도 있다. 같은 방법에 의해 만들어진 치즈는 'family'처럼 그룹화되어 있으며, 비록 조직과 매운맛 정도의 변화는 있지만 family의 향은 기본적으로 비슷하다. 기본적인 치즈 family에는 9가지가 있다. cheddar, dutch, provolone, swiss, blue, parmesan, fresh, surface-ripened, whey 치즈이다. 자연치즈는 또한 농도와 조직에 따라 분류되는데 parmesan처럼 곱게 간 것, cheddar와 swiss 치즈처럼 딱딱한 것, brick과 같이 부드러운 것, 그리고 cottage와 racotta 치즈처럼 부드럽고 덜 성숙된 것으로 분류된다. 저온살균치즈는 여러 농도의 자연치즈를 한 가지 이상 빻아 섞어서 만들어진다. 그리고 열처리 또는 더 숙성되는 것을 막고 획일화된 치즈의 생산과 일관된 향 및 조직을 위해서 저온살균처리한다.

② 치즈의 제공

치즈는 항상 제공되기 전에 냉장고에서 꺼내어 최소한 30분 내지 1시간 정도 포장을 벗겨 놓는다. 이것은 실내온도에 놓아두면 치즈의 향이 풍부하게 형성되기 때문이다. 이 중 cottage, cream, neufchtel 등의 치즈는 예외이다. 이것은 냉장고에서 꺼낸 직후 바로 먹는 것이 좋다. camembert 치즈와 같은 몇몇의 치즈는 그것이 점성이 될 때가 최상이다. 따라서 제공하기 한두 시간 전에 상온에 두어야 한다. 아침부터 저녁까지, 식사와 간식 사이 또는 와인파티, 만찬 등 치즈는 하루의 어느 시간에 제공되어도 적당하다. 특히 와인은 치즈와 완벽한 조화를 이룬다. 치즈를 식사 후에 제공할 경우에는 와인을 곁들이는 것이 좋다.

4) 과실류(Fruit)

생과일로 제공될 경우에는 나이프와 포크를 따로 제공해야 하며, 이 때에는 핑거볼(finger bowl)도 함께 내야 한다. 미리 껍질을 벗겨 내야 할 경우에는 서브되기 직전에 껍질을 벗겨 제공해야 한다. 그 밖에 apricot(살구), peach(복숭아), grape(포도) 등의 절임과일을 내기도 하고 fruit cocktail같이 여러 가지의 과일을 혼합하여 제공하기도 한다. 그 외에 dessert로 제공되는 메뉴로는 pie, torte, meringue, beignet, cookies, candy 등이 있다.

8. 음료(Beverage)

정식에 있어서 마지막 코스로서 음료를 제공한다. 음료는 얼음처럼 차가운 한 잔의 우유에서부터 매우 세련된 향과 감촉을 가진 것까지 어느 것이든 이용될 수 있다. 일반적으로 겨울은 따뜻한 음료를 마시는 계절이고 여름은 기분을 상쾌하게 해주는 차가운 음료를 마시는 계절이다. coffee나 tea 같은 것들은 식후에 마시는 가장 대표적인 음료로서 이것은 1년 내내 마실 수 있으며, 뜨겁거나 차갑게도 즐길 수 있고, 그냥 마시거나 다른 향을 가진 것들과 같이 마실 수도 있다. 그 외에 칵테일에서 알코올이 들어간 음료까지 있다.

식사가 끝나면 충분히 쉬면서 대화를 나눌 수 있는 분위기를 제공해야 하며 커피잔, 물컵, 재떨이 등은 고객이 식탁을 떠날 때까지 치우지 말아야 한다.

음료로 가장 많이 제공되는 커피에 대해서 좀더 자세히 살펴보기로 하겠다.

1) 커피 저장 및 만들기

신선한 커피만이 좋은 향을 낼 수 있으며, 개봉하지 않은 진공 포장된 가루커피는 1년이 넘는 동안 상온에서 신선하게 보관될 수 있다. 한번 개봉되면 그 향은 즉시 사라진다. 따라서 개봉된 커피는 일주일 이내에 사용하는 것이 좋다. 커피 원두는 구워지자마자 향을 잃기 시작하므로 3주 내에 사용해야 한다.

커피를 끓인 후에 남는 오일 찌꺼기는 불쾌한 냄새가 나며 커피의 향을 앗아가 버리므로 커피 메이커가 항상 깨끗한 상태를 유지하도록 해야 한다. 커피를 끓일 때에는 항상 신선하고 차가운 물, 그리고 신선한 커피를 사용해야 최상의 커피 맛을 즐길 수 있다. 커피는 바로 끓였을 때 가장 맛이 좋으며, 한 시간 이내에 마실 양만을 끓이는 것이 좋다. 만일 커피를 데우려면 항상 낮은 온도에서 시작한다. 센 불로 끓이면 쓴맛이 더욱 강해진다.

2) 커피의 제공방법

식후 음료로 커피를 제공하는 것이 일반적인데, 커피 제공 시 컵을 따뜻하게 해야 한다. 정식 후에 제공되는 커피는 보통 커피 잔보다 적은 demi-tasse로 no cream, no sugar의 black으로 제공되는 것이 보통이나, 고객의 기호에 따라 설탕이나 크림을 사용해도 무방하다.

커피 속에 있는 카페인 성분은 위산의 분비와 위의 활동을 돕는 작용을 하므로 식사 마지막 순서에서 커피를 제공하는 것이다. 커피 제공 시 적정온도는 약 80℃이며, 마시기에 적당한 온도는 대략 60~65℃이면 알맞고, 맛과 향도 이때가 가장 좋다.

3) 커피의 종류

① Cafe au lait : 보통 커피의 농도보다 진하게 추출하여 큰 컵에 우유와 커피를 동시에 반씩 따라서 거이 같은 양이 되도록 한다. 설탕은 별도로 제공한다.

② Irish coffee : 6~8온스가량의 stemmed glass에 설탕과 Irish whisky를 넣은 다음 뜨거운 커피를 채우고 설탕이 완전히 녹을 때까지 휘젓는다. 컵의 끝까지 whipping cream으로 가득 채워 제공한다.

③ Cappuccino : 계피향이 독특한 조화를 이루는 이탈리아의 대표적인 커피로 진하게 추출된 커피에 설탕을 넣어 녹인 후 계핏가루를 뿌려서 제공한다.

④ Vienna coffee : 추출된 커피를 컵에 넣고 설탕을 용해시킨 후 whipping cream을 채워서 제공한다.

⑤ Cafe royal : 진하게 추출된 커피를 컵에 따른 후 스푼을 컵에 걸치고 그 안에 각설탕과 브랜디를 넣고 불을 붙이면 브랜디에 젖은 각설탕이 타면서 파란 불꽃과 브랜디의 향이 퍼진다. 이 브랜디의 향이 커피에 스며들어 독특한 맛을 낸다.

⑥ Espresso coffee : 압축에 의한 방법으로 커피를 추출하는 것으로 맛이 진하고 보통 black으로 마시지만 생크림을 제공하기도 한다.

⑦ Coffee frappe : 잘게 부순 얼음, 커피, 설탕 그리고 hazelnut syrup을 넣고 믹서에서 부드러워질 때까지 믹싱한 후 글라스에 붓고 whipping cream을 채운다.

제4절 메뉴의 개발

I 메뉴개발의 의의

생활양식과 환경이 변화함에 따라 고객의 소비형태도 변한다. 식음료에 있어서도 고객의 기호가 변하기 때문에 각 영업장도 이러한 수요의 변화에 탄력있게 대응해야 한다. 메뉴개발은 메뉴품목이 식음료 영업장의 기본적이고 핵심적인 판매상품이기 때문에 고객들에게 가장 호응을 받을 수 있는 상품을 확인하고 분석하여 이를 새로운 상품으로 재개발하는 일련의 과정을 말한다. 메뉴품목의 개발은 기존의 메뉴품목이 성숙기나 쇠퇴기에 접어들었을 때 요구된다.

메뉴개발을 위한 조직은 마케팅 부서장, 영업장 지배인, 주방장, 원가관리자, 식자재구매 부서장 등으로 구성된다. 마케팅 부서장은 이 조직의 책임자 역할을 맡으며, 신메뉴개발의 필요성 제기부터 메뉴의 완성, 상품의 촉진까지 모든 부분을 책임지고 이끌어나가야 한다. 영업장 지배인은 고객의 욕구와 기호가 어떻게 변화하고 있는가를 가장 잘 파악하고 있어 이에 대한 조언이 필요하고, 주방장은 조리사의 문제점에 대해 조언할 수 있으며, 원가관리자는 원가계산을 통해 그 메뉴품목의 상업성을 판단할 수 있다. 그리고 식자재구매 부서장은 장기적인 식자재의 원활한 수급과 가격안정성에 대해 조언할 수 있을 것이다.

II 메뉴 개발 시 고려사항

1. 조리기구와 조리방법

메뉴는 필요한 조리기구의 유무를 고려해서 설계되어야 하는데, 우선 영업자의 주방기구, 시설물 등의 용량과 특성을 파악한다. 이것은 음식의 양과 질의 관리를 정확히 할 수 있고 빠르고 정확한 서비스 제공에 매우 중요한 요소이다. 이를테면, 5리터 분량의 찜통은 4리터 분량의 국밖에 끓여내지 못하는데 이보다 더 많이 끓이려고 할 때에는 당연히 음식의 질에 문제가 생기고, 24×36인치의 과자 번철로는 한 시간에 주문당 3개씩 80명분만의 팬케이크를 구울 수 있는데, 만일 100명분의 주문을 받는다면 역시 문제가 될 수 있다.

시설물의 사용법과 각 기구당 음식조리에 소요되는 단위시간 또한 충분히 조사해야 한다. 믹서, 조리대, 오븐, 개수대, 레인지 등 각 조리기구마다 일정한 사용법이 있는데, 이를 잘 모르고 조리한다면 시간의 낭비는 물론 장비에도 무리가 따르게 된다. 또한 메뉴개발 준비과정에서부터 주방시설의 규모와 저장시설, 예비 준비시설 등을 충분히 확보하고 메뉴개발에 임해야 한다. 종종 메뉴개발 자체의 문제보다는 이런 점을 간과하거나 시설물들을 잘못 이용할 때 메뉴에 관련된 문제가 발생하는데, 일례로 더 많은 음식을 보관할 수 있는 대형 냉장고라 하더라도 제대로 이용하지 못하면 냉장고 안이 복잡하고 공간의 낭비부분이 생기게 된다.

2. 조리인력 수와 기술

메뉴는 조리사가 맛있게 요리할 수 있고, 서비스 직원이 제대로 제공할 수 있으며, 경영자가 제대로 운영할 수 있도록 구성되어야 한다. 또한 메뉴설계자는 직원들의 업무량을 정확하게 할당함으로써 인력이 효율적으로 활용될 수 있도록 설계되어야 한다.

직원의 인력운영에 융통성을 가지는 것도 작업수행의 능률을 향상시키는 데 큰 몫을 한다. 일례로 조리보조원(cook helper)들을 한가한 시간에 채소다듬기, 그릇닦기, 청소 등 객장 밖에서 준비해야 할 작업들에 투입할 수도 있고 또한 그들 고유의 분야뿐만 아니라 다양하게 요구되는 단순작업을 시킬 수도 있다.

3. 식자재 구입의 용이성

어떤 품목을 메뉴에 삽입하기 전에 그 음식에 들어가는 재료를 시장에서 손쉽게 구할 수 있는가를 조사해야 한다. 일품요리 메뉴처럼 오랜 기간 동안 변화없이 판매할 메뉴는 지나치게 많은 종류의 계절요리로 구성하는 것은 피하는 것이 좋다. 만일 메뉴에 적혀 있다면 반드시 제공 가능한 계절에 대한 표지를 달아야 고객들이 오해하는 일이 없게 된다. 메뉴카드가 자주 바뀌는 경우라면 계절음식들이 제공될 수 있으므로 메뉴설계자는 사전에 시장조사를 통해서 해당 식자재 구입의 용이성과 가격변동 폭을 알아본 후 계절성 메뉴를 결정해야 한다. 시장가격이 큰 폭으로 변하면 그에 따라 메뉴가격의 조정도 불가피하게 되고 결과적으로 그 품목들에 대한 고객의 호응도가 떨어질 수 있기 때문이다. 정부기관들에서 농수산물에 대한 시장정보를 제공해 주므로 이런 자료를 적극적으로 이용하는 것이 좋으며, 신문과 잡지 등도 이러한 정보를 다루고 있으므로 식자재 구입계획에 활용한다.

Ⅲ 메뉴 개발과정

메뉴 개발은 외식업소 경영의 시작이며 메뉴관리는 식당경영의 핵이라 부를 수 있을 만큼 중요하다. 일반적으로 메뉴의 개발은 아이디어의 창출, 메뉴조리표 작성과 평가, 사업성 분석, 시장시험, 상업화 등의 과정을 거친다.

1. 아이디어의 창출

아이디어는 영감, 기발한 착상, 고객의 요청 등에서 생겨날 수 있는데 다듬어지지 않은 상태이므로 여러 사람과 자신의 아이디어에 대하여 여러 차례 논의를 통해 정리할 필요가 있다. 메뉴개발의 대상은 새로운 조리방법, 새로운 사용재료, 소스 등이 될 것이다.

2. 메뉴조리표 작성과 평가

아이디어의 창출단계가 많은 아이디어를 만들어 내는 과정이라면 이 단계는 그 아이디어를 다시 걸러내는 단계라 할 수 있다. 즉 좋지 못한 아이디어나 실현가능성이 적은 아이디어는 가능한 한 빨리 추려내는 것이다. 이 과정에서 좋은 아이디어를 인식하지 못하고 삭제하는 경우도 있는데, 이를 탈락오류라고 한다.

아이디어로 제안된 메뉴를 실제화할 때 중요한 사항은 메뉴품목을 실제로 만들어보며 조리표를 만드는 것이다. 조리표는 어떤 음식품목을 만들기 위한 지침서로서 필요한 식재료와 각각의 양, 주방기기, 인력, 조리시간, 1인분의 적당한 양, 만드는 과정, 고객에게 그 음식을 제공하는 데 필요한 각종 그릇류 등을 일목요연하게 기술해 놓은 것이다. 이 과정을 거쳐 만들어진 메뉴품목은 위의 메뉴평가표에 의거하여 평가하게 되는 것이다.

〈표 7-3〉 메뉴평가표

성공요건	상대적 가중치 (A)	점 수(B) 10 20 30 40 50 60 70 80 90 100	가중평균 (A×B)
맛의 좋고 나쁨	0.50		
표적시장과의 적합성	0.10		
주방인력 기술과의 적합성	0.05		
주방시설과의 적합성	0.05		
분위기와의 적합성	0.05		
조리시간의 길고 짧음	0.05		
식자재 가격의 변동폭	0.05		
영업시간과의 적합성	0.05		
건강과의 적합성	0.05		
가격	0.05		
총 계	1.00		

3. 사업성 분석

제안된 메뉴품목의 사업적 매력을 평가하는 단계로 매출, 원가, 이익을 추정하는 것이다. 이 품목이 이익을 보장할 수 있을 정도로 판매량이 충분한가를 조사하는 것으로 이와 비슷한 메뉴를 취급하는 곳을 조사하는 것도 한 방법이다.

또한 식자재 원가는 어느 정도이며 인력은 어느 정도 소요되는지를 따져 인건비도 추정해 보아야 한다. 광열비 등도 검토해 총원가에 산정하여 전체 비용을 계산하여 총이익액을 추정해야 한다.

4. 시장시험

지금까지의 과정에서 만족할 만한 결과를 얻었다면 시장시험단계를 거쳐 시행하여야 한다. 이전까지의 단계가 내부에서 자체적인 판단으로 이루어진 것이라면, 이 단계에서는 외부로 나가서 고객의 직접적인 반응을 보는 것이다. 이는 메뉴품목의 성공여부를 조사하는 것으로, 양(量), 모양, 맛, 가격, 서비스 방법, 식사하는 데 걸리는 시간 등 보다 상세한 목표품목을 만들어 시식하는 과정을 거치는 공격적인 방법이 활용되어야 한다.

5. 상업화

시장시험을 통해 얻은 정보를 바탕으로 메뉴품목의 추가 여부를 결정하게 되는데, 만일 추가한다면 시장시험을 통해 문제로 나타난 점들을 개선하여 표준조리법을 만들어 고객에게 호소력 있는 메뉴품목을 만들고 이를 어떻게 고객에게 인지시키느냐를 마케팅 측면에서 연구하여야 한다. 또한 시설과 장비도 보완해야 한다.

CHAPTER 8

연회관리

제1절 연회관리의 개요

I 연회의 의의

우리말로 '연회'라고 풀이되는 영어의 banquet란 단어를 Webster 사전에서는 "A formal dinner for many people often in honor of special person or occasion, esp. one at which speeches are made"라고 정의하고 있다. 즉 '많은 사람들이 특별한 일 혹은 특별한 사람을 기리기 위해 함께하는 격식을 갖춘 만찬'을 의미한다는 것이다. 이는 곧 동일한 목적을 위하여 별도로 준비된 장소에서 단순히 식사만이 목적이 아닌 그 이외의 부수적인 목적을 함께 행하는 것으로 풀이되는데, 따라서 연회서비스는 일반적인 식음료 서비스보다는 차원 높은 좀더 조직적인 서비스로, table set up과 요리제공은 식당서비스와 같은 방법으로 준비되고 서비스된다.

오늘날 경제가 발전하고 사회의 구조와 조직의 분화가 확대됨에 따라 조직집단 간 연대감을 높이기 위한 소규모의 모임이 많이 이루어지고 있으며, 소득수준의 향상에 따라 그 규모와 격식 또한 급상승함으로써 호텔에서 개최되는 각종 연회행사도 각종 회의, 전시회, 세미나, 교육, 패션쇼 등 다양한 형태를 띠면서 이루어지고 있다. 그리고 지구촌이 이웃이 되면서 각종 국제회의 또한 빈번하게 개최되는데, 이러한 연회행사는 조직을 얼마나 효율적으로 조직하고 구성하느냐에 따라 호텔의 식음료부문에 있어서 새로운 매출을 발생시키는 기회로도 작용한다.

연회서비스는 테이블과 의자가 준비되어 있는 것이 아니라 고객의 요구, 행사내용 및 성격, 참여인원 등에 따라 맞춤 서비스식으로 연회장이 꾸며지고 서비스가 이루어진다. 연회장을 'banquet room' 외에 'function room'이라고도 부르는 이유도 여기에 있다. 그러므로 연회담당자는 연회의 예약부터 진행 및 마무리까지 완벽한 행사를 치를 수 있도록 function을 강화해야 할 것이다.

Ⅱ 연회서비스의 중요성

과거에는 호텔의 수입부문을 객실부문과 식음료부문으로만 크게 나누었지만, 오늘날에 와서는 연회서비스를 통한 매출규모가 커지고, 또 그에 따른 부수적인 효과가 늘어나면서 호텔의 수입부문에서도 크게 자리를 잡게 되었다.

1) 인력자원의 탄력적 운영

각종 연회는 예약에 의해 접수되고 계약이 성립되면 행사가 이루어지기 때문에 다른 식당이나 주장보다는 인력수급계획을 탄력적으로 운영할 수 있으며, 필요한 경우 외부인력을 시간제(part timer)로 사용할 수도 있어 인건비를 절약할 수 있다.

2) 상품가격의 차별화

식당이나 주장에서는 가격을 결정하고 메뉴에 공시하여 판매가 이루어지지만, 연회장은 연회예약 시 고객의 예산과 행사의 규모 및 중요도 등에 따라 가격이 결정되므로 상품가격을 다양화하여 차별화를 꾀할 수 있다.

3) 저원가로 생산성 극대화

확정된 메뉴를 대량 생산판매로 원가를 낮출 수 있으며, 노동생산성을 극대화시켜 좋은 상품을 고객에게 서비스할 수 있다.

4) 특별 이벤트 유치 및 각종 연회상품 개발가능

연회장의 규모에 따라 특별 이벤트를 유치하거나 각종 연회상품을 개발하여 판매할 수 있다.

5) 홍보효과

회의나 연회의 규모에 따라 달라지지만 동시에 많은 고객이 호텔로 유입함으로써 연회서비스의 만족도에 따라 호텔의 이미지 제고 및 홍보효과를 극대화할 수 있다.

6) 상품경쟁력의 증대

여행사의 단체고객을 모집할 때 연회장을 파티 등을 포함한 패키지 상품으로 묶어 판매할 수 있다. 이는 상품경쟁력을 높이는 일이다.

7) 주중 매출의 증대

연회행사, 특히 컨벤션은 계절성의 영향과 주말의 영향을 덜 받기 때문에 객실판매 비수기 혹은 주중의 타개책으로 이용할 수 있다.

8) 부대 파급효과

컨벤션이나 연회 고객이 객실 및 부대시설을 이용함으로써 호텔의 추가적인 매출증대를 가져올 수 있다.

Ⅲ 연회부문의 조직

호텔 연회부문의 조직은 각 호텔별로 별도의 부서 또는 시스템으로 운영하는 경우와 식음료부 내에 연회과를 두어 연회업무를 수행하는 경우, 그리고 연회행사가 부정기적으로 실시되고 규모가 적어 필수요원만 근무하다가 행사(function)가 있으면 타 업장의 직원들을 동원하여 행사를 치러내는 경우도 있다. 그러나 근래에 들어와서는 각 호텔 간의 연회 유치경쟁이 치열해지자 연회판촉의 효율성을 높이기 위해 판촉부 또는 마케팅 부서의 직속으로 연회서비스 부서를 두는 호텔이 늘어나고 있다.

호텔의 실질적인 수입원이 객실과 식음료인 점을 감안할 때, 식음료 중에서도 연회부문은 많은 인원이 동시에 호텔을 이용하면서 주로 식음료 서비스를 함께 하는 업무효율이 높은 서비스이다. 따라서 호텔의 입장에서는 연회부문이 짧은 시간 동안에 높은 수익을 올릴 수 있는 서비스이기 때문에 그 중요성은 날로 더해 갈 것으로 전망된다.

결국 호텔에 있어서 연회부문은 식음료부서에 소속되어 있어 식음료부서장 아래 연회책임자를 두어 연회부문을 관리하는 것이 일반적이었으나, 최근에는 연회부문이 호텔에 대한 기여도가 큰 만큼 식음료부서와는 별도로 독립된 조직체계를 갖추고 있는 호텔이 늘어나는 추세에 있다고 하겠다.

제2절 연회의 종류

연회행사는 목적에 따라 크게 식음료의 판매를 목적으로 하는 식음료 연회행사와 장소의 판매를 목적으로 하는 임대 연회행사로 나눌 수 있다. 식음료 연회행사는 주로 파티형으로 정찬파티, 리셉션파티, 칵테일 파티 등이 있으며, 임대 연회행사에는 전시회, 회의, 패션쇼 등이 있다.

I 식음료 판매중심의 행사

정찬파티 (Table service party)	가장 격식 있고 품위 있는 고급의 정식연회로서 full course를 제공
칵테일파티 (Cocktail party)	주류와 음료를 갖추어 놓고 스탠딩 형식으로 이루어지는 연회
뷔페파티 (Buffet party)	일정한 금액의 뷔페용 음식 형태로 마련되며, 별도의 요리 코너에 음식을 차려놓고 고객이 직접 자신의 기호에 맞는 음식을 날라다 먹는 셀프서비스 형식의 파티
리셉션파티 (Reception party)	공식적인 행사로서 만찬이나 오찬에 들어가기 전 별실에 마련된 간단한 안주와 칵테일을 들면서 인사 및 가벼운 담소를 나누는 형식
티파티(Tea party)	회의나 좌담회, 간담회 등에서 중간의 휴식시간에 많이 하는 파티
출장파티 (Outside catering)	원하는 시간에 고객이 원하는 장소로 음식을 싣고 가서 제공하는 파티
가족모임 (Family party)	약혼식, 결혼식, 돌잔치, 회갑연, 칠순, 생일파티, 결혼기념 파티 등 가족모임의 일환으로 개최되는 파티

1. 정찬파티(Table service party)

연회행사 중 가장 격식있고 품위있는 고급의 정식연회로서 full course를 제공하므로 그 비용도 높을 뿐만 아니라 사교상의 중요한 목적이 있을 때 개최되는 행사이다. 보통 정찬파티 때에는 초청장을 발송하는데, 이때 연회의 취지, 주빈의 성명, 복장 등에 대해

명시하고(복장에 대한 명시가 없으면 정장을 하는 것이 예의이다), 참석여부를 확인하여 Name Card를 좌석에 배치하고 연회장 입구에 좌석배치도(Seating Arrangement Board)를 비치하여 혼잡을 피하도록 하고 사전에 계획된 식음료를 제공한다.

정찬파티는 breakfast, lunch, dinner가 모두 포함되는데, 연회의 목적, 참석자의 수와 지위나 연령에 따른 좌석배치, 주빈에 대한 예우 등을 잘 고려하여 치밀한 계획하에 분주하지 않게 이루어져야 한다.

2. 칵테일파티(Cocktail party)

칵테일파티는 여러 가지의 주류와 음료를 갖추어 놓고, 오르되브르(hors d'oeuvre)를 곁들이면서 스탠딩형식으로 이루어지는 연회를 말한다. 칵테일파티는 정찬파티에 비해 자유롭게 이동하면서 담소를 나누고 음식을 즐길 수 있고, 참석자의 복장이나 시간도 별로 제약을 받지 않는다.

칵테일파티에서 서비스하는 종사원은 수시로 음식과 음료의 잔량을 체크하여 부족함이 없는 서비스로 연결되도록 해야 하며, 고객들에게 직접 칵테일이나 음료의 주문을 받아 서비스하기도 한다.

3. 뷔페파티(Buffet party)

고객의 요청에 의하여 일정한 금액의 뷔페용 음식형태로 마련되며, 별도의 요리코너에 음식을 차려놓고 고객이 직접 자신의 기호에 맞는 음식을 날라다 먹는 셀프서비스 형식의 파티를 말한다. 입식으로 행해지는 칵테일 뷔페형식과 같은 standing buffet와 이와는 달리 예상되는 고객의 숫자만큼 테이블과 좌석을 준비하여 이루어지는 sit down buffet로 나누어볼 수 있다.

뷔페는 단일 종류의 메뉴에서부터 여러 형태의 요리법으로 만들어진 다양한 식사가 제공되는데, 일반적으로 연회에서의 뷔페는 주최자의 사전 예약에 의해 참석자의 수에 맞추어 음식이 준비되므로 호텔 내의 일반 뷔페식당과 다르게 그 양에 있어서 한정적이다.

4. 리셉션파티(Reception party)

공식적인 행사로서 만찬이나 오찬에 들어가기 전에 별실에 마련된 간단한 안주와 칵테일을 들면서 주최자와 초청된 고객들이 인사를 하거나 고객들끼리 가벼운 담소를 즐기면서 Seating Arrangement Board를 보고 자기의 좌석위치 등을 확인하기도 하는 파티이다.

5. 티파티(Tea party)

일반적으로 break time(3~5시 사이)에 간단하게 개최되는 파티로서 주스나 커피, 또는 tea 종류와 함께 과일, 샌드위치, 케이크, 디저트류가 곁들여져 제공되는 파티를 말한다. 회의나 좌담회, 간담회 등에서 중간의 휴식시간에 많이 하는 파티인데, 이때 제공되는 다과는 양식과 한식을 구분하여 한 종류만을 제공하거나 이 두 종류를 함께 섞어 제공하는 경우도 있다.

6. 출장파티(Outside catering)

고객의 요청에 따라 원하는 시간에 고객이 원하는 장소로 음식을 싣고 가서 제공하는 파티를 말하는데, 요리, 각종 식기, 테이블, 글라스, 리넨과 그 밖의 관련 집기 비품들이 함께 지정된 장소에 운반된다. 모든 연회의 업무는 연회장에서 하는 것과 동일하게 취급하며, 출장연회 담당자는 사전에 고객이 원하는 장소에 직접 가서 점검하여 장소에 맞춘 행사계획을 마련해야 한다. 특히 야외에서 이루어지는 행사일 경우 우천 시 발생할 문제나 주변 환경 등을 꼼꼼히 고려해야 하며, 여름철에는 냉장차를 이용하여 위생관리에 주의해야 한다.

출장연회는 현대의 호텔에 있어서 매출과 시장성을 확대하는 중요한 부문으로 부각되고 있다.

7. 가족모임(Family party)

가족모임은 글자 그대로 가족들과의 행사를 호텔에서 행하는 것이다. 보통 가족모임이라면 약혼식, 결혼식, 돌잔치, 회갑연, 칠순, 생일파티, 결혼기념 파티 등이 있는데, 가정에서 직접 가족행사를 했던 예전과는 달리 최근에는 호텔의 시설을 빌려서 하는 경우가 많이 늘어나고 있다. 호텔의 정원이나 수영장 등에서 특별히 하는 가든파티(Garden Party)도 가족모임의 일환으로 개최되는 경우가 있다.

8. 기타

각종 회의를 진행하는 동안 잠깐 쉬는 시간에 미리 준비한 커피 및 음료를 제공하는 커피 브레이크(coffee break), 어떤 공식적인 행사를 진행하기 전에 서로 모르는 사이인 참석자들이 자신들을 소개하면서 친근감을 가질 수 있도록 가벼운 음료와 다과를 함께 나누는 상견례의 일종인 아이스 브레이크(ice break) 등도 있다.

Ⅱ 연회장 판매중심의 행사

각종 회의	일정한 장소에 모여 의논하고 토의하는 행사를 갖는 포괄적인 의미
전시회(Exhibition)	특정한 물건이나 상품, 표본 등을 전시하여 일반에게 참고가 되게 하거나 판매하는 기획행사
패션쇼(Fashion show)	유행의상을 모의하거나 제작하여 모델을 통해 선보이면서 고객들의 관심을 유도함으로써 판매수익을 꾀하는 모임의 형태

1. 각종 회의

회의는 대체적으로 여러 사람이 일정한 장소에 모여 의논하고 토의하는 행사를 갖는 포괄적인 의미를 가지는데, 형태별, 성격별, 지리적 영역별로 다양하게 분류된다.

회의를 형태별로 분류하면 컨벤션(convention), 콘퍼런스(conference), 콩그레스(congress), 포럼(forum), 심포지엄(symposium), 패널토의(panel discussion), 강연(lecture), 세미나(seminar), 워크숍(workshop) 등으로 분류되며, 성격별로 분류하면 기업회의, 협회회의, 비영리단체회의, 정부주관회의 등으로, 지리적 영역별로 분류하면 지방회의, 지역회의, 전국회의, 국제회의 등으로 구분할 수 있다.

이와 같은 각종의 회의는 그 규모와 성격에 따라 각각 다른 이름을 사용하여 개최하는 경우가 많다. 그럼에도 여기서는 오늘날 지구촌화되어 가는 국제관계의 변화 속에서 날로 그 비중을 더해가는 국제회의와 일반적으로 국내에서 주로 이루어지는 국내회의로 나누어 살펴보려 한다.

1) 국제회의

일반적으로 convention이라는 단어로 해석되는 국제회의란 공인된 단체가 정기적으로 주최하고 3개국 이상의 대표가 참가하는 회의를 말하는데, 회의내용에 있어서는 국가 간의 이해조정을 위한 교섭회의, 전문분야의 연구결과 토의를 위한 학술회의, 참가자 간의 우호증진을 위한 친선회의, 국제기구나 민간단체의 사업에 대한 검토회의 등 그 종류가 다양하다.

보통 국제회의에서 발표자는 microphone을 사용해서 발표할 내용을 말하고, 통역자가 이를 수신하여 각국 참석자들에게 통역하므로 각 나라와 관련한 booth와 통역자 등 참여국가에 따라 참여인원도 기하급수적으로 늘어나게 된다. 따라서 각국에서는 대규모 호텔에 이러한 국제회의를 개최할 수 있는 첨단설비를 갖추고 치열한 유치경쟁을 벌이는데, 이러한 국제회의의 개최를 통해 각국 참가자들의 숙박과 관련한 객실 및 식음료 판매를 통한 수익이 무시하지 못할 정도로 높을 뿐만 아니라 관광을 비롯한 체재에 따른 부수적인 기대효과 또한 높기 때문이다. 그리고 이에 더하여 개최국 및 개최도시의 홍보효과를 감안한다면 국제회의산업(international convention business)이 새로운 뉴 비즈니스로 떠오른 이유를 알 수 있다.

① 컨벤션(Convention) : 주로 특정 안건을 심의하여 어떤 결론을 유도하는 모임으로서 축제적인 분위기 속에서 이루어진다. 이러한 집회는 형식적이어서 만장일치의 의안 통과가 관례이며, 그 대신 각급 분과위원회의 깊이있는 토의와 심의가 심도있게

이루어진다. 오늘날 국제회의를 통칭하는 단어로 사용되고 있다.

② 콩그레스(Congress) : 컨벤션(convention)과 같은 의미의 용어인데, 주로 유럽지역에서는 국제회의를 총칭하는 의미로 사용한다. 컨벤션이나 콩그레스는 본회의와 사교행사, 그리고 관광 등의 다양한 프로그램으로 편성되며, 참가인원은 보통 수천 명에 이른다. 연차로 개최되며 상설 국제기구가 주체가 된다.

③ 콘퍼런스(Conference) : 회의를 기본으로 하는 국제적 집회로 미국에서 주로 사용되는 단어로 프랑스어계 나라에서는 외교적 성격의 국가적 회의를 칭하는 용어로 사용되고 있다. 주로 과학, 학문, 기술분야의 새로운 지식습득 및 특정 문제점의 연구를 위한 회의를 말할 때에도 사용되는 명칭이다.

2) 소규모 회의

국제회의와 비교하여 규모가 작은 소규모 회의로 보통 국내에서 많이 이루어지는 회의이다. 그 성격에 따라 다음과 같이 명칭이 달라지지만, 오늘날에는 간혹 국제적으로 이루어지는 경우도 있다.

① 포럼(Forum) : 고대 로마시대의 공회용 광장에서 나온 용어로서 자유토론 광장의 성격을 띠고 있다. 토론형식은 비교적 자유로우며 제시된 한 가지의 주제에 대해 상반된 견해를 가진 동일 분야의 전문가들이 사회자의 주도하에 청중 앞에서 공개토론하는 형태의 회의를 말한다. 청중들이 자유롭게 질의에 참가할 수 있고, 최종적으로 사회자가 의견을 종합한다. 사회자의 역할이 비교적 큰 비중을 차지한다.

② 심포지엄(Symposium) : 특정문제를 놓고 연구검토하기 위한 전문가들의 토론장으로서, 토론주제는 전문가들의 연구를 거쳐 상호 의견을 나누며 이들이 모임 종결부에서 관련된 주제에 대한 건의사항과 제반 문제점을 정리하여 보고서를 작성하게 된

다. 포럼(forum)이 자유토론 형식이라면, 심포지엄은 격식을 갖춘 토론형식이라고 할 수 있다.

③ 패널 토의(Panel discussion) : 방청인들을 중심으로 장내를 메우고 발표자의 주제발표와 해당사항에 대한 전문가들 간의 상호 질문과 답변 등의 토론을 하는 형식의 모임이다. 청중들도 질문을 하고 의견을 개진할 수 있으나, 청중의 참여보다는 전문가끼리의 토론 비중이 크며, 여기에 참가하는 발표자와 토론자는 사전에 완벽한 준비를 할 수 있어야 보다 효과적인 토론이 가능하다고 본다.

④ 워크숍(Workshop) : 큰 집단의 의견을 도출시키기 위하여 몇 개의 소집단으로 나누어 소집단마다 지도자를 정해 주어진 의제에 대해 토론을 거쳐 결론을 내고 큰 집단이 모인 가운데 각 소집단의 지도자들이 결론을 발표하고 질의 · 응답하는 형식의 회의를 말한다. 일반적으로 각 대학교의 오리엔테이션이나 기업체의 직원연수과정에서 많이 이용되고 있다.

⑤ 세미나(Seminar) : 주로 교육목적으로 개최되는 회의로서 발표자와 참가자가 단일 의제를 가지고 발표와 토론을 하는데, 이는 발표자와 참가자가 같은 위치에 있는 것이 아니라 발표자의 우월적 지식전달이 위주가 되는 회의이다.

⑥ 원격 영상회의(Tele-conferencing) : 각종 첨단장비를 이용하여 서로 다른 지역의 참석자들이 같은 시간에 영상을 통해 의견을 교환하는 회의를 말한다.

2. 전시회(Exhibition)

어떤 특정한 물건이나 상품, 표본 등을 전시하여 일반에게 참고가 되게 하거나 판매하는 기획행사를 말한다. 주로 동일업종의 여러 회사들이 공동으로 모여 자사제품을 전시 · 판매하면서 업계에 대한 고객들의 관심을 끌고 상품을 판매하기도 한다.

3. 패션쇼(Fashion show)

앞으로 유행하게 될 유행의상을 모의하거나 제작하여 모델을 통해 선보이면서 고객들의 관심을 유도함으로써 판매수익을 꾀하는 모임의 형태이다. 모델이 만들어진 의상이나 기타의 제품들을 직접 착용하고 고객들에게 선보임으로써(show) 다른 어떤 회의에 비해 볼거리를 많이 제공한다.

제3절 연회업무의 진행

I 연회의 예약

1. 예약의 접수

연회업무의 출발은 예약의 접수에서부터 이루어진다. 연회예약이 이루어지기 위해서는 판촉관련 부서의 영업활동이 필수적이다. 적극적인 판촉활동 없이 앉아서 고객을 기다리던 시대는 이미 끝이 났다. 커피숍마저도 앉아서 기다리기보다는 길거리로 나와서 조그마한 booth에서 지나가는 행인들에게 커피향으로 유혹하면서 적극적인 판매활동을 하는 시대이다. 연말이 되어 친구 간, 회사동료 간 1년을 돌아보면서 자리를 함께하는 송년회 모임도 주로 호텔에서 많이 이루어지지만, 그 모임의 유치를 위해서 판촉활동을 담당한 직원들은 가을부터 쫓아다녀야 하는 것이다. 즉 사전에 찾아다니면서 고객의 예상수요를 불러일으켜 상품을 판매하는 시대가 온 것이다. 하지만 그마저도 각각의 호텔들이 모두 함께 경쟁을 하고 있으니 비교우위를 차지하는 것은 최고의 시설과 최고의 특징있는 요리, 품위있는 장식, 최고의 서비스 등이 될 수밖에 없다.

판촉활동을 담당한 직원이 열심히 영업활동을 하는 동안 예약담당자는 정보의 제공, 서류정리, Table Plan, 자료의 작성 등을 주관하면서 판촉담당직원과 일체감을 가지고 상호 협력하면서 판매이윤의 증진 및 연회예약의 활성화를 위해 합심·노력해야 한다.

연회예약을 접수할 때에는 반드시 다음의 사항을 확인해야 한다.

① 날짜와 시간(date & time)

② 주최자와 초청받은 손님(organizer & guest of honor)

③ 연회의 성격 및 목적(type of function)

④ 참가인원(number of guest)

⑤ 약정된 예산(budget : price per cover)

⑥ 연회장소 및 장식(room & decoration)

⑦ 차림표와 주류(menu & wine)

⑧ 식탁 배치(table arrangement)

⑨ 좌석 배치(seating arrangement)

⑩ 연회장 도면(function ray-out)

⑪ 서비스 방법(method of service)

⑫ 가격 안내(price information)

⑬ 기타 특별사항(others, special requirement)

⑭ 지급방법(the way of payment)

⑮ 견적서(quotation)

2. 연회행사통보서(Event order)

행사 주최 측과 견적서(quotation)를 주고받아서 행사가 결정되면, control chart(예약조정상황표)를 재확인하여 확정한 내용을 기록하고 event order를 작성한다.

행사진행 관련부서에서는 고객과의 대화나 대면도 없이 E/O에 의해서만 행사를 진행하는 경우도 있기 때문에, 고객과의 협의내용과 필요한 사항 등 E/O에 기록할 내용이 많아서 공간이 부족할 경우에는 별도의 업무연락 혹은 회의를 통하여 행사내용을 관련부서에 통보하고 협조를 구한다.

1) Event order 작성방법

(1) Food의 종류

breakfast, lunch, dinner, cocktail, reception, buffet(seating & standing), Chinese, Korean, Western, Japanese, tea party 등

① 메뉴는 사전 제작된 견본메뉴에 의해 결정되나 고객이 원하는 특별메뉴도 수용한다(vegerarian, 종교적 · 신체적 특식 등).

② buffet식인 경우 standing 또는 seating인지를 명확히 확인한다.

③ 지정된 메뉴 외에 특정한 가격의 메뉴, 특정인의 메뉴는 'Up to Chef's Discretion'이라 명시하고 주방으로부터 메뉴를 통보받는다.

④ 한식, 중식, 일식 등의 음식은 100명 이상의 고객일 때에는 조리부와 상의하여 식자재 관련 유무를 확인한 후 예약받는다.

(2) 가격 및 인원의 결정

고객의 요청에 의하여 가격 및 인원이 결정되겠지만, 예약업무 담당자는 반드시 고객에게 'guarantee' 개념을 설명하고 인원을 결정한다.

(3) Flower decoration

연회의 목적과 성격에 따라 알맞게 장식되어야 하는 꽃은 연회장에서 큰 역할을 하게 된다. 그러므로 연회장의 꽃장식은 대체로 온화하고 화사한 분위기를 조성할 수 있도록 해서 어떤 연회의 분위기와도 잘 조화될 수 있도록 배치해야 한다.

꽃꽂이란 자연 속에서 피어 있는 꽃을 실내공간으로 옮겨 자연의 전형적인 미를 토대로 해서 인간이 창조할 수 있는 또 하나의 예술이라고 할 수 있으므로, 자연의 꽃을 단순하게 화병에 옮기는 것만이 아니고 공간과 선의 구성 및 색채감을 강조하면서 미를 추구하는 것이 꽃꽂이의 참된 의미를 살리는 것이다.

(4) Ice carving

고객의 요청사항, Logo 문자 등을 기록하거나 별도의 Logo를 Art실로 넘겨준다. 또한 특별한 무대제작 장식도 함께 넘겨준다.

(5) Beverage

full bar 또는 soft drinks 등 준비 한계를 고객에게 정확히 문의하고 계산은 실수계산(consumption base)으로만 하는 것이나 고객의 욕구에 따라 변경할 수 있다.

bar 설치 유무, wine, champagne, cocktail, beer, juice류, soft drinks 등에 대한 수량 및 가격 반입품목에 대한 corkage charge 등에 대하여 기록한다. 음료는 음료재료비가 일반 식사보다 저렴하고 매출을 신장시킬 수 있는 수단이 되므로 음료판매에 많은 노력을 기울이며, 고객의 주류반입은 최대한 억제한다.

① cocktail reception인 경우 1인당 3잔 정도
② cocktail buffett인 경우 1인당 2잔 정도
③ 식사 전 cocktail은 1인당 1~1.5잔 정도 예측한다.

(6) Rental charge

rental charge는 계절별로 성수기와 비수기의 영향 때문에 차등하며 상황에 맞는 가격을 받도록 한다.

전시회, 패션쇼의 경우에는 100% 또는 그 이상을 초과하여 받는다. 전시회, 패션쇼의 경우 사전에 많은 준비시간을 필요로 하기 때문에 가급적이면 준비시간도 장소사용료로 계산하여 받는다. 또한 호텔 시설물(전기, 방송음향)을 필요로 할 때에는 관련 부서장과 협의하여 장비사용료를 받도록 하며, 장비사용 시 훼손 · 파손 · 분실물에 대한 손해배상 판례를 명시토록 한다.

(7) Decoration

기본적인 장식은 연회준비 담당자가 하지만, 고객의 특별요청이 있을 때에는 해당부서와 협의하에 원하는 형태를 도면으로 작성하여 가격을 결정한다. 특히 cocktail reception 때 많은 장식을 원할 때에는 반드시 가격을 받도록 하며, mini garden 등을 고객이 사용토록 권한다.

(8) Table shape(lay out)

특별한 경우 또는 중요한 행사 시에는 table lay out을 제시해 두는 것이 원칙이다.

행사내용에 따라 table 모형이 변형된다. table lay out 도면 작성 시 각 연회장 축적도면에 사실적인 도면을 그려서 행사주최 측에 제시하고 또한 copy는 현장에 보내서 행사 진행준비에 차질이 없도록 한다.

(9) 음향 및 조명시설

dinner show, fashion show, 전시회 등과 같이 특별음향이나 조명(laser beam)이 필요한 경우가 많다. mike system, BGM 등이 필요한 경우 고객에게 rental charge 또는 무료인지를 확실히 명시하고 기록한다.

(10) 지급조건

판매할 경우에는 반드시 대금회수방법도 생각해야 한다. 지급능력이 없는 거래처나 악성거래처의 행사를 치러주고 대금회수가 안되는 경우가 많기 때문이다.

① 지급방법(행사종료 후 현금지급, 개인지급, 회사후불, 신용카드 사용)

② 예약금 접수(신빙성이 없는 행사, 가족모임, 개인적 행사는 예약금을 사전에 받아두는 것이 원칙이다)

(11) 기타 유의사항

① 행사 연, 월, 일, 요일 기재

② 장소, 시간, 위치

③ 회사명, 주소, 행사담당자, 전화번호 기재

④ 행사명, signboard 문안

⑤ VIP 참석 여부

2) Event order 작성 시 유의사항

① 일종의 업무협조전으로 또는 업무명령서로 관련부서에서 알아볼 수 있도록 상세히 기록해야 한다.

② E/O란이 부족하면 별첨해서라도 주최 측과의 협의사항을 빠짐없이 작성하도록 한다.

③ 중요 행사가 있을 때에는 E/O 작성 전 관련 부서회의를 하여 각 행사담당자에게 주지시켜야 한다.

④ 또한 고객의 행사물품 반입시간을 E/O에 명시하여 고객의 편리함을 도모하여 그 시간대에 사전에 직원을 배치한다.

(1) VIP보고서

주최자와의 예약과정에서 VIP참석이 확정되었을 때에는 별도로 VIP report를 작성하여 EXCOM member와 관련부서에 보고한다. 이때 VIP가 공적으로 또는 사적으로 참석하는지를 분명하게 구별하여야 한다.

(2) Event order 배부

상기사항에서 거론한 모든 행사내용이 완전히 결정되고 E/O를 작성하면 각 관련부서로 즉시 배부하여야 한다. 특히 E/O를 배부하기 전에 반드시 부서장의 결재를 받고 관련 부서 책임자에게 E/O가 정확히 배부되었다는 sign을 받아 문제가 되지 않도록 한다.

Ⅱ 연회서비스

1. 서비스 인원 확보

서비스 방법에 따라 다소 차이는 있으나 모든 업무에 숙련된 웨이터가 접객할 수 있는 인원은 보통 10~15명 정도이며, 정식파티인 경우에는 4~8명이다. 지배인은 연회 성격에 따라 종사원을 확보 · 배치하여야 한다. 연회부서 인원만으로 부족할 경우에는 식음료부 또는 인사과에 협조 의뢰하여 지원받도록 한다.

2. 서비스의 준비

지배인은 연회가 시작되기 전에 연회의 성격, 메뉴 내용, 테이블 배열, 진행순서 등을 종사원에게 설명해 주고 서브가 일관성이 있도록 교육을 하여야 하며, 사전에 준비할 내용은 다음과 같다.

① 연회장의 청소(카펫, 가구, 비품)
② 비품의 파손 확인
③ 리넨류의 점검
④ 메뉴와 일치된 table-setting의 점검
⑤ ice carving 등의 장식
⑥ 실내온도, 조명, 음향관계
⑦ 음악
⑧ 안내판
⑨ flower
⑩ 좌석배치도
⑪ menu set-up
⑫ 접수 테이블
⑬ place card
⑭ name card

3. Attend service

연회가 시작되기 20분 전에 종사원은 각자 맡은 구역에서 대기자세를 취하며 지배인, 캡틴은 연회장 입구에서 고객영접을 준비한다. 연회장에 입장하는 고객에게 착석 보조 등 모든 제반적인 서비스를 할 수 있도록 마음의 자세를 취한다.

4. Table service

연회의 메뉴는 식당처럼 일품요리(à la carte)를 서브하는 것이 아니라 동일한 요리(set menu)를 서브하기 때문에 연회책임자는 특히 서비스 연출 시 특히 고려해야 한다. 또한 연회장의 전반적인 업무의 흐름을 보아 진행사항 등에 관해서도 주방과의 긴밀한 협조가 이루어질 수 있도록 한다.

5. 연회 중의 서비스

연회 중에는 늦게 도착한 고객을 위한 서비스 또는 예정시간보다 먼저 퇴장하는 고객을 위한 서비스에 주력하게 되며, 그 외에도 전화서비스, 실내의 온도상태, 음향, 조명, 식음료의 추가 제공 등에 불평불만이 발생하지 않도록 노력해야 한다.

6. 연회 종료 후 서비스

연회가 끝나면 연회에 서비스한 직원들은 연회장 출구에 정렬하여 고객을 환송하며 주최 측으로부터 요리 및 서비스에 대한 의견을 취합하기도 한다. 또한 파티에 반입된 각종 물품의 누락 및 고객의 분실물을 확인한다.

7. Billing

연회예약 담당자는 예약과정에서 지급조건에 관한 방침결정을 주최자와 충분히 협의한 후 event order에 기입하며, cashier는 연회 당일에 bill을 작성한다. 연회의 bill은 호텔의 다른 업장과 비교하여 볼 때 복잡하고 금액이 높으므로 예약된 요리나 음료에 비해 추가되는 사항이 발생할 경우에는 반드시 지배인이나 캡틴의 확인과정을 거친 후 가산한다. 또한 지급방식에 있어서 현금, 신용카드, 후불 등을 정확하게 체크하고 후불인 경우에는 주최자의 성명, 연락처, 회사명 등을 파악해 두는 것을 잊어서는 안된다.

8. 최종 작업

모든 연회행사가 끝나고 고객들이 퇴장하면 입구에 설치되었던 접수 테이블과 그 밖의 부대장치를 철거하고 각종 집기류 및 장비 등의 관리사태를 점검한다. 또한 다음날의 업무에 대한 서비스 일정과 event order를 점검한다.

CHAPTER 9

호텔마케팅

제1절 호텔마케팅의 개념

I 호텔마케팅의 개요

1. 호텔마케팅의 의의

마케팅에 관한 정의는 학자들마다 약간씩 다른데 오늘날 가장 널리 인정되고 있는 것이 코틀러(P. Kotler)의 마케팅 정의이다. 그는 마케팅을 "개인과 집단이 제품과 가치를 창조하고 타인과의 교환을 통하여 그들의 욕구와 욕망을 충족시키는 사회적 또는 관리적 과정"이라고 정의하고 있다. 이를 기본으로 하여 미국의 마케팅학회(AMA : American Marketing Association)는 "개인이나 조직의 목표를 충족시켜 주는 교환을 창조하기 위해 아이디어, 제품, 서비스의 창안, 가격결정, 촉진, 유통을 계획하고 실행하는 과정"이라고 정의한다. 따라서 마케팅이란 개인이나 집단이 제품이나 가치를 창조하여 다른 사람과 교환함으로써 그들이 필요로 하고 원하는 것을 습득하는 하나의 사회적 · 경영적 과정이라고 정의하고 있다.

이상을 종합하여 정리하면 결국 마케팅은 "재화인 상품과 서비스인 용역을 공급자로부터 최종 수요자에게 유통시키는 과정과 관련한 모든 경영활동"이라고 말할 수 있겠다.

호텔마케팅은 호텔기업과 관련한 마케팅활동이며 일반기업에서 유형적인 상품판매를 목적으로 하는 마케팅과는 상품 및 유통경로, 그리고 판매촉진방법 등에 있어서 특수성을 띠고 있다. 즉 호텔의 상품은 무형성으로 고객이 호텔까지 찾아와야 판매가 가능하다. 특히 객실고객은 호텔에서 지역적으로 원거리에 산재해 있기 때문에 일반기업의 마케팅활동을 그대로 따라 한다면 비효율적일 수밖에 없다고 본다. 따라서 호텔마케팅에 있어서는 무형상품의 유형화, 경로활동, 촉진활동 등에 있어 특수성이 더 요구된다고 할 것이다.

2. 호텔마케팅의 특성

호텔시설이 완성된 상태에서 무엇을 어떻게 판매할 것인가를 결정하기 위해서는 일반적으로 상품의 내용을 우선적으로 파악해야 한다. 상품의 특성을 토대로 수요자의 욕구를 끌어내기 위한 다양한 판매기법 및 판매경로, 홍보방법 등이 결정될 수 있는 것이다.

호텔을 비롯한 대개의 환대산업은 다음과 같은 서비스의 특징으로 인해 일반상품과는 본질적으로 그 성격을 달리하고 있음에도 불구하고 제조업에서 상품판매활동에 적용하는 동일한 방법을 서비스판매활동에 그대로 적용하고 있는 실정이다. 따라서 환대산업에 있어서는 일반상품과는 달리 그 판매전략도 차별화할 필요가 있다고 본다.

(1) 서비스의 무형성

서비스의 무형성은 고객이 서비스를 선택하기 전에는 맛을 보거나 시험해 볼 수가 없는 까닭에 하나의 서비스를 선택하는 것이 1개의 상품을 선택하는 것보다 어렵고 많은 시간이 소요된다.

(2) 생산과 소비의 동시성

생산과 소비가 동시에 이루어지므로 장소(위치)가 구매에 중요한 비중을 차지한다. 따라서 장소(위치)가 고객의 선택을 한정시킨다.

(3) 서비스의 소멸성

서비스는 목록을 작성할 수 없는 상품이므로 업체의 재정위험을 증가시키고 수요문제를 더욱 악화시킨다.

(4) 서비스상품 생산의 가변성

서비스상품은 수요를 예측하거나 통제하기가 어렵다. 그 이유는 첫째, 서비스상품 자체가 본질적으로 무형이라는 점, 둘째, 대부분의 경우 서비스상품은 고객이 있을 때에 한하여 생산과 동시에 판매된다는 점, 셋째, 서비스상품은 때로는 서비스를 제공하는 종사자의 일시적인 기분, 특이한 성격이나 과오로 인해 영향을 많이 받는다는 점 등이다.

(5) 서비스상품의 모방가능성

서비스상품은 시장침투에 장애를 받지 않으므로 경쟁자로 하여금 재빨리 다른 호텔의 서비스를 모방하게 한다.

Ⅱ 호텔마케팅의 발전과정

1. 생산지향시대

생산지향개념(production concept)은 판매자의 지침이 되는 가장 오래된 개념 중 하나이다. 기업활동의 초점을 생산활동에 두었던 시기로 대체로 1900년에서 1930년대 초반까지를 말한다. 생산지향개념은 소비자는 값이 싼 물품에 관심을 가진다는 데 초점을 맞추고 가장 싼 물품의 생산과 유통에 집중하여 시설확충, 작업방법의 개선 등을 통해 대량생산에 주력하였다. 물론 시장의 상황에 대해서도 관심을 가졌겠지만, 그 당시의 시장은 수요가 공급을 초과하고 있었으므로 시장의 비중은 미미하였으며, 따라서 주로 생산체제의 개선을 통한 생산량의 증대에 집중되었다. 1인당 생산량, 1제품당 생산에 소요되는 시간, 1일 작업량 등에 대한 관심이 집중된 시기도 이때였다.

이러한 개념이 적용될 수 있는 경우는 첫째, 수요가 공급을 초과하고 있는 경우, 둘째, 제품의 생산비용이 너무 높아서 능률적인 생산방식을 통해 원가를 인하해야 할 필요가 있는 경우이다. 호텔의 발전단계에서 보면 Inn 시대와 Grand Hotel 시대에서 요구되는 개념이라고 할 수 있다. 즉 이는 곧 특정 고객을 제외한 일반고객의 이익은 무시 내지 경시된다.

2. 상품지향시대

상품지향개념(product concept)은 생산지향개념과 마찬가지로 내부지향적이다. 이 상품(제품)지향개념은 소비자가 기존제품과 제품형태를 선호하고 있으므로 관리자는 이러한 제품을 토대로 한 단계 발전한 개량품을 개발하는 것이 주된 업무라는 것이다. 웬디스의 경우 빠른 서비스를 중심으로 하면서도 기본적인 햄버거에 256가지의 다른 옵션을 제공함으로써 고객이 자신의 식성에 따라 제품을 선택할 수 있게 된 것이다.

하지만 호텔에 있어서 이 개념에는 문제점이 지적되었다. 일반제품들의 경우 어느 정도 소비자의 욕구를 만족시키는 데 기본적인 설비에 대한 투자가 비교적 적지만 호텔의 경우 소비자의 욕구를 잘못 이해함에 따른 손실은 지대하다. 그 대표적인 예가 우리나라의 유스호스텔이다. 서양에서는 일반적이었던 유스호스텔(youth hostel)을 도입한 우리나라는 청소년 시장에만 주력한 나머지 시장개발을 소홀히 하여 지금은 사양길에 접어들고 말았다. 또한 제2차 세계대전 이후 최상급 서비스와 시설을 갖춘 호텔 경영자가 도로변에 위치하여 편리하다는 이점과 낮은 객실료를 무기로 대응한 모텔(motel)과의 경쟁에서 밀려난 경우도 그 대표적인 예로 들 수 있겠다.

3. 판매지향시대

판매지향개념은 기업이 충분한 판매와 판매촉진 노력을 기울이지 않으면 소비자는 기업의 제품을 구입하지 않을 것이라고 가정하고 있다. 따라서 판매를 위한 수단이나 방법, 과정 등에만 관심을 기울이고 있으며, 고객의 만족도에 대해서는 소홀히 하고 있다. 이 시기에는 광고나 마케팅 조사 등과 같은 제반 마케팅활동이 마케팅관리자의 책임하에 총괄적으로 통합되기도 하고, 다른 부서에서 시행하던 판매훈련 또는 판매분석 등의 활동들이 판매부서로 이관 · 통합되는 경향이 있다.

이러한 개념은 비탐색적(unsought goods), 즉 소비자가 보통 일상적으로 구매하지 않는 경우에 흔히 적용되고 있는데, 호텔의 경우 호텔판촉부를 중심으로 한 경식판매(hard selling)는 단기적으로는 효과적이지만 장기적으로 고객의 구매 후 만족이 보장되지 않으므로 계속적인 구매를 유도하기 어렵다는 점을 간과해서는 안된다.

4. 마케팅지향시대

1950년대 경제가 안정되기 시작하고 수요가 지체되면서 나타난 새로운 경영이념으로, 시장이 뭘 필요로 하는지를 파악하여 그러한 수요를 충족시킬 만한 상품과 서비스를 개발하는 것이 최선이라는 전제에 기초하고 있다. 이러한 마케팅지향개념은 종래의 경제이론상으로는 소비자주권(consumer sovereignty)의 개념에 기초하고 있다.

마케팅지향개념은 기존의 상품판매와 관련한 경영에 있어서도 획기적인 시각변화를 가져왔는데 기존의 판매개념은 만들어진 물건을 소비자에게 어떻게(판매방법, 가격 등) 판매하느냐에 관심을 가졌었다면, 마케팅은 소비자가 원하는 제품(가격, 디자인, 색상, 분위기 등)을 선호하는가를 분석하여 이를 토대로 소비자의 취향에 맞는 제품을 생산하는 데 초점을 맞추었다는 점에서 차이가 있다.

〈표 9-1〉 마케팅개념과 판매개념의 차이

마케팅개념	판매개념
· 소비자의 욕구를 강조 · 고객의 욕구와 필요를 파악한 후, 이를 충족시킬 제품의 생산방법을 모색 · 대외적, 시장지향 · 시장욕구의 강조 · 저압적 판매 · 순환적 판매 · market-in · 장기계획 지향	· 제품을 강조 · 제품을 먼저 만든 후 판매기법을 모색 · 대내적, 기업지향 · 기업욕구의 강조 · 고압적 판매 · 직선적 판매 · product out · 단기계획 지향

* 자료 : 서성한·최덕철·이신모, 「관광마케팅론」, 법경사, 1997, p. 33.

5. 사회지향시대

마케팅지향적 방법에서 발전한 가장 새로운 마케팅개념으로 고객의 이익이 사회에 발생시키는 비용보다 높을 때 비로소 상품이 가치를 발휘한다는 것이다. 1970년대 들어 환경파괴, 자원부족, 인구폭발, 세계적인 기아, 빈곤 등에 따른 소비자의 의식의 전환에 따라 기존의 마케팅개념으로는 기업이 존속 · 성장할 수 없는 상황이 도래하게 되었다. 환경문제에 대한 관심이 고조되면서 제품에 대한 정치적 · 법률적 압력이 가해지고, 이에 따라 마케팅활동도 큰 영향을 받으면서 기업의 사회적 책임이 대두되었다. 즉 편리하게만 이용되어 왔던 플라스틱제품이 환경을 파괴하는 주범으로 지적되면서 미생물로 분해가 가능한 새로운 플라스틱 제품이 등장하고, 많은 호텔의 레스토랑에서 금연이 실시되고 있으며, 환경에 친숙한 호텔객실의 개발과 함께 객실에서 사용하는 물품들도 자연소재, 생분해성 및 피부가 거칠어지지 않는 세제, 샴푸 등을 사용하고 있는 것이 좋은 예이다.

〈표 9-2〉 마케팅개념의 발전과정

개 념	배 경	초 점	수 단	목 표
생산지향 (production concept)	수요 〉 공급	제 품	대량 생산	판매량 증대에 의한 이윤추구
제품지향 (product concept)	수요 = 공급	제 품	제품의 질 향상	
판매지향 (selling concept)	수요 〈 공급	제 품	판매증진	
마케팅지향 (marketing concept)	소비자 욕구 다양화	소비자 욕구	마케팅 믹스	소비자 욕구충족에 의한 이윤추구
사회지향적 마케팅 (social marketing concept)	지나친 상업주의	소비자와 공공복리	마케팅 믹스	소비자 욕구충족에 의한 이윤추구와 공공복리 증진

* 자료: 엄서호, 「레저산업론」, 학현사, 1998, p. 79; 김의근 외, 「호텔경영학개론」, p. 362에서 재인용.

제2절 호텔마케팅 전략

I 시장세분화

1. 시장세분화의 개념

시장세분화란 시장을 어떤 기준에 따라 나누는 것을 말하며, 목표시장선정을 위해 이렇게 나누어진 시장 각각에 대해서 고객의 특성을 파악하는 것이 필요하다. 즉 시장은 다양한 고객으로 구성되어 있고, 고객은 여러 가지 점에서 서로 다른 욕구, 구매태도 및 구매방법을 가지고 있다. 그러나 그중에서도 유사한 특성을 지닌 고객들을 서로 모아 군집화하는 과정을 시장세분화(market segmentation)라 한다. 즉 다양한 고객들로 구성된 전체 시장을 특정의 동질적인 특성을 지닌 세분시장으로 분할하고 묶는 과정을 말한다. 각 시장 내에서 기업이 투입하는 마케팅 믹스 전략은 고객들이 가능하면 동질의 반응이 되도록 하여야 한다.

2. 시장세분화의 이점

시장세분화를 하면 고객의 특성을 보다 잘 이해할 수 있어 호텔이 고객의 기대에 부응할 수 있는 서비스상품을 생산·배달할 수 있게 해준다. 자신의 서비스상품을 이용할 고객에 대한 충분한 지식과 이해를 갖고 있으므로 기업은 자원을 낭비하지 않고 효율적으로 배분할 수 있고, 또한 시장의 변화추이를 체계적으로 파악할 수 있다. 이러한 세분화 과정을 통해 기업은 자원을 최적배분할 수 있는 마케팅 믹스를 개발할 수 있어 고객만족을 줄 수 있으며 궁극적으로 기업의 목적을 달성하게 된다.

시장세분화가 현대 마케팅에서 절대적으로 필요하고 중요한 것이지만, 그렇다고 해서 무조건 세분화를 하는 것은 아니다. 적어도 아래와 같은 요건이 충족될 경우에만 효과적인 시장세분화를 실행할 수 있는 것이다.

첫째, 세분시장의 구매력과 규모가 계량적으로 측정될 수 있어야 한다.

둘째, 호텔이 세분시장에 효과적으로 촉진하거나 접근이 가능해서 기여할 수 있어야 한다.

셋째, 별도의 프로그램이나 노력을 투입할 만큼 규모가 크거나 수익성이 확보될 수 있어야 한다.

넷째, 호텔이 효과적인 마케팅 믹스를 개발할 능력과 자원을 갖고 있어야 한다.

Ⅱ 표적시장의 선정

1. 호텔시장 표적화의 개념

전체 시장을 여러 가지 기준에 의해서 세분화한 후 이들 세분시장에서 어느 세분시장을 호텔이 공략의 대상으로 삼아야 할 것인지를 결정하는 과정을 시장표적화(marketing targeting)라 한다. 다시 말해서 시장세분화를 통해 파악된 각 세분시장에서 호텔이 주고객으로 삼을 시장을 확인하고 선정하는 과정이다. 이렇게 선정된 시장을 목표시장 또는 표적시장(target market)이라 한다. 표적시장은 호텔이 차별적 경쟁우위를 발휘할 수 있다고 판단되어 선정한 고객집단이다.

2. 호텔시장 표적화의 유형

1) 비차별화 마케팅전략

비차별화 전략은 세분시장의 차이점을 생각지 않고 전체 시장에 하나의 마케팅 믹스 전략을 구사함을 뜻한다. 이러한 전략은 소비자들의 공통점을 찾아 접근하며, 경제성을 추구하는 데 그 특징이 있다. 이 전략은 한 가지 형태의 서비스상품에 단일 마케팅 믹스 전략으로 전체 시장에 접근하기 때문에 세분화의 의미가 없으며, 따라서 비용절감이 가능하다.

2) 차별화 마케팅전략

세분화된 각 시장에 다른 마케팅 믹스로 접근하는 방식으로 세분시장 모두 또는 2개 이상의 시장을 표적시장으로 선정하는 전략이다. 이러한 전략은 매출의 증대를 가져오며, 단일표적시장 전략의 경우 직면할 수 있는 위험을 분산시킬 수 있다는 장점이 있는 반면에, 많은 거래비용이 요구되며 자원이 여러 세분시장으로 분산되는 단점이 발생한다.

3) 집중화전략

집중화전략은 차별화전략이나 비차별화 전략과는 달리 전체에서 하나의 매력적인 세분시장을 선정하여 집중적으로 마케팅활동하는 것을 뜻한다. 이 전략의 장점은 비용절감효과를 나타내며, 최적의 마케팅 믹스 개발로 매출의 증대를 가져올 수 있다. 그러나 큰 기업이 경쟁자로 나타났다든지 고객의 욕구가 변하여 수요에 변화가 발생하면 큰 손실을 초래할 수 있는 단점이 있다.

제3절 호텔마케팅 믹스

I 호텔마케팅 믹스의 의의

기업이 목표시장에서 판매를 통한 수익을 얻기 위해 이용하는 통제가능한 마케팅 수단을 믹스하는 것을 마케팅 믹스라고 한다. 붐스와 비트너(Booms & Bitner)는 호텔마케팅 믹스에 대해 호텔서비스의 제공과정에서 상호작용하는 고객과 접객요원을 참가자라 하여 제품, 가격, 유통, 판촉에 참가자를 포함한 5가지로 구성되어 있다고 하였으며, 매킨토시(McIntosh)는 적시성, 상표, 패키지, 가격, 유통구조, 상품, 이미지, 광고, 판매, PR을 호텔마케팅 믹스를 구성하는 요소로 들고 있다.

일반적으로 호텔에 있어서는 제품(product)과 그 제품의 가격(price), 그리고 판매의 촉진(promotion)과 유통(place)의 네 가지 요소를 호텔마케팅의 4Ps라고 한다.

이제 호텔마케팅 믹스의 네 가지 요소를 중심으로 각각의 전략을 살펴보겠다.

II 호텔마케팅 믹스의 전략

1. 상품전략(Product mix)

마케팅 믹스의 요소 가운데 가장 중요한 요소는 상품 자체이다. 호텔에 있어서의 상품이란 객실을 비롯하여 식음료, 그리고 기타 부대시설과 인적 서비스의 결합을 말한다. 각각의 구성요소가 그 자체로서 가치를 지닌다기보다는 인적 서비스와 결합되었을 때 비로소 가치를 발휘하기 때문이다.

호텔의 상품은 물질적 상품과 비물질적 상품으로 나누어 볼 수 있다. 여기서 물질적 상품이란 객실, 식음료, 비즈니스센터, 피트니스센터 등의 시설을 말하고, 비물질적 상품은 서비스, 분위기, 아늑함, 즐거움, 다정함, 친절함 등을 말한다.

물질적 상품은 실체적이고 객관적이며 비교측정이 가능하고, 가격과 상품의 관계가 아주 명백한 특성을 갖는다. 이에 반해 비물질적 상품은 추상적이며 주관적으로 가치를 평가하게 되고, 소극적으로 받아들여지기 쉬우며 고객이 사전에 확인할 방법이 없고 이미지를 만들기까지는 오랜 시간이 소요된다는 특성이 있다.

여기에서 비물질적 상품의 주체가 되는 호텔 종업원의 역할이 강조된다. 편안하고 아늑한 분위기를 제공하면서 친절하고 상냥한 태도로 서비스를 할 때, 객실과 식음료를 비롯한 물질적 상품이 원래의 가치(소비자의 수요)에 더하여 만족이라는 부가적인 가치를 지니게 되고, 이는 다시 상품의 재판매로 이어질 수 있다.

〈표 9-3〉 호텔상품의 분류

객실상품	식음료상품	부대시설상품
싱글룸 트윈룸 스위트룸 온돌룸 트리플룸 등	연회장 레스토랑 커피숍(라운지) 바 베이커리 나이트클럽 등	카지노 피트니스센터 비즈니스센터 등

2. 가격전략

일반적으로 가격은 상품이나 서비스에서 구매자가 받을 수 있는 효용에 대해 생산자가 금전적인 가치를 인정하는 것을 말한다. 즉 구매자가 판매자에게 상품이나 서비스를 구매하면서 지급하는 대가라고 할 수 있다. 그러므로 가격은 기업의 측면에서는 생산을 위해 투자한 생산비에 이익을 더한 금전적 가치를 만족시켜야 하고, 구매자의 입장에서는 필요로 하는 수요, 즉 구매의욕에 더하여 그 상품을 구입하면서 지급할 수 있는 금전적 가치(지급능력)를 만족시켜야 하는 이중적 성격을 띠고 있다. 이러한 관점에서 가격정책은 언제나 전체 마케팅전략의 범위 안에서 다루어져야 하며, 제품계획과 더불어 고려해야 할 사항이다.

각 호텔마다 다양한 가격전략을 사용하고 있어 일률적으로 설명하기는 어렵지만, 서로 경쟁우위를 확보하기 위해 상호 제휴를 통해 다양한 가격정책을 실시하고 있다. 호텔에서 실시하는 일반적인 요금체계는 아래 그림과 같다.

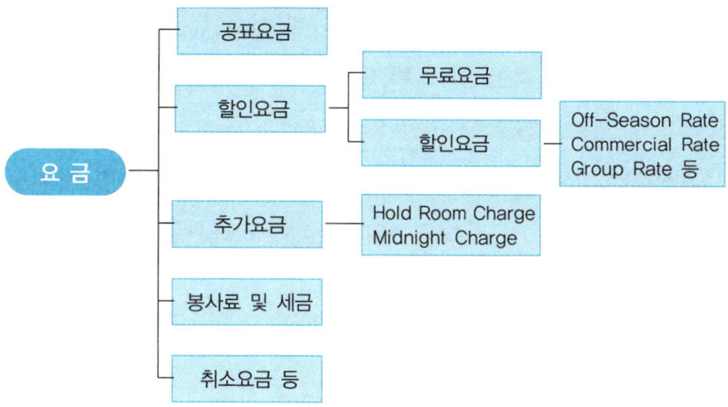

[그림 9-1] 호텔상품 가격의 유형

3. 유통전략

호텔에서의 유통문제는 생산과 소비가 동시에 발생하기 때문에 유통, 운송, 창고관리, 재고관리 등의 문제가 거의 발생하지 않는다. 따라서 호텔에 있어서의 유통전략은 장소, 즉 입지전략이라고 풀이해야 한다. 그리고 일반제품에 있어서의 유통전략보다도 호텔에 있어서의 입지전략은 더욱 중요하다고 할 수 있다. 호텔의 입지는 일단 한번 결정하면 옮길 수 없기 때문에 유인성과 접근성을 고려하여 결정되어야 한다.

호텔상품의 유통전략이란 호텔이 자사의 상품을 고객에게 인식시키고, 예약해 주고, 제공해 주는 일련의 유통경로를 결합하는 것으로, 여행업자와의 계약이나 호텔을 자주 이용하는 회사와의 계약으로 출장 시에 좀더 편안한 서비스를 제공하거나 좀더 할인된 가격으로 상품을 서비스하는 것을 생각해 볼 수 있다.

4. 촉진전략

촉진전략은 호텔이 고객들에게 상품에 대한 전반적인 정보를 제공해 줌으로써 판매수익을 꾀하는 전략으로 호텔상품의 무형적 특성을 유형화하는 중요한 마케팅 수단이 된다. 촉진은 목표로 하는 잠재고객에게 호텔과 호텔의 상품을 알림으로써 구매욕구를 자극하고, 구매시기가 도래하였을 때 이미지 작용으로 인해 바로 구매로 이어지도록 하기 위한 정보를 제공하는 것으로 촉진전략에 관한 모든 결정은 호텔의 이미지를 염두에 두고 이루어져야 하며, 호텔의 전체적인 판매전략에 부합되어야 한다.

특히 호텔에 있어서 촉진활동은 제조기업에 비해 더욱 중요한 역할을 하는데, 이는 호텔상품이 무형적인 특성을 가지고 있어 먼저 이용해 보기 전에는 평가하기가 어렵기 때문이다.

호텔의 촉진전략에는 ① 구매자에 대한 개별편지, ② 소식지(특별 이벤트나 식장의 영업시간 변화와 혁신계획 등), ③ 사보의 발행, ④ 광고 및 홍보 등이 있다.

5. 참가자 전략

호텔서비스는 생산과 소비가 동시에 이루어지는 특성을 가지고 있어 이 과정에서 발생하는 고객과 직원 간의 인간적 상호작용은 호텔마케팅에 있어서 중요한 의미를 가진다.

여기에서 참가자란 호텔서비스의 생산과정에서 고객에게 서비스하는 직원을 말하며, 생산과 소비가 동시에 발생하는 접점에 있는 고객과 직원의 상호작용은 서비스의 질과 고객만족도를 결정짓는 가장 중요한 요소이며, 추가적인 상품 및 서비스의 판매를 결정짓고 아울러 호텔의 재방문과 연결되는 중요한 역할을 한다.

CHAPTER

10

호텔인사관리

제1절 인사관리의 개념

I 인사관리의 개요

1. 인사관리의 의의

인간이 살아가는 데 없어서는 안될 필수적인 요소가 의식주(衣食住)이다. 그리고 이 중에서도 먹는 것(食)이 가장 중요한 기본 요소라 할 수 있다. 당장 먹지 않고는 살 수가 없기 때문이다. 영리를 추구하는 기업을 하나의 생명체로 볼 때, 기업이 계속해서 살아남기 위해서 필요한 기본 요소는 자본(money)과 물자(material), 사람(manpower)인데, 이 3가지 요소는 인간이 의식주를 떠나서는 하루도 살 수 없듯이 어느 한 가지라도 없으면 그 기업은 곧 쓰러지게 된다. 그리고 그중에서도 사람에게 음식과 같은 역할을 하는 것이 바로 사람(manpower)이라고 할 수 있다. 사람이 없으면 기업이라는 단어 자체가 성립할 수 없다.

오늘날 많은 기계와 기구들이 발명되어 인간이 할 일을 대신해 주고 있지만, 결국 그 기계를 작동시키는 데에는 인간이 필요하다. 인간이 생명을 지탱하기 위해서는 스스로 먹어야 하듯이(食) 기업에 있어서도 자본(money)과 물자(material)를 잘 운용하여 이익을 남기기 위해서는 사람(manpower)이 필요한 것이다. 따라서 어느 기업에서든 좋은 사람, 능력이 뛰어난 사람을 뽑기 위해 최선을 다한다. 하지만 물건과는 달리 인간은 생각을 하고, 그 생각에 따라 움직이므로 뽑아놓는 것만이 능사가 아니다. 즉, 열심히 일할 수 있도록 환경을 조성해 주어야 하는 것이다. 이처럼 기업에서 가장 필요한 사람을 뽑아서 열심히 일하도록 만들어주는 것을 인사관리(manpower management)라고 하는데, 영어로는 human resources management, personnel administration, per- sonnel management라고 표현된다. 인사관리는 우리말로는 인적 자원관리, 인력경영 등의 표현으로도 쓰이고 있다. 하지만 그 내용은 '종업원들이 기업 내에서 제대로 일할 수 있도록 환경을 만들어주는 것'이다. 이것을 호텔의 측면에서 풀이하면 '특정한 호텔의 영업활동을 통해 수익을 얻으려는 목적을 효과적으로 달성하기 위하여 조직과 직무에 필요한 인적자원(human resources, manpower)을 그 호텔 조직의 최적상태에서 최적기에 확보하여 이를 효율적으로 유지, 개발 및 활용할 수 있도록 하는 총체적인 관리과정'이라고 정의할 수 있다.

2. 호텔 인사관리의 기능

인사관리부서의 기능은 호텔산업 전반에 걸쳐 여러 가지 방법으로 다루어지는데, 규모에 따라 달라진다. 예를 들어 운영규모가 큰 호텔에서는 모집, 채용, 훈련, 경력개발 등을 조정하는 인사관리부서가 따로 있을 수 있으나, 규모가 작은 호텔에는 인사관리부서의 직원 수가 적거나 때로는 한 사람이 인사관리업무를 담당하는 경우도 있으며, 아주 규모가 작은 소형호텔의 경우 총지배인이나 그의 권한을 위임받은 자가 인사기능을 관할하기도 한다.

인사관리는 누가 담당하든 호텔과 같은 환대산업에 있어서 경영의 성공을 좌우하는 열쇠는 '인력자원을 제대로 뽑고, 제대로 활용하는' 데 달려 있으며, 그 주요 기능은 다음과 같다.

1) 기획(Planning)

관리자들은 기획을 통해 그 조직의 장기적인 목적을 설정한다. 기획이란 계획(plan)을 실현하기 위한 일련의 활동을 말하는 것으로, 기획절차는 장기전략기획, 규칙적인 운영절차기획 및 일상 업무활동계획 등의 순서로 구체화된다. 인사부서는 운영계획의 모든 단계에서 이러한 기획에 맞추어 종업원들과 관련한 내용을 연계하는 참모의 역할을 수행한다.

2) 조직(Organizing)

조직의 권한(authority)의 흐름과 종업원들 간의 전달체계를 구축한다. 인사관리부서는 이러한 흐름을 유지하게 해주며, 조직은 직무의 수와 목적(goals)을 성취하는 데 필요한 업무를 결정한다. 인사관리부서는 호텔의 빈 자리를 채우고 회사가 확장됨에 따라 새로운 직위를 제안하기 위해 호텔직무의 요구사항을 철저히 파악해야 한다.

3) 조정(Coordinating)

조정은 그 조직의 목표(objectives)를 충족시키기 위해 개인 및 그룹의 목적을 일치시켜

준다. 인사관리부서는 매니저로 하여금 조직목적을 달성하는 데 필요한 종사원의 유형과 인원수를 조정할 수 있게 도와준다.

4) 감독(Directing)

감독에는 여러 가지의 활동이 포함된다. 이는 동기화, 훈련, 감독, 평가, 징계 등 인사관리부서는 이러한 업무의 전부 또는 일부를 담당하고 처리한다.

5) 통제(Controlling)

통제는 그 절차가 조직의 목표(objectives)를 달성하는 데 크게 도움을 준다. 통제에는 업무수행의 표준, 업무수행의 평가 및 교정 작업의 필요성 여부를 결정하기 위해 업무수행의 표준과 실제 수행 간의 비교가 필요한데, 이 모두가 인사관리부서의 기능이다.

6) 평가(Evaluating)

평가는 기획과정에서 설정된 호텔의 목적(goals)이 충족되었는지의 여부를 결정한다. 평가는 종업원의 업무수행과 훈련의 효율성을 측정하고 재조정된 조직의 목표를 설정하게 도와준다. 종업원들은 그들의 감독자(supervisor)에 의해 평가되고 인사부서는 평가표준(evaluation criteria)을 개발하며 종업원의 평가기록을 관리한다.

이와 같이 인사관리부서는 조직에서 중심적인 역할을 하므로 최고경영자는 인사관리에 대한 새로운 인식의 전환이 필요하다.

3. 호텔 인사관리의 중요성

미국의 경영학자 로렌스 애플리(Lawrence A. Appley)는 "경영이란 사람(manpower)의 육성이지 물자(material)의 관리가 아니다. 경영이란 바로 인사관리를 뜻하는 것이다"라고 말하여 경영에서 인사관리가 차지하는 비중을 강조한 바 있다.

기업에서 인사관리란 모든 종업원들에게 보다 인간적인 대우를 해줌으로써 종업원들 스스로가 보람을 가지고 자신의 능력을 배양하도록 하며, 이를 직무를 통하여 발휘시키도록 함으로써 기업과 개인의 목적을 함께 달성할 수 있도록 하는 것이다. 오늘날 대부분의 사람들은 그들 생활 중의 많은 시간을 직장에서 보내는데, 이와 같은 많은 시간은 어떤 조건에서 일하는가에 따라서 그 사람의 사고와 행동, 나아가서는 생활방식까지도 크게 달라지게 할 수 있다.

1980년대에 들어와 인사관리는 기업의 생존과 성장을 위한 전략적 차원으로 중시되어야 한다는 의미에서 '전략적 인적 자원관리(strategic human resources management)'라는 용어가 등장하면서 경영혁신을 위한 대상으로 인사관리부문이 주된 내용이 될 정도로 인사관리의 중요성이 전면에 등장하였다. 그러나 경영혁신을 위한 인사관리가 오히려 기업의 도산으로 이어지는 경우도 있으므로 인사관리의 혁신은 먼저 사회적인 공감대가 형성되어야 한다. 호텔경영자는 적은 인원으로 최대의 효과를 얻으려는 이상(理想)에만 빠져 있을 게 아니라 종업원들의 사기를 드높일 수 있는 고용조건의 향상에도 관심을 가져야 할 것이다.

대부분이 직접적인 서비스에 의해 이루어지는 호텔업무의 특성상, 그리고 기계화와 자동화의 한계는 인력에 대한 비중을 더욱 높여준다. 호워스(Horwath)는 1988년 국제호텔협회에 제출한 「미래의 호텔업계」라는 보고서에서 '향후 20년 및 그 이후 호텔의 인적 문제가 호텔의 가장 중요한 현안 문제로 등장할 것'이라고 하여 호텔에 있어서 인사관리의 중요성을 지적한 바 있다.

Ⅱ 호텔 인사관리의 내용

1. 인사관리의 내용

호텔에 있어서의 인사관리는 기본요소인 사람(manpower)을 기업의 목적에 맞게 합리적으로 구성하고 체계화하며 원활하게 운영하는 것이라 하겠으며, 이러한 호텔 내의 사람과 사람의 관계를 직원관계, 인간관계, 노사관계로 대별할 수 있다.

직원관계는 노동력을 가진 노농자(종업원)와 노동력을 활용하여 기업을 경영하는 경영자와의 관계로서 경영자는 생산수단인 노동력을 최대한 효과적으로 활용하여 이익을 올리는 것을 목적으로 한다. 현대기업은 종업원과 경영자가 상하의 주종관계에서 횡적이며 수평적인 관계로 발전하고 있어 지시가 아닌 협력으로 주어진 업무를 수행하도록 해야 한다.

인간관계는 인간적 감정의 주체인 직원이 고용계약에 의하여 기업에 노동력을 제공하고 그 대가로 임금을 받는 것만으로는 만족하지 못하고 자신의 가치를 인정받고자 한다. 근로동기도 물질적인 것보다 정신적인 것과 사회적인 것으로 변하고 있음을 볼 때, 인사관리의 기능도 이러한 변화에 따라 행동과학적인 내용으로 정비 · 개선해 나가야 한다.

노사관계에 있어 기업주와 노동자는 노동력이라는 상품의 매매계약에 있어서 임금과 노동조건 등으로 구매자와 판매자라는 입장의 서로 대립적인 관계에 있다. 노동력을 가진 직원은 노동력을 유리한 조건으로 팔려고 하며, 기업주는 경제성의 원리에 따라 값싸게 구입하려고 한다. 이와 같은 양자의 대립관계가 노사관계이다.

이상의 내용을 개략적으로 정리하면 〈표 10-1〉과 같다.

〈표 10-1〉 인사관리의 본질적 내용

인적 제 관계	관계 측면	임무 · 성격	목 적	원 리	관리내용
직원관계	노동력(직원)	직장의 직능상 협동관계	노동력의 효율적 이용	능률화	· 인사노무조직 · 고용, 배치 · 교육훈련 · 작업조건 · 임금 · 급여 · 노무계획
인간관계	조직 속 및 사회 속의 인간	사회적 감정과 의욕을 가진 인간의 상호관계	노동의욕의 만족 · 향상	인간화	· 복리후생 · 의사소통 · 리더십 · 노무감사
노사관계	임금 · 급여 노동자(조합원)	노동조건의 결정을 둘러싼 경제적 대립관계	노사이해의 조정	민주화	· 단체교섭 · 경영참가

* 자료 : 김의근 외, 「호텔경영학개론」, 백산출판사, 2003, p. 273에서 재인용.

2. 인사관리활동

앞에서 살펴본 그 본질적 내용을 토대로 하는 인사관리는 모집에서 채용 및 배치, 직무수행과정에서의 인사고과, 승진 및 배치의 전환, 그리고 이직 및 퇴직 등의 일련의 과정을 거치게 된다.

제2절 호텔 인사의 채용관리

I 채용관리의 의의

1. 채용관리의 중요성

채용관리는 인사관리의 기점이다. 기업활동에 필요한 직무에 적합한 자격요건을 갖춘 사람을 계획적으로 수급하는 채용은 호텔기업의 본질이 전적으로 인적 서비스에 의존한다는 점을 감안할 때 그 첫 단추를 끼우는 중요한 과정이라 할 것이다. 채용단계에서 적합한 기준에 따라 적합한 인력을 충원하지 못하면 업무성과의 부진은 물론 교육훈련 및 채용비용의 낭비를 초래할 뿐만 아니라 조직분위기의 손상으로 인한 종업원 전체의 사기저하 등에 이르기까지 금전적으로만 파악할 수 없는 손실이 발생할 수 있다. 따라서 호텔경영에 있어서의 효율적인 채용관리는 성공적인 경영을 위한 필수적 요건으로 그 중요성이 대두된다.

이러한 채용관리의 기본업무를 수행하기 위해서는 직무의 특성에 따라 요구되는 능력을 파악하고 필요한 인원을 산정해야 한다. 이러한 채용관리의 범위는 다음과 같이 요약될 수 있다.

① 전체적으로 필요한 종업원의 수 파악
② 부문별 직무에 부족한 종업원의 수 파악
③ 담당업무에 요구되는 명확한 능력 및 수준 파악
④ 필요한 종업원의 선발에 따른 일정기준 등

2. 채용계획

호텔 종사원의 채용계획은 질적·양적으로 필요한 인원을 선발하는 것으로 소수정예주의를 추구하는 것이 원칙이다. 최소의 투입으로 최대의 만족을 얻고자 하는 것은 기본적인 경제원칙이기 때문이다. 이러한 경제원칙에 따라 채용과 관련한 비용을 최소한으로 줄이기 위해서도 종업원의 장기수급계획이 필요하다.

호텔이 필요로 하는 인원은 호텔의 경영과 관련한 장기계획에서 생산량, 판매액, 이익 그리고 노동생산성 등에 의해 산출할 수 있다. 그러나 이러한 장기계획은 시장상황의 변화에 따라 변수가 많으므로 장기계획에 의거하여 단기적인 생산계획, 판매계획, 자동기기의 구입계획 등의 개별계획을 통해 보완해 나가야 한다.

이러한 채용계획에서 갖추어야 할 요건을 정리하면 다음과 같다.

① 장기적 인력수급 상황을 분석하여 필요로 하는 노동력을 질과 양의 측면에서 계획
② 필요인력을 채용하지 않는 방법의 모색(외부의 인력파견 또는 기계화나 업무의 간소화를 통한 인력감축 효과)
③ 정기 채용계획과 부정기 채용계획 및 신입자와 경력자의 채용계획
④ 신규채용이나 중도채용과 관련한 인건비의 지출과 관련된 계획

호텔은 필요한 종업원의 채용을 위해 여러 가지 방법과 비용을 부담해야 하므로 현재 종사하고 있는 인력의 관리에 대해서도 소홀해서는 안된다. 환경과 적성, 대우 등이 불만스러울 경우 조기퇴직으로 연결될 수 있으므로 취업과 관련하여 구직자가 가장 관심을 가지는 요소, 취업을 결정하게 된 요소의 파악도 필요하다.

3. 채용방법

합리적인 채용이 이루어지기 위해서는 먼저 각 직종에서 필요한 인원과 능력이 합리적으로 결정되어야 한다. 합리적 결정을 위해서는 직무분석, 시간과 동작연구에 의한 표준작업량 등을 기초로 하여 직무내용을 명확하게 해야 한다. 이것을 직무분석이라 한다. 그리고 명확한 직무내용에 따라 직무에 필요한 여러 요건을 확정함으로써 채용기준을 확정할 수 있다.

채용기준에 따라 적합한 사람을 선발하는 채용방법은 내부인원의 채용과 외부 채용으로 나눌 수 있다.

1) 내부 채용

내부적으로 채용하는 방법에는 승진(promotion)과 전직(transfers), 직무순환(job rotation), 그리고 재고용(rehires) 등이 있다.

(1) 승진(Promotion)

내부의 승진을 통한 장점은 조직의 구성원으로서 조직의 목표 및 경영방침, 분위기 등을 이미 잘 알고 있으므로 직무에 빨리 적응할 수 있다는 장점과 직원들 간의 업무협조를 쉽게 이끌어낼 수 있다는 점이다. 그리고 외부 채용에 따르는 시간적 · 금전적 비용을 절감할 수 있다는 것도 큰 장점으로 꼽히고 있다.

반면 단점으로는 승진에서 누락된 비슷한 직급의 내부대상자에게는 심한 좌절감을 안겨줄 수 있는데, 이는 업무의 효율성을 떨어뜨릴 수 있는 요인으로 지적되고 있으며, 승진과 관련한 심한 경쟁으로 인해 조직분위기가 살벌해질 우려가 있다.

(2) 전직(Transfers)

현직 직원을 전직을 통하여 적임자를 선택하는 방법으로 적임자가 있는 경우 기업에서 최우선적으로 생각할 수 있는 방법이다.

(3) 직무순환(Job rotation)

다른 업무에 종사하던 직원에게 자리를 옮겨 인원이 필요한 업무를 맡기는 것으로, 일시적으로는 업무의 비효율을 초래할 수도 있으나, 직원의 경험을 확대할 수 있으므로 능력의 개발에도 도움이 된다. 다양한 경험을 통해 업무에 대한 시야를 넓힌 다음 전체 업무의 흐름을 파악하고 통제할 수 있을 때 승진으로 이어지는 것이다.

(4) 재고용(Rehires)

퇴직 당시 근무성적이 우수했던 직원을 재고용함으로써 업무적응을 높여 업무의 공백으로 인한 손실을 없애고자 하는 방법이다.

2) 외부 채용

가장 일반적인 채용방법이다. 보통의 경우 채용이라고 하면 외부 채용을 말한다. 〈표 10-2〉는 내부 채용과 외부 채용의 장단점을 비교한 것이다.

〈표 10-2〉 내부 채용과 외부 채용의 장·단점 비교

채용 장단점	내부 채용	외부 채용
장 점	· 승진자의 사기 앙양 · 동기 유발 · 능력개발 강화 · 정확한 능력 평가 · 비용 절약 · 외부 채용을 하위계층으로 하향	· 새로운 관점 · 인력개발비용 절약 · 새로운 정보 입수 · 새로운 지식(경쟁기업 등) 입수
단 점	· 모집범위 제한 · 승진누락자의 사기저하 · 승진과 관련한 과당경쟁 · 인력개발 비용	· 부적격자 선발의 위험 · 훈련비용 지출 · 내부인력의 사기저하(승진)

Ⅱ 채용절차

호텔사업에서 경영활동의 성패는 유능한 인적 자원의 확보에 의해 좌우된다. 고객취향에 맞는 최고의 상품과 최상의 서비스를 제공할 수 있는 자질을 갖춘 종업원이 절대적으로 필요하다. 인사관리부서는 바로 이 적합한 능력을 갖춘 종업원의 관리, 즉 노동력의 질 관리(quality control)를 책임지고 있는 중요한 부서이다.

채용관리는 호텔의 인사담당부서에서 모집, 선발시험, 면접 등의 절차를 입안하여 시행·관리한다. 호텔의 신규채용이나 대량채용은 서류전형위원, 시험문제 출제위원, 채점위원, 면접위원, 사정위원 등을 구성하고 적성검사와 신체검사를 위한 전문위원의 검사를 거쳐 선발하게 된다.

1. 모집(Recruitment)

모집방법에는 직접 모집과 추천에 의한 모집, 연고모집 등으로 나눌 수 있는데, 직접모집은 광고활동이나 교육기관을 통해 이루어지는 모집이고, 추천에 의한 모집은 호텔요원 전문교육기관에 의뢰하여 추천을 받아 선발하는 경우를 말한다. 그리고 연고모집은 연고자의 소개로 채용하는 방법이다.

환대산업의 경영진들이 오늘날 직면한 난제는 훌륭한 위치의 선정과, 그 운영에 필요한 우수한 종업원을 선발하는 일이다. 따라서 노동력 관리에 많은 관심과 창의적 기법을 개발하였는데 산학협동 및 호텔 자체 내의 교육훈련과정을 개설 · 운영하거나 근로환경에 대한 배려로서 종업원들의 출퇴근 편의를 위한 전용버스의 운영, 쾌적한 작업조건 조성 및 훈련프로그램의 개발, 폭넓은 진급기회 제공 등이 대표적이다.

환대산업에 처음 입문하는 사람들은 일반적으로 낮은 연령과 그에 따른 비숙련된 사람들이 주류를 이루었다. 그러나 최근에 교육기간의 증가에 따라 18~24세의 노동인력이 줄어들고 있고, 그 추세는 앞으로도 계속될 전망이다. 현재 미국에서는 감소하는 노동력의 보충을 위해 소위 '비정규 인력(non tradi- tional)'인 고령자, 이민자, 장애인 등을 활용하는 문제를 심각하게 고려하고 있다. 그 예로 최근 McDonald는 전국적인 TV 광고에 고령 노동자의 인력을 모집하였다. 이는 고령자라 하더라도 새로운 기술을 습득하기만 한다면 다시 생산력 있는 노동인구로 재흡수될 수 있음을 의미한다. 또한 가사를 분담하고 있는 주부의 시간제 근무와 이민자들에 대한 노동기회도 점차 늘어나고 있는 추세이다.

뿐만 아니라 신체장애인들도 일터에서 크게 활약하고 있다. 휠체어에 의존하는 종업원들은 주로 사무업무를 다루고, 전화응대를 하거나 고객에게 유용한 정보를 제공함으로써 효율적인 업무능력을 스스로 증명해 왔다. 따라서 많은 호텔에서는 장애인 종업원들이 쉽게 이용할 수 있도록 특수하게 고안된 출입구를 갖춰놓고 장애인들을 이미 수용하고 있다.

2. 선발(Selection)

선발활동은 모집한 지원자 중에서 선발기준과 담당직무에 가장 적합한 사람을 선택하는 과정을 말한다. 부적격자의 고용이 업무의 비능률과 이직률로 연결되어 기업 전체의 손실로 연결되는 점을 감안할 때, 가장 중요하고도 조심해야 할 과정이다. 따라서 다양한 선발도구들이 동원된다. 선발과정에 투자한 시간과 노력으로 적합한 인력을 선발하게 되면, 향후 전개되는 인사관리과정은 훨씬 수월해질 것이다.

지원자 중에서 적합한 사람을 선택하기 위해 지원자에 관한 정보를 파악해야 하는데, 이러한 지원자에 관한 정보를 파악하는 것이 선발과정이다.

1) 입사지원서 작성

지원자에 관한 정보를 얻기 위하여 교육적 배경을 비롯하여 경력, 보유한 기술, 취득한 자격이나 면허, 가족상황 등을 기술하도록 만든 입사지원서는 최근에는 컴퓨터의 조작능력, 외국어능력 등을 추가로 기재하도록 함으로써 서류를 통해 더욱더 많은 정보를 확보할 수 있다.

2) 채용시험

거의 모든 기업에서 주로 지식과 판단력을 알아보기 위해 보편적으로 실시하는 방법으로 채용과정에서 채용의사결정에 가장 많은 영향을 미치는 과정이다. 하지만 최근에는 지적 능력 외에 적성이나 인성, 열의 등이 중시되면서 필기시험 의존도가 점차적으로 줄어드는 경향이 있다. 대신에 최근에는 능력과 적성 및 인성을 변별할 수 있는 심리검사들이 개발되어 중요 정보를 얻는 데 활용되고 있다.

3) 면 접

면접은 채용시험과 함께 채용과정에서 매우 중요시되는 과정으로 필기시험에서는 알 수 없었던 응시자의 용모 및 태도, 성장배경 등을 알아보는 과정이다. 짧은 시간에 제한된 장소에서 이루어지는 극히 주관적인 판단에 의존한다는 약점에도 불구하고 경영자나 인사담당자에게 있어 직무요건과 관련한 시험결과를 재확인하거나 인상을 통해 기업에 기여할 만한 사람인지를 육감적으로 판단하는 데 있어서 중요하게 인식되고 있다.

호텔기업의 특성상 면접이 먼저 실시되고, 그 후에 채용검사가 실시되는 경우도 있는데, 이는 지원자에 대한 배경을 전혀 의식하지 않고 면접을 통한 판단을 중요시하는(이러한 지원자에 대한 기본적인 배경을 모르는 상태에서 이루어지는 면접을 무자료면접(blind interview)이라고 한다) 면접의 비중이 높아지는 현실을 반영한다고 하겠다.

4) 경력조사

경력조사(background investigation)는 전력조사(investigation of previous history) 또는 신원조회

(reference check)라고도 하는데, 과거의 경력을 조사하여 담당하게 될 직무와 관련성이 있는지를 판단하여 채용여부를 결정하고자 하는 것이다.

5) 신체검사

신체검사(physical or mental examination)는 직무수행과 관련하여 신체 및 정신적 능력과 적합성을 조사하는 과정이다. 신체적 부적격자의 발견, 각종 질환소유자의 조기발견, 약물중독자의 발견 등을 통해 직무적격자를 선별하는 데 중요한 조건이 된다.

3. 배치

채용관리계획에 따라 채용과정을 거쳐 선발된 사람을 담당부서로 발령하는 채용의 마지막 과정이다. 배치는 선발한 종업원에게 그 능력에 맞는 담당업무를 맡기는 것으로 2가지 원칙이 있다.

1) 적재적소의 원칙

종업원을 채용하여 가장 적합한 부서에서 가장 적합한 업무를 맡긴다는 원칙이다. 적재적소의 원칙이 실현되기 위해서는 직무를 합리적으로 편성하고 수행하는 데 필요한 능력 및 적성요건을 명확하게 분석한 자료가 필요하다.

2) 인재육성의 원칙

적재적소의 원칙과는 약간 반대되는 경향이 있으면서도 보완해 주는 원칙이다. 즉, 해당업무를 담당할 만한 적임자가 없을 때, 정확한 직무분석을 통해 해당업무를 수행하기 위해 필요한 자격 및 능력요건, 적성 등을 확인하고, 차선으로 적임자를 선발하여 해당업무의 수행에 필요한 능력과 기술을 교육훈련을 통해 보완 · 배치하는 것이다.

제3절 교육훈련

I 교육훈련의 개념

1. 교육훈련의 의의

교육이란 호텔 종업원의 자질을 개발하고 직무에 대한 적응력을 높임으로써 보다 나은 직무와 자격을 갖출 수 있도록 조직적이고 체계적으로 수행능력을 향상시켜 나가는 과정이라고 할 수 있다. 즉 고용한 종업원에 대하여 그들의 업무수행능력을 향상시킴으로써 호텔기업의 목적을 달성코자 하는 중요한 경영관리활동인 것이다. 최근 교육훈련이라는 용어 대신에 훈련개발이라는 단어를 쓰기도 하는데, 훈련과 개발이란 직원의 현재 및 잠재능력의 향상을 통하여 개인의 발전과 조직의 발전에 기여하도록 하는 체계적인 접근방법이라고 할 수 있다.

둘리(C. R. Dooley)는 교육훈련의 의의에 대해 "교육훈련이란 신입사원에 대해서 한 번만 행하는 것이 아니다. 성공을 거두고 있는 호텔에서는 교육훈련이 계속되고 있다. 상사가 자신이 원하는 방식대로 부하에게 일을 시킨다면, 그것이 바로 교육훈련인 것이다. 그리고 부하에게 지시를 하고 업무절차를 토의한다면 이것 또한 교육훈련인 것이다. 그러므로 교육훈련은 직장을 벗어난 교실, 즉 특정한 장소에 모여 행하는 직장 외 훈련(off the job training)의 형식을 취함이 전형적인 것처럼 생각되지만 그것이 교육훈련활동의 중심은 아니다. 중심은 오히려 직장의 상사가 일상적인 업무 중에서 행하는 직장 내 훈련(on the job training), 개인지도(personal coaching)에 있는 것이다"라고 말하고 있다.

교육훈련은 새로운 지식과 기술을 습득함으로써 호텔의 상품판매에 기여하게 되는데, 따라서 신입종업원으로부터 최고경영자에 이르기까지 모든 계층이 그 대상이 되며, 경영자의 입장에서는 교육훈련을 통해 경영목표의 달성을 위한 종업원의 조직화 · 전력화에 의의가 있고, 종업원의 입장에서는 교육훈련을 통해 자신의 능력을 향상시킴으로써 승진을 비롯한 임금인상 등을 기대할 수 있는 것이다.

2. 교육훈련의 목적

교육훈련의 목적은 그 대상이 누구냐, 혹은 내용이 무엇이냐 따라 달라질 수 있다. 여기서는 기업 내에서 이루어지는 각종 교육훈련을 실시하는 공통적인 목적을 살펴보겠다.

① 호텔을 고객과 종업원들을 위한 안전 확보(사고 예방, 안전장치 사용능력 확보)
② 종업원의 만족도 증진
③ 퇴직에 따르는 비용 절감
④ 각 업무수행에 필요한 지식과 기술수준 보급
⑤ 담당종업원의 업무수행능력 증진
⑥ 생산성 증진
⑦ 노동의 효율성 증진
⑧ 개발과 승진기회 부여

Ⅱ 교육훈련의 분류

교육훈련은 실시장소에 따라 직장 내 훈련(on the job training)과 직장 외 훈련(off the job training)으로 나누어지며, 그 내용에 있어서는 교양교육과 전문교육으로 나누어진다.

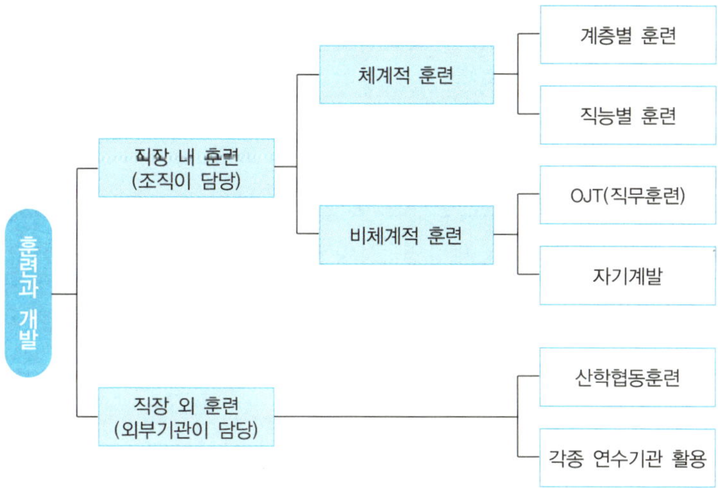

[그림 10-1] 교육훈련의 체계

이러한 다각적인 분류방법들은 나름대로의 기준에 따라 프로그램화할 수는 있겠지만, 실제로는 훈련의 중복 등 혼란을 야기시킬 우려가 있다. 그래서 누가 주체가 되어 훈련과 개발을 담당하느냐를 기준으로 일반적이고 종합적인 교육훈련체계를 정리하면 [그림 10-1]과 같다.

1. 신입교육(Orientation)

학교를 졸업하고 처음 호텔에 입사한 종업원에 대한 교육훈련으로서 호텔에 대한 친근감을 갖도록 ① 회사의 개요, 경영방침, 호텔의 역사와 전통 등을 간부소개와 함께 알려주고, 또 ② 집단생활에 있어서 필요한 자세와 태도, 매너와 예절을 가르치며, ③ 호텔의 공통적인 일반지식과 생활대우상의 문제(취업규칙, 노동조합, 근무조건, 보험, 퇴직금, 연금 등)에 관해 알려줌으로써 심리적 안정감을 갖도록 하는 것이다.

입사 초기에 이직률이 높고, 또 호텔에서 필요한 '조직체의 사람'을 만드는 사회화과정이므로 더욱더 중요성이 강조되고 있다.

2. 계층별 훈련

조직체 계층과 조직구성원의 신분에 따라서 교육훈련 프로그램을 작성할 수도 있다. 임원진으로부터 시작하여 간부 또는 중간간부, 사원 등의 계층을 중심으로 각 계층에서 필요로 하는 교육훈련을 실시할 수 있는데, 일반적으로 상위계층일수록 전략적인 과제를, 하위계층일수록 실무기술과 관련된 과제를 주된 내용으로 하고 있다.

3. 전문분야별 훈련

교육훈련 프로그램은 조직체의 전문분야를 중심으로 형성될 수도 있다. 생산, 마케팅, 재무, 회계, 인사, 노무, 기획관리, 국제경영, 경영정보시스템(MIS) 등에 관한 기능분야별 전문교육 프로그램이 이에 속한다.

4. 기능훈련

기능(skill) 습득을 위한 훈련은 계층별 또는 전문분야별 훈련에 포함될 수도 있지만, 교육대상자가 많고 그 중요성도 크므로 별도로 분류할 수도 있다. 기능훈련은 업무수행을 위한 기능 · 기술훈련 프로그램으로서 강의실 교육(classroom training)과 실습장 훈련(vestibule training), 그리고 양성공 훈련(apprentice training)과 직장 내 훈련(on the job training)을 포함한다. 교육훈련 대상자가 많기 때문에 효율적인 훈련을 위한 작업지시훈련(job instruction training)도 많이 활용되고 있다.

5. 직장 내 훈련

직장 내 훈련은 흔히 OJT라고 하는데, 감독자가 부하의 직무수행을 감독하면서 직무수행방법과 이에 필요한 기술을 훈련시키는 방법이다. 훈련과 직무가 바로 연결되고 감독자가 각 직무담당자에게 적합한 훈련을 실시하기 때문에 가장 널리 사용되는 실질적이고 효과적인 방법이다. 직장 내 훈련(OJT)의 성공 여부는 훈련자의 자질에 달려 있으므로 호텔 내에서는 평소 훈련자의 자질양성에 힘써야 한다.

Ⅲ 교육훈련의 방법

교육훈련 방법에는 여러 가지가 있는데 교육목적, 교육대상자, 교육기간, 교육장소 그리고 교육대상자의 규모와 수준 등이 고려되어야 한다.

1. 직장 밖 훈련방법(Off the job training)

1) 강 의

가장 일반적인 교육방법이다. 일시에 많은 사람들을 모아놓고 주제에 대한 내용을 전달할 때 적합한 방법이다. 많은 정보를 짧은 시간 안에 전달할 수 있다는 장점이 있는 반면에, 정해진 시간 내에 계획된 지식이나 기술을 강의해야 하므로 강사의 교육열의 및 강의방법에 따라 효과에 차이가 날 수 있으며, 수강자는 수동적으로 청강하게 되어 각자의 수준에 따라 이해도가 달라질 수 있고 강의에 대한 참여의식이 약하고 흥미도 떨어진다. 보다 효과를 거두기 위해서는 교육자가 어느 정도 목적을 거두었는지를 확인하는 방법(시험, 강의 만족도 분석)이 있다.

2) 회의방법

교육 참여자를 일정한 장소에 모아놓고 주제에 관하여 각자의 지식경험, 견해 등을 검토하고 서로 의견을 교환하여 문제점에 대해 토의하는 방법이다. 일시에 많은 인원을 교육할 수 없고 소수 인원으로 주제를 중심으로 자유롭게 토론하며, 사회자는 토의진행 규제, 시간제한, 체계있는 질문, 그리고 결론 유도 등의 역할을 해야 한다.

이러한 방법이 충분한 효과를 거두기 위해서는 교육 참여자의 지식과 경험을 동일한 수준으로 해야 하며, 인원도 소수로 규제하고 유능한 사회자가 사전준비를 충실히 해야 한다.

3) 문제토의 방법

어떤 문제에 대한 실례를 작성하여 배부하고 문제에 관한 토의를 통해 의견을 집약하는 방법이다. 이 방법은 교육 참여자의 분석력과 판단력을 기르고 문제해결능력을 키워준다. 다수의 인원을 교육하기에는 어렵고, 의견이 분분하여 결론에 도달하는 데 많은 시간이 소요되고, 교육의 공통적인 준비절차로 해결의 전제가 되는 자료나 정보를 수집해야 하고 집단토의에 의한 해결책으로 사례의 제시와 연구 및 준비가 있어야 한다는 점이 단점으로 지적된다.

4) 역할연기 방법

역할연기는 전형적으로 실제 작업상황의 초상이거나 그런 상황의 과장이다. 역할연기의 목적은 참가자들이 조절된 조건에서 실제 상황을 경험하도록 허락한다. 예를 들어 참가자들에게 화가 난 호텔고객에게 적절하게 대처하는 방법을 가르치기 위해서 고안된 훈련모임에서 한 참가자는 화가 난 호텔고객의 역할을 맡고 다른 참가자는 직원의 역할을 맡을 수 있다. 그리고 그 다음에는 서로 역할을 바꾸어서 연기해 본다. 이 역할연기의 중요한 장점은 감정이 훈련과정에 표출됨으로써 훈련의 효과가 높으며, 실제상황에의 적용이 쉽다는 점이다.

5) 행위 모델링

행위 모델링은 참가자에게 어떤 상황에서 어떻게 행동해야 하는가를 실제로 보여주고 나서 강사가 가장 초점이 되는 점을 짚어주고, 그 후에 참가자들이 역할훈련을 함으로써 교육의 효과를 높이는 방법이다. 이 방법이 보다 효과를 거두기 위해서는

첫째, 기술의 소개가 명확해야 한다(강의식).

둘째, 모델이 해당 기술을 시연한다(비디오 혹은 실제 연기).

셋째, 훈련조교가 행동의 가장 초점이 되는 부분을 지적한다.

넷째, 훈련참여자 간에 역할훈련을 실시한다.

다섯째, 훈련조교가 다른 참가자와 함께 역할연기의 내용을 평가한다.

이 훈련의 장점은 말보다 행동을 강조한다는 점이다. 예를 들어 행위 모델링 방법을 이용하여 호텔관리자들은 권한을 어떻게 위임하는지, 만남을 어떻게 행하는지, 직원을 어떻게 단련시키는지 보여줄 수 있다. 이 과정에서 훈련자의 역할은 참가자가 모델에서 보여주는 행동에 가깝게 모방할 수 있도록 용기를 주는 것이다.

이 방법의 단점은 훈련방법이 행위 모델링에만 국한된다는 것과 훈련자가 행위연기에 숙달되어 있어야 한다는 점이다.

6) 프로그램화된 교육

프로그램화된 교육은 훈련자들에게 그들 자신의 페이스에 맞추어 배울 수 있도록 고안되었다. 원래 교육 책자나 설명서를 통해 완성된 내용을 컴퓨터에 프로그래밍하여 훈련자가 스스로 컴퓨터를 통해 자신의 이해도에 따라 진도를 나가도록 만든 것이다. 훈련자는 어느 정도의 기간을 부여하여 최종적으로 테스트를 통해서 교육참여자들의 숙지도를 평가한다.

2. 직장 내 훈련방법(On the job training)

숙련된 상사가 부하직원에게 실무와 관련한 지식을 가르칠 때 비록 실수하더라도 업무를 수행하면서 반복적으로 잘못된 부분을 지적하고, 보완을 통해 효과를 기대할 수 있는 가장 일반적인 형태의 훈련방법이다.

1) 직무 지시훈련

직무 지시훈련(JDT)은 훈련자들에게 연속적인 패턴의 전체적인 흐름을 설명하는 방법이다. 주로 현장의 작업중심 업무에서 이용되는 훈련방법이다. 상사의 일관되지 못한 지시가 있을 수 있으므로 체계적인 교육효과는 기본적인 매뉴얼이 보완해 줄 수 있다. 즉 기본매뉴얼을 통해 이론을 익히고 나서 상급자의 지시내용을 받으면 쉽게 효과를 볼 수 있을 것이다.

2) 직무 순환

훈련자를 기본적으로 맡고 있던 예전의 직무에서 다른 직무를 담당하도록 자리를 옮기는 것을 말한다. 이 방법은 호텔관리자를 훈련시키는 데 광범하게 이용되고 있는데, 장점은 훈련자가 새로운 직무를 맡아서 적응해 가는 과정을 관찰함으로써 관리자로서의 자질과 마음자세를 가지고 있는지를 판단할 수 있다는 점이다.

Ⅳ 교육훈련의 과정

호텔기업에 있어서 교육훈련은 교육의 필요성이 제기되거나 문제의 발생을 확인하는 과정에서 시작하여 몇 가지 순환과정을 거치게 된다. 교육훈련의 필요성 또는 문제 제기는 진행되는 일의 성과가 기대치에 미달할 때나 오류가 발생할 때 제기된다. 호텔기업에 있어서 이러한 문제는 서비스, 객실의 청소, 체크인, 체크아웃에 소요되는 시간에 대한 고객의 불평 등의 형태로 나타난다. 하지만 유감스럽게도 고객들의 극히 일부만이 불만을 드러내고 대부분의 고객들은 불만이 있더라도 이를 드러내지 않고 다음에는 찾지 않는 식의 매출수익의 저하로 분석할 수 있을 뿐이다. 따라서 대부분의 교육훈련 프로그램은 고객의 불만에 의해 이루어지지 않고 관리감독자들이 확인하는 오류에 의해 이루어진다.

통상 호텔기업에서의 교육훈련과정은 다음과 같은 순으로 이루어진다.

첫째, 교육훈련의 필요성을 찾아내거나 문제점을 확인

둘째, 교육훈련의 목적을 확인

셋째, 교육훈련의 목표수준(criteria)을 설정

넷째, 피교육자를 선발

다섯째, 피교육자의 사전 테스트

여섯째, 적절한 교육훈련 방법과 기술을 선택

일곱째, 교육을 실시

여덟째, 교육훈련의 결과를 평가

이상을 다시 크게 분류하면 ① 교육훈련의 필요성 분석→② 교육훈련의 실시→③ 교육훈련의 효율성 평가의 과정으로 나눌 수 있다. 이제 위에서 언급한 교육훈련과정을 그 단계별로 상세히 살펴보겠다.

1. 교육훈련의 필요성 분석

교육훈련이 효율적으로 실행되기 위해서는 먼저 교육훈련의 필요성이 분석되어야 한다. 왜냐하면 그 필요성이 분석됨으로써 교육훈련의 내용과 방법을 결정하는 데 필요한 정보를 획득할 수 있기 때문이다. 그런데 이러한 교육훈련의 필요성을 분석하는 방법으로 비치(D. S. Beach)는 다음과 같은 내용을 제시하고 있다.

1) 조직 및 생산문제의 확인

① 저생산성(low productivity)

② 고원가(high cost)

③ 미숙한 자원통제(poor material control)

④ 저품질과 원료의 낭비(poor quality, excessive scrap and waste)

⑤ 과도한 노사분쟁(excessive labor-management strike)

⑥ 극단적인 고충(excessive grievance)

⑦ 규칙의 과도한 위반(excessive violation of rules of conduct)

⑧ 높은 이직률(high employee turnover)

⑨ 지나친 결근(excessive absenteeism)

⑩ 생산지연(delayed production)

2) 직무와 직원의 분석

① 직무분석(job analysis)

② 인사고과(personal rating)

③ 테스트(testing)

3) 직원과 관리자의 의견수집

훈련계획의 필요성을 보여주는 문제점(problem area and deficiency)에 관한 제 견해를 위한 질문서(interviews and questionnaires)

4) 미래에 닥칠 문제의 예측

① 기업의 확장(expansion of business)

② 신제품과 새로운 서비스

③ 새로운 디자인(new design)

④ 공장신설(new plant)

⑤ 신기술(new technology)

⑥ 조직변화(organizational change)

⑦ 인력재고(manpower inventory)

호텔기업에서 실제로 사용할 수 있는 방법을 소개하면

① 필요성 분석을 위한 위원회 구성

② 직무기술서와 직무명세서의 활용

③ 교육전문가의 활용

④ 업무수행능력 측정법의 활용

⑤ 태도조사

⑥ 인사고과의 활용

⑦ 기술, 기능 테스트

⑧ 업무수행과정의 여러 기록들

⑨ 고객반응(예 : 즉석 고개불만 토로, 불평 서신, 감사 서신, 고객만족도 조사 등)

⑩ 교육 필요성에 관한 설문조사

⑪ 퇴직 면담

⑫ 중요 사건에서의 경험

위에 제시된 방법들의 과정에서 문제점에 대한 개선방안 등이 파악되면 교육훈련의 필요점이 된다. 교육훈련의 필요점이 명백하게 파악되면 그중에서 당기 내에 실현가능한 것, 특히 긴급을 요하는 중요한 것을 선정하여 교육훈련의 목표로 설정한다.

2. 교육훈련 프로그램의 목표설정

교육훈련 프로그램상의 목표는 일반적으로 피교육자의 프로그램 내용에 대한 반응을 목표로 하는 것, 지식습득을 목표로 하는 것, 직무수행 중의 행동변화를 목표로 하는 것,

그리고 결과중심의 목표를 필요로 하는 것으로 나눌 수 있다.

피교육자의 반응을 목표로 한 교육훈련 프로그램은 피교육자가 그러한 교육과정 자체를 어떻게 보느냐 하는 문제와 관련된다. 예를 들면 단순히 소속호텔에 대해 어떻게 느끼느냐 하는 계기만을 강화해 주기도 한다. 피교육자들에게 읽고 쓰기를 연수시키거나 금연이나 체중감소를 하도록 설계된 프로그램들이 이런 유형의 대표적인 예다. 이런 교육의 목표달성은 피교육자에게는 직접적인 혜택이 가고 호텔에 간접적인 혜택이 된다는 식으로 진행하여야 효과적이며 사원들에게만 혜택이 간다는 내용이 되어서도 안된다.

지식습득을 목표로 하는 교육훈련 프로그램은 연수 중에 피교육자가 호텔기업의 경영과 업무상 필요한 지식과 개념을 이해하고 배우는 데 목표를 둔다. 이러한 유형은 통상 집체교육의 형태로 진행되며 대표적인 예로는 관리자 능력개발 프로그램과 정신교육 프로그램을 들 수 있다.

직무상의 행동변화를 목표로 하는 교육훈련 프로그램의 예를 들면 접객부서 직원들의 서비스 태도, 즉 정성스럽고 친절함이 양질의 서비스 척도가 되는 경우이다. 결과적으로 호텔기업은 공통적으로 고객들에 대한 양질의 서비스 행동을 가져올 수 있는 교육프로그램 개발을 최우선 과제로 생각하고 있다.

결과중심의 목표설정은 가장 보편적인 것인바, 직원 개인 또는 집단의 측정 가능한 업무성과를 증대시키는 것을 프로그램의 목표로 하는 것이다. 예를 들면 금전등록기를 사용하여 투숙절차를 더 빨리 처리하게 하는 교육훈련이나 주방에서 쓰레기를 줄이는 훈련, 또는 고정고객(repeat guest) 수를 늘리는 교육훈련이 결과중심의 목표를 가지는 교육훈련 프로그램이다.

어떤 교육훈련 프로그램은 이 네 가지 중의 하나를 목표로 설정하지만 실제에 있어서 몇 가지 다른 목표를 동시에 설정하는 경우가 많다.

교육훈련의 목표를 설정할 때에는 달성하고자 하는 바를 명백하고 측정 가능한 언어를 사용하여 서술하는 것이 중요하다. 예를 들면 사원들의 직무만족을 증가시킨다는 목표를 세울 경우, 그 목적달성은 성공할 수가 없다. 왜냐하면 설정한 목표 자체가 구체성이 없고 막연하기 때문이다.

그러나 직무만족을 증가시키는 측정수단으로서 퇴직자의 수를 줄인다는 목표를 수립하면 그 목표는 측정가능하고 확인가능한 목표가 될 수 있을 것이다. 전형적으로 우수하게 설계된 교육훈련 프로그램에서는 목표를 '서술한다, 완성한다, 만든다, 정의한다, 확인 · 판정한다, 참여한다'와 같은 서술어를 사용하여 기술한다.

3. 교육훈련의 목표수준(criteria) 설정

교육훈련의 필요성이 올바르게 파악되고 교육훈련의 목표가 설정되었다 하더라도 목표수준이 수립되지 않으면 그 프로그램은 성공할 수 없다. 목표수준은 교육훈련과정을 통해서 얻어지는 지식이나 성과를 측정하는 척도를 마련해 주는 역할을 한다. 예를 들어 식음료 서비스 훈련의 경우, 흔히 훈련의 목표수준을 테이블 세팅, 식음료 나누기, 테이블에서 서빙하는 방법을 습득하는 것으로 정하였다고 하자. 그런데 이의 달성을 측정하기 위해 연수자는 피교육자에게 제한된 시간 안에 혼자 이런 과업의 수행을 요망할 것이다. 이때 제한된 시간 3분 또는 30초 안에 자력으로 동 업무를 수행할 수 있는 것이 그 교육훈련의 목표수준이 된다. 이외에도 행동의 변화, 반응, 지식습득의 정도를 측정하기 위하여 다른 목표수준을 설정할 수 있을 것이다.

4. 교육대상자 선발

교육훈련 프로그램의 성공여부는 궁극적으로 피교육자에게 달려 있다. 우리나라 속담에 "말을 물가에 끌고 갈 수는 있으나 말이 물을 먹으려 하지 않으면 물을 먹일 수 없는 것"처럼 모든 교육훈련 프로그램에서 피교육자를 선발하는 것은 그 프로그램의 성공 여부에 커다란 영향을 미칠 수 있다. 이 과정에서 관리감독자가 유의해야 할 점은 부하들이 차별대우받는다는 인상을 주지 않도록 공평무사하게 합리적으로 선발해야 한다. 특히 승진, 급여인상, 기타 특혜 수반이 기대되는 교육훈련 프로그램인 경우 더욱 신중을 기해야 한다. 피교육의 대상은 계층별로 신입사원, 관리감독층, 중간관리층, 최고 경영층으로 구분할 수도 있고, 또 직능별로 관리직, 스태프직, 일반직, 기능직 등으로 구분하여 그 대상을 명확하게 할 수도 있다. 이렇게 훈련대상이 결정되면 그 다음 단계로 피훈련자의 현재의 지식, 기능, 태도의 수준을 알아보는 것이 교육훈련의 효율성을 높이는 중요한 과정이 된다.

5. 교육대상자의 사전 테스트

대부분의 일선 관리감독자들은 실제 교육훈련 실시 전에 피교육자들의 현재 시점에서의 피교육자의 지식, 기능, 능력수준을 테스트하는 과정을 놓치기 쉽다. 그러나 이 과정을 생략하면 교육훈련을 시작하기 전에 기준선을 설정할 수 없기 때문에 교육훈련 전의 직무수행과 교육훈련 후의 직무수행을 비교할 수가 없어 교육훈련 프로그램의 성공 여부를 평가할 수 없는 것이다. 다음은 실제 교육훈련의 실시단계로서 위에 서술한 단계를 통해 준비된 계획과 의도에 맞는 교육훈련의 방법을 선택하는 과정이다. 오늘날 과학과 기술의 발전에 힘입어 교육훈련에 컴퓨터가 많이 이용되고 그 외에도 시청각 효율을 높일 수 있는 기자재의 개발로 많은 새로운 방법들이 개발되고 있지만 전통적인 방법들도 여전히 유용하게 사용되고 있다.

6. 교육훈련방법 선택

교육훈련의 성과를 크게 좌우하는 중요한 요소는 교육훈련을 실시함에 있어서 적용하는 방법 내지 기법이다. 교육훈련계획의 내용이 아무리 훌륭하다고 하더라도 우수한 훈련의 방법 내지 기법을 도입할 수 없다면 이는 전혀 소용없는 것이 되고 만다. 그러므로 훈련부문의 전문가들에게 요청되는 가장 중요한 과업 중의 하나는 우수한 훈련방법을 발전시키는 문제라고 할 수 있다. 대체로 현재까지 소개되어 있는 기본적인 훈련방법으로는 강의식, 통신식, 회의식, 직무순환법, 시청각교육법, 역할연기법, 사례연구법 등이 있다.

7. 교육의 실시

어떤 교육프로그램이 소기의 목적을 달성하기 위해 실제 교육을 실시하는 단계는 훈련방법, 피교육자, 교육자를 선정하는 과정만큼 중요하다. 교육계획을 아무리 철저히 수립하였다 하더라도 계획한 내용대로 교육을 실시하지 못하고, 결국 가장 손쉬운 방법으로 끝내버리는 경우가 더 많다. 계획한 내용대로 교육을 실시하지 못하면 교육목적의 달성은 멀어지게 마련이다. 국내 호텔기업의 경우 가장 긴급한 과제 중의 하나가 교육훈련 전문가의 양성이다. 교육훈련 전문가의 양성을 통하여 일선 매니저들의 교육능력을 획기적으로 개선하지 않는 한 양질의 서비스는 기대하기 어려운 실정이다. 물론 교육훈련이 효과적이기 위해서는 여러 가지 근무조건이 충족되어 직원들의 의욕이 있어야 하지만 계획적이고 체계적인 교육훈련의 실시가 절실히 요청되는 것이다.

교육훈련을 실시하는 단계에서 누가 훈련을 담당할 것인가를 결정하는 것도 중요한 문제이다. 교육훈련자에 따라 교육훈련의 성과는 차이가 많게 마련이다. 담당자로서는 경영자, 감독자, 교육훈련 전담자, 내부나 외부의 전담자 등이 있으며 훈련내용, 훈련방법, 훈련대상자에 따라 가장 효과적인 교육을 실시할 수 있는 사람으로 결정되어야 한다. 교육훈련 담당자로서 갖추어야 할 조건을 열거하면 다음과 같다.

① 업무에 대한 기술적 지식
② 피훈련자의 능력과 기술수준에 관한 파악
③ 학습원리에 대한 지식
④ 효과적인 의사소통능력
⑤ 동기유발을 할 수 있는 능력
⑥ 인내심
⑦ 의욕
⑧ 이해심 등

8. 교육훈련 결과의 평가

교육훈련의 여러 단계 중에서 가장 중요한 것 중 하나가 교육훈련을 실시한 후 효과를 평가하는 과정이다. 그럼에도 불구하고 이는 가장 소홀히 다루어지기 쉬운 과정이다. 이 과정을 소홀히 하기 때문에 많은 기업들이 많은 교육비를 지출하면서도 교육프로그램이 직원들이나 조직에 얼마만큼 도움이 되었는지를 모른다. 대부분의 관리감독자들이 이 과정에서 실패하는 몇 가지 이유를 알아보면 첫째, 관리감독자들이 몇몇 사람의 변화를 목격하기도 하고 단순히 교육의 효과가 있다고 짐작한다. 둘째, 관리감독자들이 교육 후 변화를 관찰하든 하지 않든 상관없이 교육훈련은 효과가 있기 마련이라고 쉽게 생각하기 때문이다. 또 관리감독자들은 종종 프로그램이 가치가 없는 것이라고 판단하여 평가과정을 무시하는 경우도 있다. 그중에서도 관리감독자들이 평가하는 요령을 몰라 못하는 경우가 더 많은 것으로 보인다.

조직에서의 교육훈련은 어떤 프로그램의 교육실시 후에 얼마만큼 피교육자에게 지식, 기능, 태도, 행위 등의 변화가 있었는가 하는 것만을 효과의 지표로 삼는 것은 아니나, 이를 측정하는 방법으로는 다음과 같은 것들이 있다.

① 훈련참가자의 의견조사
② 획득된 지식 또는 행위의 측정

③ 직무수행 결과의 측정

평가의 기초가 되는 것은 수량적으로 표시한 측정결과와 주관적인 관찰의 질적 기술이다. 교육훈련의 평가방법에는 전후 비교법, 표준비교법, 테스트법, 평균비교법 등이 있다.

1) **전후 비교법**(Pre-test and post-test)

동일한 평가기준을 써서 훈련 전과 훈련 후에 나타난 변화를 비교함으로써 교육훈련의 효과를 평가하는 것을 말한다. 예를 들면 판매를 촉진하기 위한 교육훈련을 실시한 경우 그 전후의 판매실적을 비교함으로써 교육훈련의 효과를 평가할 수 있다. 동일한 피훈련자를 대상으로 한 평가방법이다.

2) **표준비교법**(Matched control method)

동질의 2개 집단을 선정하여 한 집단은 훈련을 시키고 다른 집단은 훈련을 시키지 않은 다음 양 집단의 차이를 알아보는 방법이다. 이 방법은 변화의 발생이 훈련으로 인해서인지 아니면 다른 요인 때문인지를 확인하는 데 도움을 준다.

3) **테스트법**(Test-method)

특정한 기술과 지식의 습득을 목적으로 하는 교육훈련의 경우, 교육훈련 후 그것에 대한 검정시험을 실시함으로써 성과를 측정하여 소기의 교육훈련의 목적을 달성하였는지의 여부를 판정하는 것이다.

4) **평균비교법**(Average scores)

동일한 훈련을 여러 차례 되풀이하는 경우 지금까지 훈련받는 집단들에 나타난 훈련효과의 평균치와 어떤 특정 집단의 훈련효과를 비교함으로써 각 집단의 질적 차이가 훈련효과에 미치는 영향을 알 수 있다.

V 직무만족과 인사관리의 방향

직무만족(job satisfaction)이란 직무에 대한 태도의 하나로 한 개인의 직무나 직무경험 평가 시에 발생하는 유쾌하고 긍정적인 정서상태라고 정의할 수 있다. 이는 한 직원이 자신이 일에서 바라고 있는 것을 일이 실제로 제공해 준다고 믿는 정도를 반영하는 것이다. 1940년 이후 지금까지 종업원의 직무만족 정도는 조직의 성과를 평가하는 중요한 기준이 되어 오고 있다. 직무만족이 이렇게 중시되고 관심의 대상이 되는 이유를 데이비스(R. C. Davis)는 다음과 같이 강조하고 있다. 즉 직원의 직무만족이 높을수록 조직은 아래와 같은 효과를 얻을 수 있다는 것이다.

① 직원들은 조직목표의 달성을 위해 자발적으로 협조한다.
② 직원들은 조직과 그들 상사에 대하여 좀더 순종하고 충성하게 된다.
③ 조직이 어려움에 처하게 되면 직원들도 조직과 함께 어려움을 극복하려고 노력한다.
④ 직원들은 자신의 직무에 대하여 한층 더 흥미를 갖게 된다.
⑤ 직원들은 조직 내의 법규나 규율을 엄수하고 질서를 유지하게 된다.
⑥ 직원들은 자발적으로 직무수행을 위하여 열심히 노력하게 된다.
⑦ 직원들은 그들이 조직의 구성원임을 자랑스럽게 생각한다.

제4절 인사고과

I 인사고과의 개념

1. 인사고과의 의의

직무평가가 한 조직의 목적을 달성하기 위해 구성된 각 직무의 상대적 가치를 체계적으로 결정하기 위한 제도임에 반하여 인사고과(merit rating, employee rating)는 조직 내의 여러 직무에 종사하고 있는 직원의 근무성적이나 능력 등을 그 조직체에 대한 유용성의 관점에서 평가하여 이들의 상대적 가치를 주기적으로 결정하기 위한 제도이다. 스미스와 머피(P. C. Smith & M. J. Murphy)는 인사고과는 "직원들이 소속하고 있는 조직 내에 그들의 가치를 질서 있게 평가할 수 있도록 하는 데 그 목적이 있다"고 밝히고 있고, 미(J. F. Mcc)는 "조직에 있어서 직원이 보유하고 있는 현재적 및 잠재적 유용성(present and potential usefulness)을 주기적으로 평가하는 방법이다"라고 정의하고 있다. 또한 란그스너(A. Langsner)는 구체적으로 "직원의 능력 · 근무성적 · 자격 · 습관 · 태도의 상대적 가치를 조직적으로, 그리고 사실에 입각하여 객관적으로 평가하는 절차이다"라고 규정하고 있다.

사실 인사고과제도를 공식적으로 채택하거나 하지 않거나 간에 모든 관리자는 어떤 형태로든지 일상근무를 통하여 부하의 능력이나 근무성적을 평가하고 있는 것이다. 그러나 이에 대한 통일적이며 체계적인 평가 없이는 인사문제의 결정에 있어 그릇된 판단이나 특정인에게 가지는 지나친 호감을 최소화시킬 수는 없으며, 따라서 인사관리에 있어서의 불공정성이나 속단주의를 막을 방법이 없는 것이다. 또한 이러한 결과는 관리자가 자기의 판단이 정당하다는 것을 증명할 수 없게 되며, 부하들은 미래에 대한 그들의 기대를 걸 만한 기초를 가지지 못하는 까닭에 결국에는 불공정성에 대한 비난이나 불만이 발생하게 되어 조직 내의 인사문제가 악화될 수도 있는 것이다.

2. 인사고과의 목적

인사고과는 기업에 대한 직원들의 능력과 기여도를 객관적으로 평가하여 직원들의 승진, 급여, 전직 등의 필요한 자료를 얻는 것이 주목적이었으나, 인사고과 평정자의 주관에 의한 오류로 인사반영을 통한 통제적 목적으로 사용하는 데 한계를 노출해 왔다. 그리하여 최근에는 경영관리상의 통제적 목적보다는 인사고과 과정을 통하여 능력개발 등 비통제적 목적으로 많이 사용되는 추세이다. 특히 연공서열에서 벗어나 능력과 기여도 중심의 인사체제의 전환을 시도하는 기업들이 늘어나면서 인사고과제도에 관한 전반적인 재검토가 요구되는 등 인사고과 활용이 많은 주목을 받고 있다. 학자에 따라서는 인사고과의 목적을 여러 형태로 분류하고 있으나, 일반적인 인사고과의 목적을 설명하면 〈표 10-3〉과 같이 다섯 가지로 요약할 수 있다.

〈표 10-3〉 인사고과의 다섯 가지 목적

목 적	내 용	구 심 점
① 인사배치 및 이동	각자의 능력에 적합한 적재적소의 배치에 활용된다.	배치, 전환, 승진, 복직, 채용, 해고
② 인력개발	직원의 정확한 능력을 파악하고 인력개발에 활용된다.	교육훈련 및 개발
③ 인력계획 및 기타 인사기능의 타당성 결정	직원의 연령, 성별, 직종, 기능도, 근무연도 등에 따라 장·단기 인력개발 수립에 요청되는 양적·질적 자료를 제공토록 한다. 이렇게 함으로써 인사고과를 통하여 직원의 근무능률을 평정하여 해당 직원의 채용시험·승진 등이 과연 타당하였던가 하는 인사기능의 타당성을 측정하는 도구로도 활용된다.	인력계획에 요청되는 인적 데이터 확보, 채용, 배치전환, 승진 같은 인사기능의 타당성 검증
④ 성과측정 및 보상	직원의 성과를 측정하여 직원의 관심사인 승급, 상여금, 임률결정 및 승진에 활용된다.	결정, 승진, 승급, 상여금, 임률
⑤ 조직개발 및 근로의욕 증진	인사고과를 통하여 직무담당자의 조직관계나 직무조건의 결함을 발견하고 개선할 계기를 찾는다. 뿐만 아니라 직원의 성취의욕의 자극제로도 활용된다.	

* 자료 : 황대석, 「인사관리」, 서울 : 박영사, 1986, p. 233; 김의근 외, 「호텔경영학개론」, p. 312에서 재인용.

3. 인사고과의 중요성

최근 기업들은 경쟁력 제고를 위하여 단순 연공서열주의를 탈피하고자 하는 필요성과 함께 인사고과에 대한 중요성을 인식하고 이를 합리적으로 개선하는 등 많은 노력을 기울이고 있는데, 그 이유를 살펴보면 다음과 같다.

첫째, 치열한 기업경쟁에서 경쟁력 우위를 확보하기 위하여 기업이 새로운 경영이념이나 경영방침을 구축하고 이를 실현하기 위하여 구체적인 행동기준을 직원 개개인에게 명확하게 제시함으로써 바람직한 행동을 유도할 필요성이 높아져 왔고,

둘째, 복잡 다양한 경영활동 속에서 관리능력의 발휘가 예전보다 훨씬 많이 요구되고 있으며, 이에 따른 인재육성이 기업의 장래를 위한 중요과제로 인식되고 있으며,

셋째, 전반적인 인사관리의 효율성을 높이기 위하여 체계적이고 종합적인 인사 시스템의 합리화와 공정한 운용의 필요성이 대두되고 있고,

넷째, 기업 내에서 인사관리의 객관성과 공평무사한 평가관리가 절실히 요구되고 있기 때문이다.

호텔기업에서 인사고과를 제대로 실시하는 것은 여간 어려운 일이 아니다. 평가자 및 피평가자 모두가 기본적으로 그 필요성을 인식하고 있으나, 가부장적인 우리나라 조직문화의 풍토하에서 상당히 부담스러워하는 실정이다. 평가자는 사실 그대로 평가하는 것을 주저하고, 피평가자는 결과에 잘 승복하지 않는 경우가 많아 감독자와 부하 간 갈등의 계기가 되기도 한다. 따라서 인사고과는 평가하기 쉬우면서 피평가자가 이를 이해하고 받아들일 수 있도록 하는 것이 중요하다.

Ⅱ 인사고과방법의 선정

인사고과방법을 선정하는 데 중요한 것은 기업의 규모 · 업종 · 관리수준 · 사용 목적 및 고과자의 평가능력과 피고과자의 직종 등을 고려하여 해당 기업의 상황에 알맞은 것을 선정하는 것이다. 호텔기업은 직종이 비교적 다양하고 평균 학력이 비교적 낮은 점을 감안하면 비교적 단순한 평가방법을 선정하는 것이 좋을 것으로 생각된다. 고과방법에 대해서 평가자는 물론 피평가자가 쉽게 이해할 수 없는 방법을 택할 경우 서로가 결과에 대하여 승복할 수 없기 때문이다.

인사고과에는 여러 가지 방법이 사용되고 있다. 전통적으로 흔히 사용되어 온 방법들을 요약하면 다음과 같다.

1. 도시척도법(Graphic scale method)

도시척도법은 가장 오랫동안 그리고 가장 널리 사용되고 있는 방법으로 평가요소마다 주어진 측정척도에 따라 피평가자에 대한 평가를 표시하는 방법이다. 척도(보통 3~5단계)에 점수를 배정하여 평가결과를 수치로 표시할 수도 있다. 평가요소를 간단히 기술하고 척도의 각 단계도 설명하여 평가요소와 척도단계에 대한 평가자의 공통된 이해를 높임으로써 평가결과의 정확도와 신뢰도를 높일 수 있다.

2. 강제선택법(Forced choice method)

도시척도법에서 흔히 나타나는 관대화 경향이나 중심화 경향을 줄이기 위해 사용되는 방법으로서, 평가요소마다 주어진 몇 개(보통 3~5개)의 기술 중에서 피평가자에 해당하는 기술에 체크표시하게 되어 있다. 기술마다 점수도 배정하여 평가결과를 수치로 표시할 수도 있다. 그리고 평가요소마다 정규분포(normal distribution)를 강요함으로써 평가의 집중화 경향을 억제할 수 있다.

3. 대조법(Checklist method)

대조법은 성과나 평가특성에 대한 질문을 중심으로 이에 대한 가부를 표시함으로써 피평가자를 평가하는 방법이다. 질문마다 가중치를 배정하여 평가결과를 수치로 계산할 수도 있다. 직무마다 해당되는 질문이 다르므로 전체적인 평가가 어렵고, 또 직무마다 별도의 질문들을 설계해야 하므로 많은 시간이 요구된다.

4. 중요사건법(Critical incident method)

평가기간 동안에 일어난 중요사건을 기록해 두었다가 이를 중심으로 피평가자를 평가하는 방법이다. 사건에 대한 기록을 유지하기에 많은 시간이 요구될 뿐만 아니라 어떠한 사건들을 기록해 두어야 될지에 대한 개념이 평가자마다 다를 수 있다.

5. 자유서술법(Essay method)

성과나 행동특성 등 주어진 평가요소나 측면을 중심으로 피평가자에 대하여 자유로이 서술하는 방법이다. 평가자를 가장 자세히 설명할 수는 있지만, 평가자의 서술방법과 스타일에 따라서 평가내용에 많은 차이가 있을 수 있다.

6. 서열법(Ranking method)

피평가자들을 서로 비교하여 그 순위를 정하면서 평가하는 방법이다. 서열법에는 평가요소별로 서열을 정하여 이를 종합하여 평가하는 단순서열법(straight ranking method), 가장 우수하거나 가장 열등한 사람을 뽑고 나머지 사람들 중에서 또 우수한 사람들을 뽑아 나가는 교대방법(alteration method), 그리고 두 사람씩 쌍을 지어 비교하면서 서열을 정하는 일조비교법(paired com- parison method) 등이 있다. 서열법은 대체로 피평가자 수가 제한되었을 때 사용할 수 있는 방법이다.

일반적으로 이들 여러 가지 방법 중에서 도시척도법이 가장 널리 사용되고 있다. 그러나 미국 기업에서는 관리직의 경우에 자유서술법도 도시척도법만큼 널리 사용되고 있고, 이 두 방법에 이어서 대조법과 서열법, 그리고 강제선택법과 중요사건법의 순으로 많이 사용되고 있다. 그리고 13% 정도의 기업체가 목표관리를 인사고과에 활용하고 있다.

Ⅲ 인사고과자의 훈련

기업경영 측면이나 직원들에게 중대한 영향을 미치는 인사고과제도가아무리 잘되어 있다고 하더라도 고과자나 조정자가 그 제도를 충분히 이해하지 못하고 객관적이고 합리적인 태도를 견지하지 못한다면 소기의 목적을 달성할 수 없다고 본다. 고과자나 조정자가 고과 실시 전에 인사고과에 영향을 주는 고과요소, 고과기준, 고과방법, 고과기술, 고과윤리 등에 관하여 철저한 교육훈련을 받아야 한다. 고과를 효율적으로 실시하기 위해서 고과자가 준수해야 할 사항은 다음과 같다.

1. 인사고과(근무성적 평정)에 대한 이해

평정은 개개인의 가치를 객관적으로 정확히 평가하여 인사관리의 자료를 마련하려는 의도 이외에도 다음과 같은 목적에서 이를 활용해야 한다.

① 부하의 잠재적 유용성의 발굴과 적재적소의 배치, 능률 향상
② 부하에 대한 올바른 이해
③ 평가를 통하여 자신의 관리능력 향상
④ 부하의 결점 교정과 지도감독을 충분히 강화
⑤ 부하의 개발방향 모색 및 지도자료 획득

2. 평가자 준수사항

평가자 준수사항은 대부분 인사고과규정에 명시되어 있는데, 그 내용은 다음과 같은 것들로 구성되어 있다.

첫째, 인사고과를 공정하고 엄격히 행하기 위하여 평가자는 자신의 고과의 적부에 대하여 책임감을 가져야 한다. 이는 무책임 고과를 배제하고 있음을 의미한다.

둘째, 평가는 평가대상이 되는 전 기간에 대하여 일상의 관찰과 지도에 의하여 얻은 자료 및 자신이 확인한 사실에 의하여야 한다. 평가가 객관성을 갖도록 구체적인 사실에 입각한 자료에 의해 평가하도록 해야 한다.

셋째, 피평가자에 대한 감정 및 편견에 좌우되는 일이 없어야 한다. 상사에 대한 타협 및 동료 부하에의 사사로운 감정을 자제하고 신념에 의한 평가를 행하여야 한다. 인사고과는 사람이 사람을 평가하는 것인 만큼 평가자의 주관을 완전히 배제할 수는 없다고 하지만, 평가자는 인사고과의 중요성을 인식하여 관대화 경향이 나타나지 않도록 해야 한다.

넷째, 평가대상기간 외의 시기에 일어난 일에 대해서 평가해서는 안된다. 이는 평가기간이나 평가결과의 소급이 없는 평가기간 내에 발생한 것에 관해서 평가해야 한다는 고과불소급의 원칙을 표현하고 있다.

다섯째, 고과는 피평가자의 성적 및 태도의 대표적인 것에 의하여 행하여서는 안된다. 결코 예외적인 것에 영향을 받아서는 안된다(예외적인 것은 특기사항으로 한다).

제5절 후생복지

I 후생복지의 개념

복리후생(후생복지)의 정의에 대해서는 학자에 따라 또는 시대에 따라 매우 다양하게 논의돼 왔다고 하겠다. 복리후생을 연구함에 있어서 다양한 정의를 체계화한다는 것은 매우 중요하면서도 어려운 일이라 하겠으며, 더욱이 그 내용과 범주가 매우 넓을 뿐만 아니라 시대에 따라 변천하여 왔으므로 아직 명확한 정설을 보지 못하고 있다. 그럼에도 지금까지 학자들에 의해 논의된 복리후생의 정의를 종합해 보면, 복리후생이란 "기업이 노동생산성의 향상, 노사관계의 안정, 노동력의 정착과 노동능력의 유지 · 향상에 기여할 것을 기대하여 직원 또는 직원이었던 자나 혹은 필요에 따라서는 직원의 가족을 대상으로 하여 주로 작업시간 이외의 생활 면에서 직접적인 근로조건의 개선으로서는 충족시키기 어려운 경제생활의 안정과 심신의 건강을 증진시키고자 인사관리의 한 수단으로서 실시하는 일련의 서비스"라고 말할 수 있다.

직원의 복지후생을 위한 제반시설 및 제도는 노동력의 재생산을 위한 보조적 수단이라고 말할 수 있지만, 경영관리의 내용이 고도로 발전하고 변화된 오늘날의 호텔기업에 있어서는 이것이 대단히 중요한 의미를 갖는다. 복지후생이 직원과 사용자에 대하여 어떠한 이득을 가져오는가를 열거하면 〈표 10-4〉와 같다.

여기에서 분명히 유의해야 할 것은 일반적으로 복리후생만을 충실히 하면 자동적으로 좋은 효과를 가져올 수 있느냐 하면 반드시 그렇지만은 않다는 점이다. 복리후생을 충실히 한 결과 결근율이 감소하고, 노동생산성이 향상되었다고 주장하는 경우라도 혹시 이러한 현상이 노동조건의 다른 요인의 개선효과로서 나타났는지도 모르기 때문이다. 바꾸어 말하면 복리후생을 충실히 했다고 해서 반드시 전술한 효과가 나타난다고 하는 보증은 없다는 말이 된다. 다만, 이러한 효과가 있을 것이라는 기대는 복리후생의 기능으로 보아 충분히 고려될 수 있기 때문에 중시되는 것이다.

Ⅱ 후생복지관리의 형태

1. 법정 후생복지와 법정 외 후생복지

기업이 실시하는 기업 내 후생복지의 범위에는 각각 다양한 내용이 포함되나, 우선 법정 후생복지와 법정 외 후생복지로 나누어 생각해 볼 수 있다. 전자는 법률에서 의무화한 사회보험의 기업분담이며 사회보장제도의 발전에 좌우된다. 후자는 기업이 독자의 재량으로 직원에 대하여 실시하는 경제적 급여이며 경영사회정책의 발전에 좌우된다.

1) 법정 후생복지제도

경영 후생복지제도는 국가사회보장제도와 밀접한 관계가 있다. 처음에 기업에 의해 착수된 직원을 위한 후생복지제도도 나중에는 그의 일반적인 최저선을 확보하기 위해 법률로써 강요하는 사회급여가 되어 사회보장제도로 발전됨에 이르렀다. 점차 국가에 의한 사회보장이나 공공시설이 발전되어 기업 내의 자율적인 후생복지의 급여부분이 감소되는 경향이 있다.

우리나라에서 현재 실시되는 법정 후생복지의 내용을 알아보면, 법정 복지비용의 규모가 고용보험까지 포함되면서 급격히 증가함에 따라 각 기업의 법정 외 복지비가 축소될 여지도 있으나, 직원들의 복지에 대한 요구가 오히려 더욱 다양화 · 분산화되는 추세에

〈표 10-4〉 복지후생의 증진에 의한 노사 쌍방의 이득

직원에 대한 이익	사용자에 대한 이익
① 사기가 앙양된다. ② 복지에 대한 인식이 깊어진다. ③ 불만이 감소된다. ④ 경영자와의 관계가 개선된다. ⑤ 고용이 안정되고 생활수준이 향상된다. ⑥ 건설적으로 참가하는 기회가 늘어난다. ⑦ 호텔기업의 방침 및 목적에 대한 이해가 커진다. ⑧ 지역사회의 시설 및 기관에 대한 직원 개인으로서의 관심과 이해가 촉진된다.	① 생산성의 향상과 원가가 절감된다. ② '팀워크'의 정신이 왕성해진다. ③ 결근 · 지각 · 사고 · 불만 및 노동이동률이 감소된다. ④ 인간관계가 개선된다. ⑤ 채용 및 훈련비용이 절감된다. ⑥ 직원과 건설적으로 일할 기회가 늘어난다. ⑦ 호텔기업의 방침과 목적을 과시할 기회가 많아진다. ⑧ 호텔을 PR할 계기가 다음에 의하여 늘어난다. - 지역사회의 지도자와의 협력 - 지방 봉사단체의 강화 - 호텔의 목적, 활동에 대한 선전

있다. 따라서 기업복지를 경영의 한 부분으로 인식하여 법정 외 복지비의 규모의 경제를 달성시키는 것이 필요할 것이다.

오늘날 선진국에서는 직원이 질병, 노령, 재해, 실업 등으로 인해 일을 할 수 없을 때 국가가 최저생활을 보장하는 사회보험이 실시되고 있으며, 사회보험의 비용도 국가와 조직에서 부담하고 있다. 그러나 우리나라는 각종 사회보험제도를 실시하고 있지만 비용에 있어 쌍방이 이를 분담하고 관리비의 일부만을 지원받는 경우가 대부분이다. 우리나라에서 실시하고 있는 4대 보험은 산재보험, 의료보험, 국민연금, 고용보험이다.

2) 법정 외 후생복지제도

앞에서도 언급했듯이 법정 후생복지제도는 국가 내지 산업적인 차원에서 강제적으로 실시하는 것이다. 법정 후생복지 이외에 기업이 자율적 · 추가적으로 지급하는 법정 외 후생복지제도가 있다. 이를 다시 두 가지로 분류하여 법정사회보험에 보다 추가적으로 혜택을 주는 방향과 그 이외에 기타 후생복지를 생각할 수 있다.

전자의 경우 국가차원에서 설정된 사회보험(의료보험, 연금보험, 재해보험, 실업보험)의 급여 이상으로 자율적 수준을 설정하고 그 초과수준에 대해서 기업이 부담하는 방식이다. 예컨대, 질병의 경우 의료보험이 급여하지 않는 특수부문(고급 약재 및 입원실 이용 등)에 대한 보조를 하거나 질병수당, 회복기 원조 등을 강화하는 내용이다. 연금보험의 경우 공적보험이 지급하는 것과 별도로 추가적으로 사적 보험이 지급되도록 사용주가 별도로 보험료를 지급하는 경우이다. 그 외에도 재해보험의 경우 기업 내의 재해조치, 병원의 설치, 실업보험의 경우 전환교육훈련의 강화 등을 들 수 있다. 후자의 경우 전자와는 별도로 기업이 자율적으로 설정한다.

2. 후생복지 운영의 합리화

후생복지의 증진은 호텔에 있어 노사 모두에게 이익을 가져온다. 그것은 호텔의 생산성을 높이는 방안인 동시에 직원의 생활향상을 기하게 한다. 산업의 민주화라는 관점에서 볼 때 후생복지의 증진은 현재보다 오히려 앞으로를 내다보고 강조되어야 할 것이다.

그러나 후생복지가 덮어놓고 그 시설이나 제도를 확대하는 것만을 소망하는 것은 아니다. 호텔의 경영부담능력에 한계가 있을 뿐 아니라 직원으로서도 복지적 혜택보다 도리어 직접적인 임금의 증액을 바라는 경향이 높다. 그러므로 합리적인 호텔의 후생복지관리에서 기본적으로 고려되어야 할 것은 다음과 같다.

첫째, 적정성의 원칙을 지켜야 한다. 호텔의 모든 직원에게 절실히 필요하고, 경영부담에 알맞으며, 동종산업이나 그 지역 내의 타 산업과 비교하여 크게 차등이 없는 정도의 복지시설을 하는 것이 마땅하다. 따라서 직원의 의견을 참고로 연차적인 확충계획을 세워 나가야 한다. 중소규모 호텔보다 뒤떨어진다는 것도 절실히 필요로 하는 것부터 실천해 나가야 한다.

둘째, 오늘날의 호텔은 합리성을 추구하는 방향에서 후생복지를 관리하지 않으면 안된다. 복지시설과 제도는 호텔에서만이 아니고 국가나 지역사회에서도 추진하고 있으므로 서로 중복이나 관련성이 결여되지 않도록 해야 하고, 국가의 사회보장제도나 사회의 보험사업을 이용하는 등 지역사회와 협력하여 공동으로 추진하는 것도 좋은 방법의 하나일 것이다.

셋째, 협력의 원칙으로서 직원은 후생복지가 자신들을 위해 마련된 시설임을 인식하고 이를 유지 · 향상시키기 위해서는 기업의 책임이 크지만 동시에 직원의 책임도 크다는 것을 알아야 한다. 따라서 노사가 협의하여 후생복지의 내용을 충실하게 관리함으로써 알찬 시설이나 제도를 발전시킬 수 있으며, 그 운영에 있어서는 더 한층 협력적 효과를 발휘할 수 있게 될 것이다.

이와 같이 후생복지시설은 직원의 지지와 협력을 얻어야 하며, 그 존재가치를 인정받으려면 그 관리방법에 있어 다음과 같은 운영방법이 검토되어야 한다.

① 호텔에 후생복지담당을 두고 직접 운영하는 방법
② 직원의 자치적 운영에 맡기는 방법
③ 호텔과 직원대표와의 합동위원회에 의해 운영되는 방법
④ 제3자에게 운영을 위탁하는 방법

이상에서 어느 방법을 택하느냐 하는 것은 시설의 종류, 기업의 위치, 직원의 규모, 호텔의 특수성에 따라 결정될 것이다. 최근에는 위탁이냐 직영이냐의 문제가 크게 논의되기도 한다. 이것은 각기 일장일단이 있으므로 그 시설이 목적하는 바에 따라 선택하도록 해야 할 것이다.

참고문헌

강덕윤 외, 뉴관광학개론, 백산출판사, 2019.

고상동·원문규, 리조트경영과 개발, 백산출판사, 2019.

고택운 외, 카지노경영학개론, 백산출판사, 2018.

권봉헌, 호텔경영론, 백산출판사, 2013.

김경환, 호텔관광경영전략, 백산출판사, 2018.

김광근 외, [신판] 관광의 이해, 백산출판사, 2019.

김기영 외, 호텔·외식산업 주방관리실무론, 백산출판사, 2018.

김동준, 호텔이벤트론, 백산출판사, 2016.

김미경 외, 관광학개론, 백산출판사, 2019.

김성혁, 호텔관광경영론, 백산출판사, 2016.

김성혁·황수영, 호텔마케팅, 백산출판사, 2018.

김영선 외, 호텔식음료·레스토랑 실무, 백산출판사, 2018.

김옥란, 호텔·레스토랑 메뉴관리론, 백산출판사, 2016.

김용상 외, 관광학(제7판), 백산출판사, 2018.

김의근 외, 호스피탈리티 인적자원관리론, 백산출판사, 2018.

나정기, 메뉴관리의 이해, 백산출판사, 2018.

류 철, 호텔회계의 이해, 백산출판사, 2017.

문화체육관광부, 관광동향에 관한 연차보고서(2000~2017).

박대환 외, 호텔객실영업론, 백산출판사, 2018.

박대환·정연국, 현대호텔경영의 이해, 백산출판사, 2018.

백용창, 식음료서비스실무, 백산출판사, 2018.

송수근 외, 외식조리원가관리, 백산출판사, 2018.

신정하, 호텔·외식식음료 서비스실무론, 백산출판사, 2018.

오수철 외, 카지노경영론, 백산출판사, 2018.

원홍석 외, 호텔·레스토랑 식음료서비스론, 백산출판사, 2018.

유도재, 호텔경영론, 백산출판사, 2018.

유도재·최병호, 호텔식음료실무론, 백산출판사, 2018.

이정학, 호텔경영의 이해, 기문사, 2010.

이종영, 호텔객실관리론, 백산출판사, 2018.
이준혁·박대환, 호텔경영론, 백산출판사, 2018.
정성채, 호텔경영론, 백산출판사, 2015.
조진호·우상철, 최신관광법규론, 백산출판사, 2019.
최병호·신정하, 음료서비스 실무경영론, 백산출판사, 2018.
최병호·최호남, 글로벌호텔경영의 이해, 백산출판사, 2017.
최신석 외, 호텔경영론, 백산출판사, 2018.
최풍운·김호근, 新호텔경영관리론, 백산출판사, 2017.
한국관광대학 교재개발위원회, 관광학원론(개정4판), 백산출판사, 2018.
鈴木忠義, 現代觀光論, 有斐閣. 1974.
前田 勇著, 金鎭卓譯, 現代觀光總論, 백산출판사, 2003.
岡本伸之著, 최규환역, 觀光學入門, 백산출판사, 2003.
小谷達男, 觀光事業論, 日本: 學文社, 1998.
末武直義, 觀光論入門, 日本: 法律文化社, 1981.
末武直義, 觀光事業論, 日本: 法律文化社, 1984.
鹽田正志, 觀光學研究, 日本: 學術選書, 1974.
津田昇, 觀光交通論, 東洋經濟新聞社, 1989.
津田昇, 國際觀光論, 東京: 有斐閣. 1974.
長谷政弘, 觀光學辭典, 東京: 同文館, 1997.

저자약력

김미경
동아대학교 경영학 석사
동아대학교 경영학 박사(마케팅관리 전공)
파라다이스비치호텔 근무
웨스틴 조선비치호텔 교육실장
현) 경남정보대학교 호텔관광경영계열 교수

신정하
경희대학교 일반대학원 호텔관광학과 호텔관광학 박사
프레지던트호텔 영업이사
경희대학교 호텔관광대학 외래교수
현) 제주한라대학교 호텔외식경영과 교수

서정모
세종대학교 호텔경영학 석사, 박사
서울롯데호텔 식음팀, 객실팀 근무
신흥대학교 외래교수
현) 제주한라대학교 호텔외식경영과 교수

장각현
경희대학교 경영학 석사
경희대학교 경영학 박사
한중대학교 학생처장, 교무처장, 관광대학장 역임
현) 경동대학교 호텔경영학과 교수

저자와의
합의하에
인지첩부
생략

최신호텔경영실무

2020년 2월 10일 초판 1쇄 발행
2023년 7월 30일 초판 5쇄 발행

지은이 김미경 · 신정하 · 서정모 · 장각현
펴낸이 진욱상
펴낸곳 백산출판사
교 정 조진호
본문디자인 오행복
표지디자인 오정은

등 록 1974년 1월 9일 제406-1974-000001호
주 소 경기도 파주시 회동길 370(백산빌딩 3층)
전 화 02-914-1621(代)
팩 스 031-955-9911
이메일 edit@ibaeksan.kr
홈페이지 www.ibaeksan.kr

ISBN 979-11-5763-757-7 93980
값 25,000원